ANNA JÜRGEN
BLAUVOGEL

Anna Jürgen

Blauvogel

Wahlsohn der Irokesen

Lappan

Ein Nachwort, Worterklärungen und Kartenmaterial findet man auf den Seiten 231–239

© 1953 Der Kinderbuchverlag, Berlin-DDR
© 1986 Lappan Verlag GmbH, Oldenburg
Umschlagbild: Johannes Gerber
Vignetten und geographische Übersichtskarte:
Felicitas Scholand
Gesamtherstellung: Clausen & Bosse, Leck
ISBN 3-89082-045-X
Printed in Germany

Der Wald war von Anfang an da. Er entstand mit der Erde, lange vor dem Menschen. In jenen uralten Zeiten wollte einmal der Große Geist eine Wanderung durch die Welt machen, um sein Werk zu prüfen. Er sandte einen weißen Vogel aus, der von der Himmelsquelle Wassertropfen über die Erde versprühte. Überall, wo die Tropfen niederfielen, entstanden Bäche und Flüsse, die den Wald durchzogen wie die Adern ein Ahornblatt. Die Länder, in denen kein Wasser und kein Wald rauscht, hat der Große Geist auf seiner Wanderung nicht betreten. Doch dazu gehört des Indianers Land nicht, denn dort wuchsen seit dem Beginn der Zeiten die Bäume so dicht wie das Gras auf der Prärie. Ungezählte Sommer und Winter zogen über den Wald dahin. Die wenigen Indianer, die in ihm lebten, störten sein Dasein nicht, und die Tiere gehörten zu ihm wie die Blätter zu den Bäumen.

Doch eines Tages erschienen hellhäutige Menschen und schnitten mit eisernen Äxten Löcher in die grüne Decke des Waldes, klein und winzig zuerst, kaum zu sehen. Die Löcher breiteten sich aus wie Präriefeuer im Herbst, und der Wald lief davon. Aber die Weißen blieben ihm auf den Fersen, und die Bäume wichen weiter zurück bis zu den ersten Ketten der Berge. Auch hier fand der Wald keine Ruhe, denn die Ansiedler folgten ihm in das Tal der Juniata zwischen den Alleghanies und den Willsbergen.

Zuerst verschwanden die Indianer, dann zogen die Tiere fort. Die Bäume blieben bis zuletzt. Aber lange, ehe auch sie fortwanderten, beginnt unsere Geschichte; im ersten Jahre des Krieges um Nordamerika, im Jahre 1755.

Als erstes vernahm Georg ein rasendes, stoßweises Gebell. Schlaftrunken fuhr er hoch und starrte in das Halbdunkel des Raumes. Aus den zusammengesunkenen Holzscheiten des Herdes gloste ein unsicherer Schein und malte einen gelblichen, zuckenden Fleck auf den Boden, gerade vor dem Tisch. Dort bewegte sich etwas. Der Junge wurde mit einem Schlage hellwach. Das war ja Schnapp, der Spitz! Der Hund stand mit gesträubten Haaren und bellte die Tür an, als ob dahinter etwas Fremdes lauerte. Für einen Augenblick verstummte sein Gekläff.

Georg hörte im Bett an der Wand das Stroh rascheln. Ein Licht hüpfte auf und wurde größer: Die Mutter zündete eine Kerze an, klebte sie in einer halben Kürbisschale fest und stellte sie auf den steinernen Herdrand. Der Junge tastete nach seiner Hose und wollte fragen, aber das Wort blieb ihm im Halse stecken, denn ein donnernder Schlag gegen die Haustür ließ den ganzen Raum erzittern. Es schien, als wollte das Dröhnen allein die Bretter auseinandersprengen.

Der Schreck warf den Jungen auf das Bett zurück; halb betäubt hörte er, wie der kleine Peter neben ihm zu jammern begann, dann konnte er wieder denken. Mit dem Aufbrechen der Tür hatte es auch bei Folkes und Schneiders angefangen! Schnell drückte er das Brüderchen in das Stroh. »Indianer! Ganz ruhig sein!«

Er sah noch, wie der Kleine mit angstvoll aufgerissenen Augen den Mund zusammenpreßte, dann vernahm er die Stimme der Mutter: »Georg, wo hat der Vater die Pistole liegen?«

Auf dem Kaminbrett! wollte er rufen, aber der Hals war ihm wie zugeschnürt, denn zum zweiten- und drittenmal dröhnte der Widerhall wütender Schläge zwischen den Balkenwänden der Hütte.

Der Junge rannte hinüber zum Kamin, riß die Waffe vom Brett, wunderte sich, wie ruhig die Mutter das Zündkraut auf der Pfanne prüfte, und stolperte mit der Kerze hinter der Voranhastenden her, zur anderen Giebelwand.

»Bleib da mit dem Licht!« rief die Mutter noch, ehe sie in dem anstoßenden Raum verschwand. An den Wohnraum stieß der Stall, und von hier aus konnte man durch eine Luke die Haustür unter Feuer nehmen.

Gehorsam blieb Georg stehen. Die Hand des Jungen mit der Kürbisschale und der Kerze zitterte heftig. Zwischen den krachenden Beilhieben, die immer schneller auf die Planken der Tür niederfielen, gellte das »Mama, Mama!« der beiden Schwestern. Wenn doch die Mutter endlich schießen wollte!

Der schwere Knall der Pistole übertönte plötzlich den Lärm. Wie ein Wasserfall dröhnte die Detonation in den Ohren des Jungen. Benommen folgte er der Mutter, die in den Wohnraum der Blockhütte zurückeilte und versuchte, den Tisch gegen die Tür zu rücken. Georg begriff. Er faßte mit zu, hob und schob, bis die zentnerschwere klotzige Platte gegen die Tür kippte. Oben auf das Beingestell, das jetzt in das Zimmer hineinragte, flogen noch zwei Bänke.

Nun wandte sich die Mutter wieder der Pistole zu, maß das Pulver, stieß die Kugel fest und spannte den Hahn. Sie blieb neben dem Herd stehen, die Augen zur Tür gerichtet, die Waffe in der Hand.

Das Licht malte den Schatten der Lauschenden an Wand und Decke, groß und riesenhaft.

Ein dumpfes, drückendes Schweigen lastete zwischen den Balkenwänden. Die Geschwister hatten zu schreien aufgehört, und von draußen kam nicht der leiseste Laut. Wie eine tödliche Drohung kroch dieses Schweigen heran, es marterte grausamer als die lärmende Gefahr, die soeben noch an die Türplanken gekracht hatte. Die Kerze flackerte mühsam in der erstickend heißen Luft. Die Minuten dehnten sich endlos.

Ein scharfer, kurzer Schlag vom Dachboden her ließ alle zusammenfahren. Ehe ein Wort fiel, klapperte es zum zweitenmal.

»Flink auf den Boden! Sieh nach, was los ist!«

Der Junge stürzte zur Leiter in der Ecke und klomm mit der Behendigkeit einer Katze hinauf. Eine unerträgliche Hitze brütete unter dem Dach. Zu sehen war in der Finsternis nichts. Georg tappte gebückt in dem niedrigen Raum umher. Durch einen feinen Riß zwischen den Schindeln fiel Licht. Es knisterte leise. Da befiel den Jungen lähmendes Entsetzen. Er stürzte zurück zur Leiter, ohne auf die Sparren zu achten, gegen die er mit dem Kopf anrannte, und schrie mit gellender Stimme: »Feuerpfeile! Das Dach brennt!«

Einen Augenblick später stand die Mutter unter der Luke und gab ihm das Handbeil. »Hau die Schindeln los! Ich reiche die Wassereimer hinauf.«

Georg lief mit dem Beil zurück zu der Stelle, wo der unheimliche Lichtstreifen durchfiel, und hämmerte mit aller Kraft gegen die Dachhaut. Die Hickorybrettchen lagen nur lose verklinkt auf den Latten und flogen davon wie Papierschnitzel. Er hatte gut getroffen; nur wenige brennende Schindeln blieben auf dem Dachrand liegen. Sie verzischten unter dem Schwall des Wassers, das Georg über die Schrägung hinunterkippte.

»Das Feuer ist aus«, sagte er zur Bodenluke hin, wo die Mutter, halb auf der Leiter stehend, gerade einen zweiten Eimer heraufhob.

»Siehst du etwas? Aber sei vorsichtig.«

Georg spähte über den Rand der Öffnung in die helle Dämmerung der Juninacht hinaus. Ein leichter Hauch flüsterte in den Halmen des Maisfeldes. Jenseits des Ackers starrte dumpf und drohend der Waldrand. Die Augen des Jungen wanderten umher, bemerkten aber nichts Verdächtiges. Ob die Indianer fort waren? Es mußte auf den Morgen zugehen, denn über den Baumwipfeln im Osten wurde der Himmel gelb.

Jetzt geriet ein Stück des schwarzen Waldrandes in Bewegung, als wollte es auf das Haus zurollen. Georg riß die Augen auf: Reiter, eine ganze Abteilung! Er erkannte die langen Läufe der Büchsen. Da kamen der Vater und Andres, der älteste Bruder, die gestern abend zur Milizversammlung geritten waren! Jetzt hörte er auch Stimmen: »Hallo! Hallo!«

Georg rannte zur Leiter. »Vater und Andres und noch ein paar Männer kommen!«

Mit fliegenden Händen wurde die Barrikade fortgeräumt und der Riegel zurückgestoßen.

Als der Vater in die Tür trat, sank die Mutter auf einen Schemel. »Gut, daß du wieder hier bist, John! Fast wäre es zu spät gewesen.« Und Georg sah mit Staunen, wie der Vater sich niederbeugte und die Mutter küßte. Er konnte sich nicht erinnern, jemals Zärtlichkeiten zwischen den Eltern gesehen zu haben. Wenige Augenblicke später erfüllte lebhaftes Stimmengewirr das Blockhaus. Die Männer stellten den Tisch und die Bänke wieder auf; abwechselnd kletterten die Schwestern dem Vater auf den Schoß, und vom Herd kam der Duft bratenden Specks.

»Sieh mal, was ich gefunden habe! Es lag gleich neben der Tür.« Georg wandte sich an den großen Bruder und legte ein Beil mit langem Stiel auf den Tisch. Andres nahm die Waffe und drehte sie hin und her. Die Schäftung der eisernen Klinge war mit Hirschsehnen verstärkt, und am Griff glänzte in roter Farbe das Bild einer Schildkröte: ein ovales Rund mit sechs Punkten am Rande für die Beine, den Kopf und den Schwanz.

»Der Tomahawk hat einem Mann aus der Schildkrötenfamilie gehört«, meinte Andres bedächtig.

»Ach was!« unterbrach ihn eine grobe Stimme. »Was heißt Schildkrötenfamilie? Das rote Pack ist alles eins! Als sie uns kommen hörten, sind sie ausgerissen. Haben Glück, daß wir nicht hinterher können.«

Der Sprecher war einer von den älteren Männern; graues Bartgestrüpp überwucherte fast sein ganzes Gesicht und ließ nur die Nase und die Augen frei. Er räusperte sich und wollte fortfahren, aber da kam auch schon die Mutter mit der Pfanne und alle rückten zum Tisch. Der Alte fegte den Tomahawk auf den Boden, damit für Speck und Maisbrot Platz wurde.

Nach dem Frühstück begann der Graubart das Gespräch von neuem. »Hier kann deine Familie nicht bleiben, John.«

»Wohl, wohl ... Hätte nicht geglaubt, daß die roten Hunde sich so nah an das Fort herantrauen ...«

Der Alte polterte wieder los: »Du lebst wahrhaftig auf dem Monde, John! Seit dem Frühling brennt die ganze Gegend, und du sitzt hier im dicksten Wald ...«

Zwei, drei andere Stimmen fielen ein.

»Das kommt nur daher, weil die Betbrüder in Philadelphia keinen Finger krumm machen!«

»Nein, weil die Franzosen jetzt in Fort du Quesne sitzen und das Indianergeschmeiß gegen uns aufhetzen! Ist alles schon losgegangen, als Kapitän Trent mit seinen großmäuligen Virginiern vom Ohio weggejagt wurde.«

»Ja, der alte Esel! Baut ein Fort am Ohio und läßt es den Franzosen. Wir müssen es jetzt ausbaden.«

»Sachte, Männer, nur ruhig Blut. General Braddock ist schon im Anmarsch, und die französische Herrlichkeit im Ohiotal wird bald hinüber sein.«

»Aber so lange können Rusters hier nicht bleiben. Die roten Hunde können ja jeden Abend wiederkommen, und wer weiß, ob es noch einmal so gut geht wie in dieser Nacht.«

»Wir können doch vorläufig zu Rahel ziehen«, schlug die Mutter vor. »Ist meine Schwester, die nach Raystown geheiratet hat«, setzte sie für die Gäste erklärend hinzu.

Doch der Vater winkte ab. »Andres und ich müssen zur Wegebauabteilung. Sie brauchen noch fünfzig Mann Verstärkung, damit die Nachschubstraße für General Braddock so rasch wie möglich fertig wird. Willst du mit den Kindern allein umziehen?«

Eine Pause des Nachdenkens entstand. Dann hob der Alte wieder an: »Hast recht, John – zwei Mann je Haushalt hat die Milizversammlung bestimmt. Aber wer sagt denn, daß du mitmußt? Kannst ja außer Andres deinen Zweitältesten schicken. Hat doch diese Nacht seinen Mann ganz brav gestanden.«

Der Alte zwinkerte Georg zu, packte ihn am Arm und zog ihn zum Tisch.

Der Junge wurde glühend rot, als sich alle Augen auf ihn richteten.

»Mein Gott, er ist ja gerade erst neun Jahre alt«, warf die Mutter ein.

Der Graubart knurrte! »Dummes Zeug! Hier an der Grenze muß jeder mit neun Jahren erwachsen sein, sonst geht er koppheister. Dahinten in Philadelphia bringen sie jetzt den Kindern Lesen und Schreiben bei. Gott bewahre uns vor solchem neumodischen Kram. Schießen und Reiten ist besser.«

»Reiten kann ich schon«, sagte Georg stolz.

»Na siehst du«, lachte der Alte und drehte sich wieder zum Vater. »Schick den Georg zu den Holzfällern, und bleibe selbst hier. Als Boten kann man den Jungen überall gebrauchen.«

So viel man auch überlegte, es blieb für den Haushalt von John Ruster die beste Lösung, wenn die beiden älteren Söhne, der halberwachsene Andres und der neunjährige

Georg, zur Wegebauabteilung gingen, während die Eltern mit den übrigen Kindern nach Raystown zogen.

Der Abschied verlief wortkarg und hastig. Mit Liebe und Zärtlichkeit verwöhnten die Siedler ihre Kinder nicht, dagegen gediehen unter den Schindeldächern harte Worte und Prügel um so reichlicher. Der Vater sattelte ihnen die Pferde und sagte kurz: »Macht's gut, Jungens.«

Die Mutter verschnürte die Betten und strich Georg über das hellblonde Haar. Der große Bruder half ihm beim Aufsteigen, weil kein Baumstumpf da war, auf den sich der Kleine hätte stellen können. Dann trabte die alte, zuverlässige braune Stute mit dem Jungen hinter dem Trupp der Grenzer her, der in langer Reihe dem Walde zustrebte. Andres ritt als letzter.

»Auf Wiedersehen bei Tante Rahel!« rief Peter, der gerade die beiden Kühe von der Weide holte. Die Brüder winkten zurück: »Auf Wiedersehen!«

Das Läuten der Kuhglocken klang Georg noch eine Weile nach. Dann versank die Welt der Menschen, und die grüne Woge des Waldes schlug über dem Jungen zusammen.

Die Sonne brannte schon auf den Wipfeln, aber hier unten in der schmalen Schlucht des Weges glänzten noch die Tautropfen auf den Blättern, strömten Kühle und Feuchtigkeit aus dem Grunde. Die Reiter bewegten sich fast lautlos, nur ab und zu klang ein Stein unter den Hufen, knirschte das Zaumzeug, knarrte ein Sattel. Manchmal warnte ein Zuruf vor einem Zweig, der in den Weg ragte.

Georg hing seinen Gedanken nach. Die Milizmänner wollten zur Juniata und dann weiter zu den Alleghanies. Wo mochte die französische Festung liegen, von der sie gesprochen hatten? »Fort du Quesne ...«, klang es ihm immer noch in den Ohren. Dahin marschierte General Braddock mit seinem Heer.

Der Pfad stieg etwas an und lief auf eine kahle Anhöhe

hinaus. Vor den Reitern öffnete sich das Tal der Juniata. Die Morgensonne warf goldene Funken in die grüne Welt, der Flußspiegel leuchtete mit dem Himmel um die Wette, und in dem Uferdickicht lärmten die wilden Enten. Nach Osten lag Raystown auf einer hohen Klippe. Das Fort mit seinen Gräben und Pfahlwällen verdeckte die wenigen Häuser, die bei ihm Schutz suchten. Georg erkannte nur die Schornsteine, deren Qualm in den Morgen hinaufwirbelte.

Wie ein Schleier hing der Rauch über den Dächern, als wollte er die winzige Menschensiedlung schützen gegen das ungeheure Gewoge des Waldes, das von den Bergen herabflutete und hügelauf, hügelab durch das Tal heranrollte. Für den Jungen, der nichts als die Einsamkeit der Grenzerhöfe kannte, waren diese zwölf oder fünfzehn Häuser eine *Stadt*, die einzige, die er je gesehen hatte.

Er kniff die Augen zusammen und strich sich eine Haarsträhne aus der Stirn; etwas Ungewöhnliches unterbrach das vertraute Bild des Tales. Am Ufer entlang, über Wiesenflecken, durch Gebüsch und Wald lief eine Schneise auf die Reiter zu. Die weißen Stümpfe frisch gefällter Bäume, aufgetürmtes Astwerk und beiseite gewälzte Stämme bezeichneten diese Linie, die Menschenhand gezogen hatte.

»Das ist der Fahrweg, den die Holzfäller angelegt haben und der zum Truthahnfuß gehen soll«, bemerkte Andres.

Zeit zum Fragen blieb nicht, denn der Trupp ritt dem Fluß zu. Gerade hier an dieser Stelle setzte der neue Weg durch eine Furt an das andere Ufer, und von dort lief er dann weiter nach Westen, immer weiter nach Westen.

Hier war im vergangenen Jahre der Fuhrmann ertrunken, der während der Herbstüberschwemmung mit seinem Wagen durch den Fluß wollte. »Entweder ich komme durch, oder ich fahre zur Hölle«, hatte er geschrien, als die Leute ihn warnten, und einen Augenblick später war er wirklich in der »Hölle«. »Wahr und wahrhaftig an dem gräßlichen Ort«, schloß Tante Rahel immer, wenn sie davon erzählte.

Georg sah sich fast die Augen aus. Er war ja seitdem noch nicht hier gewesen und hoffte nun, mit heimlichem Grausen, noch einige Spuren jenes Unglücks zu erblicken, das monatelang in Raystown und Umgebung das Tagesgespräch gebildet hatte. Zu seiner Enttäuschung sah er nichts, nicht einmal ein Rad von dem Wagen.

Aber ertrinken konnte man hier wirklich, selbst jetzt im Sommer reichte das Wasser den Pferden fast bis zum Bauch. Der Junge zog die Füße etwas an und klopfte seinem Tier auf den Hals. Welches Glück, daß ihm der Vater die alte, sanfte Stute mitgegeben hatte.

Am jenseitigen Ufer drängte er sein Pferd neben Andres und begann ihn mit Fragen zu quälen. Der Bruder schlief halb und wurde erst allmählich gesprächig. »Ach was, der ertrunkene Fuhrmann ist längst begraben, und den verunglückten Wagen haben die Leute verheizt! Wie weit es zum Truthahnfuß ist, weiß ich selbst nicht. Da fließen die Quellbäche des Yo zusammen (Andres meinte den Yohogania), weit hinter den Alleghanybergen. – Ob da auch Wald ist? Wahrscheinlich ..., natürlich, was soll da sonst sein? Warum General Braddock nicht über Raystown marschiert?«

Ein Zuruf des Anführers unterbrach das Gespräch. Die Reiter stiegen zu einer kurzen Rast an einer offenen Stelle ab. Etwas mühsam rutschte Georg von dem breiten Pferderücken herunter. Andres zog den Bruder zu einem Sandfleck. »Sieh her, ich will es dir erklären.«

Er ritzte mit einem Stöckchen Linien auf den Boden. »Das ist der Monongahela, der kommt von Süden, und so fließt der Alleghany, der im Norden entspringt. Wo beide zusammenströmen, entsteht der große Ohio. Und genau in dem Winkel zwischen den beiden Flüssen liegt Fort du

Quesne, der Hauptstützpunkt der Franzosen. Von hier aus schicken sie uns die Indianer auf den Hals, seitdem der Krieg im Gange ist. Dieses Fort müssen wir haben, sonst bekommen wir hier niemals Ruhe, und deshalb marschiert Braddock von Virginien aus mit eintausendsechshundert Mann den Yo hinunter nach du Quesne. Den Weg sollen wir schlagen, damit die Provinz Pennsylvanien Proviant an den Yo schaffen kann. Außerdem will sie dreihundert Mann Miliz stellen. Um die Straße so rasch wie möglich fertigzumachen, wurden gestern noch fünfzig Mann Verstärkung aufgeboten.«

Georg verstand nicht alles, er hörte auch nicht mehr zu, denn die eintausendsechshundert Soldaten gingen ihm beständig durch den Kopf. Das war ja eine unvorstellbare Masse! In Fort Raystown hatte er nie mehr als vierzig Mann Besatzung gesehen.

»Aber dann ist der Krieg ja bald zu Ende«, fiel er dem Bruder ins Wort.

»Das will ich meinen«, brummte Andres und schwang sich wieder auf sein Pferd.

Am Nachmittag trat die Ostfront der Alleghanyberge immer deutlicher hervor wie eine riesige zerklüftete Mauer, über die der Wald mit einem Satz hinwegsprang.

Die Wegebauabteilung arbeitete sich bereits eine Schlucht empor, die zu der weiten offenen Heide jenseits der Höhe hinaufführte.

Die Verstärkung mußte gleich mit anpacken. Todmüde sank Georg am Abend, in seine Decke gerollt, auf einen Packen frisch gehauener Zweige, der das Bett ersetzte.

Frühmorgens, gleich nach dem Wecken, rief ihn der Kommandant der Holzfäller: »Komm mal her, mein Junge, und paß gut auf: Hinter uns auf dem Wege sind die Proviantwagen mit Verpflegung. Reite zurück und treibe sie zur Eile an, sie sollen so schnell wie möglich aufrücken.

Wir können unsere Zeit nicht mit Jagd und Fischfang vertrödeln, aber hungern können wir ebensowenig. Hast du verstanden?«

Georg brachte ein lautes »Ja« heraus und trabte sofort los. Er glühte vor Eifer und Stolz über den Auftrag.

Den Weg – eine breite, rohe Schneise – konnte ein Blinder finden; zwischen den Baumstubben konnte zur Not ein Gespann fahren.

Es ging schon auf den Nachmittag, als der Bote die Proviantkolonne erspähte: Sie quälte sich gerade durch die zweite Furt oberhalb Raystowns. Die Fuhrleute hatten acht Ochsen vor den ersten Wagen geschirrt; hinten bremsten zwölf Männer mit einem langen, am Fuhrwerk befestigten Seil, damit die Fracht nicht zu schnell den Uferhang hinunterrollte. Jetzt zogen die Tiere an. Das vorderste Gespann schritt in den Fluß und zögerte, als das Wasser bis zum Geschirr stieg.

Unter Brüllen, Fluchen und Peitschenknallen legten sich die Tiere wieder in die Stränge, und schließlich schwankte der plumpe Kasten mit dem runden Plandach die jenseitige Böschung hinauf. Der Fuhrmeister, ein kleiner, vierschrötiger rothaariger Mann, tobte zwischen den Knechten umher und beruhigte sich erst, als die Ladung sicher auf dem anderen Ufer stand. Die Ochsen wurden abgesträngt, um den nächsten Wagen herüberzuholen.

Georg drängte sich an den Fuhrmeister heran und brachte seinen Auftrag vor. Der Rothaarige, dessen borstige Haare wie kleine Spieße abstanden, sah ihn an, als ob er ihn fressen wollte. »So schnell wie möglich, haha! Bestell man, wir kommen, sobald die Ochsen Flügel haben!«

Doch dann glätteten sich die Züge des Grimmigen, und er warf einen freundlichen Blick auf den kleinen Jungen, der ihn etwas ängstlich anstarrte. »Bist du allein gekommen?« fragte er in verändertem Ton. Georg nickte. Die

Stirn des Gewaltigen legte sich wieder in Falten. »Diese verdammten Narren! Solch ein Kind allein daherzuschikken, wo hinter jedem Busch eine rote Kanaille lauert. Meine Ochsen haben ja mehr Verstand.« Er besann sich und brüllte dann: »Arnold!« Ein junger Mann kam herbei. »Nimm dein Pferd, und trabe mit diesem Jungen voraus zur Wegebauabteilung. Wir können vor morgen nachmittag nicht da sein. Sieh deine Flinte nach, ehe du abgehst.«

Georg zog ein beleidigtes Gesicht. »Aber ich kann doch allein zurückreiten.«

Der Fuhrmeister lachte. »Weiß ich, weiß ich, mein Kleiner. Aber ob du hinkommst, das weiß ich nicht. In dieser Gegend reist man besser zu zweit. Mach's gut!«

Georg war wütend und schwor sich, mit diesem Arnold kein Wort zu wechseln. Aber der Begleiter plauderte so harmlos und wußte so viel von General Braddock, daß Georgs Zorn bald verrauchte. Die Bäume warfen schon lange Schatten, als sie an einem ungewöhnlich hohen Stapel von Ästen und Buschwerk vorbeikamen.

Arnold reichte gerade ein Maisbrot herüber – da zuckten aus dem Verhau drei lange rote Feuerstrahlen. Georg fühlte, wie sein Tier sich bäumte, und sah Arnold aus dem Sattel stürzen. Die Welt drehte sich blitzschnell um ihn, die Bäume standen plötzlich kopf, der Himmel lag unten, und dann löschte ein harter Schlag sein Bewußtsein aus. Nur ein schneidender Schmerz an seinem rechten Fuß drang noch in seine Sinne.

Was er nicht mehr sah, waren drei Indianer, die aus dem Buschwerk heraussprangen und ihn unter dem toten Pferde hervorzerrten. Die Faust des einen umspannte einen Tomahawk, und gerade da, wo Daumen und Zeigefinger zusammentrafen, glänzte auf dem Griff eine rote Schildkröte.

Die folgenden Tage flogen an Georg vorüber wie Schatten. Dem Jungen schien es, als wäre er in einen Abgrund gestürzt, hinab in eine zweite Welt tief unter der bekannten und vertrauten Erde. In seiner Erinnerung hafteten nur Bruchstücke, Fetzen von Bildern, die nicht zusammenpaßten.

Schwarz und rot bemalte Gesichter, gellendes Geschrei, abendliche Lager, grünes Zwielicht, das manchmal aufriß und den Blick auf endlos wogende Bergzüge freigab, Kette auf Kette hintereinander, verhüllt von der Samtdecke unaufhörlichen Waldes.

Der gequetschte Fuß schwoll unerträglich. Der Junge fand sich auf dem Rücken eines Pferdes wieder, aber nicht auf seiner alten Stute. Irgendwo hatte er sein jetziges Reittier schon gesehen, doch sein schmerzender Kopf verweigerte jede Besinnung. Flüchtig kam ihm der Gedanke an Arnold. Saß er nicht auf dessen Blesse? Aber wo war Arnold geblieben? In dem Stechen, Pochen und Rauchen zwischen den Schläfen versank das Gewesene wie in einem brausenden Wasserfall.

Erst am dritten Tage legte sich allmählich das Dröhnen in seinem Schädel, und die Welt erhielt wieder Gestalt und Farbe. Er sah ein Dutzend Indianer vor sich auf dem Pfade dahingleiten, sah Federn von halbgeschorenen Köpfen nikken, Sonnenflecke auf braunroten Rücken tanzen und lange Fransen an Hosenbeinen wehen.

Georg starrte nach vorn. Das grüne Halbdunkel verschwand, und der helle Nachmittagshimmel drang plötzlich schmerzhaft in die Augen ein. Der Trupp hielt. Ein überraschter Laut rang sich aus der Kehle des Jungen: Vor ihm in der Talsenke lag Raystown! Deutlich erkannte er das Viereck des Forts mit seinen Eckbastionen; wie ein Kissen mit lang herausgezogenen Zipfeln lag es da. Die Palisadenwände und Gräben, die rauchenden Schornsteine der Kasernengebäude, die Juniata! Dort waren die Eltern und Geschwister; seine Irrfahrt hatte ein Ende. Der Junge atmete auf, und ein Gefühl des Glücks überströmte ihn. Ob die Mutter wohl Speck für ihn briet?

Aber wo stand Tante Rahels Haus? Georg schirmte die Augen mit der Hand gegen die Sonne, aber es nutzte nichts, außerhalb des Forts konnte er keine Gebäude entdecken. Den Talhang hinauf zog sich eine Menge kleiner schwarzer Halbkugeln, zwischen denen Feuer rauchten und Menschen herumliefen. Und was war das da rechts für ein breiter Fluß, in die die Juniata mündete?

Georgs Hand sank herab. Alles Blut wich aus seinem Gesicht, und in seinen Ohren klang Andres' Stimme: »Von Süden kommt der Monongahela, von Norden der Alleghany. Wo beide zusammenfließen, entsteht der große Ohio, und in dem Winkel zwischen den beiden Flüssen liegt Fort du Quesne...«

Das mußte die französische Festung sein! Die kleinen Halbkugeln waren nichts anderes als die Hütten von Indianern. Dort wohnte das rote Pack, das die Franzosen den pennsylvanischen Grenzern auf den Hals schickten.

Eine unwiderstehliche Traurigkeit überfiel den Jungen; er spürte kaum, wie sein Pferd wieder antrabte. Jetzt flammte von einer der Bastionen ein breites, rotes Feuerband; langsam verrollte ein Kanonendonner zwischen den Hügeln und verschmolz mit dem Klang von Hörnern und dem Rasseln von Trommeln.

Zwei rote Männer führten Georgs Pferd über eine dumpf dröhnende Holzbrücke ins Fort zu einem langen Gebäude, das sich an den rückwärtigen Wall schmiegte. Willenlos ließ sich der Junge herabnehmen und ins Haus tragen. Er fühlte, wie Stroh unter ihm raschelte, er hörte halblaute Fragen in fremder Sprache an sein Ohr schlagen, aber seine Sinne faßten nichts mehr. Wo mochte Raystown liegen? –

»Komm, du Langschläfer, die Hühner sind schon längst auf!« rief die Stimme der Mutter.

Wie aus einem tiefen Brunnen tauchte der Junge empor an die Oberfläche der Welt. Die Traumbilder zerflatterten, doch das Krähen des Hahns blieb. Nun antwortete ein zweiter. Georg lauschte. Wo lag er eigentlich? Durch eine Reihe winziger Fenster malte die Sonne goldene Vierecke auf den Boden; lautes Schnarchen ertönte, hie und da lugte ein struppiger Kopf unter einer Decke hervor. Ach so – das Lazarett in du Quesne.

Der Junge sank wieder zurück. Draußen rollte der Donner des Morgenschusses, und das Lied der Hörner grüßte den neuen Tag. Er hörte das Wirbeln der Trommeln und das Trappeln der antretenden Besatzung.

Ein alter, hinkender Invalide brachte die Morgensuppe, eine dünne, wassergekochte Gerste, die Georg hastig verschlang. Bald danach rief der Alte etwas; das Sprechen und Schwatzen verstummte, die Tür tat sich auf, und ein gut gekleideter Herr trat herein, der den Offizieren in Raystown glich. Unter dem blauen Dreispitz kräuselten sich sorgfältig gebrannte Perückenhaare, aus dem Rockausschnitt quollen Spitzen, die weißen Strümpfe glänzten in fleckenloser Sauberkeit.

Es war der Militärarzt. Er ging von Lager zu Lager und hielt sich dabei ein Tüchlein vor die Nase. Der Junge mußte den Fuß zeigen. Der Doktor faßte mit zwei Fingern nach dem Knöchel, drückte die schmerzende Stelle und redete einige Worte mit dem Invaliden.

Nicht lange danach erschien der Hinkefuß mit einer Schüssel Wasser, einer Flasche und Verbandstoff, wusch die Geschwulst sorgfältig, rieb sie mit einer prickelnden Flüssigkeit ein und wickelte eine Bandage um den Fuß. Das mürrische Gesicht des Krankenwärters paßte völlig zu seiner Schweigsamkeit, aber sein Handwerk schien er zu verstehen. Georg verspürte eine merkliche Linderung.

Er rückte sich gerade auf seinem Stroh zurecht, als drei

Männer hereinkamen, die wohl zur Besatzung des Forts gehörten, denn sie trugen blaue Uniformröcke. Der eine hatte einen Hut mit goldenen Tressen auf dem Kopf. Sie wandten sich an den Invaliden, und dieser führte sie an Georgs Lager.

Es durchfuhr den Jungen wie ein Schlag, als er plötzlich Worte in seiner Muttersprache vernahm. Einer der Soldaten redete ihn englisch an, und nur, wenn er sich mit den beiden anderen unterhielt, sprach er in einer näselnden Art, die Georg nicht verstand.

»Wo haben dich die Indianer gefangengenommen?«
»An der obersten Juniatafurt.«
»Wie weit ist der neue Weg ausgeholzt?«

Der Junge ahnte, daß er einem Verhör unterzogen werden sollte, und überlegte. Der Dolmetscher bemerkte sein Zögern und fuhr ihn heftig an: »Unterstehe dich ja nicht zu lügen, sonst baumelst du am nächsten Baum!«

»Der neue Weg reicht jetzt bis hinter die Alleghanyfront.«

»Wieviel Mann Miliz stoßen noch zu Braddock?«

Diese Frage zerriß den Schleier, der die Erinnerung verhüllte; hell und klar stand das Gewesene vor dem Jungen. Wie konnte er das nur vergessen: General Braddock war ja im Anmarsch und mit ihm die Pennsylvaniamiliz!

»Dreihundert Mann«, sagte er schnell. Der Dolmetscher warf ihm einen scharfen Blick zu.

»Und wie ist die Bewaffnung? Hat jeder ein Gewehr?«
»Natürlich hat jeder ein Gewehr.«

Georg hatte zwar die Miliz nicht gesehen, aber einen Grenzer ohne Flinte gab es nicht. Der Dolmetscher redete mit den beiden anderen, stellte noch einige belanglose Fragen und entfernte sich mit seinen Begleitern.

Der Junge frohlockte innerlich. General Braddock kam ja mit 1600 Mann, und dann wurde er frei! Die paar Tage würde er noch aushalten.

Am Nachmittag erschien neuer Besuch. Ein Indianer ließ sich an Georgs Strohbett nieder. Der Junge starrte den Mann an, irgendwoher kannte er den Besucher. Dieses Gesicht mit den beiden schwarzen Querstreifen von einer Wange zur anderen und diesen knallblauen Lendenschurz hatte er schon gesehen.

Georg musterte den unbeweglich auf untergeschlagenen Beinen Hockenden noch einmal. Das Gesicht des Indianers bekam durch die eng zusammenstehenden Augen und die schmale Nase, die wie ein Raubvogelschnabel über den Mund herabhing, etwas Geierartiges. Das Kopfhaar war kurz geschoren bis auf einen Knoten, der oben auf dem Scheitel thronte. Darüber spreizten sich vier Krähenfedern. Jetzt wußte der Junge auch, wo ihm diese Federn schon aufgefallen waren: Der Indianer gehörte zu dem Trupp, der ihn gefangengenommen hatte. Und dieser Mann sprach ja auch leidlich englisch; den konnte er gleich nach Neuigkeiten fragen.

»Weißt du, wo Braddocks Heer jetzt steht?«

Der Besucher zog sein Messer und ritzte eine rohe Karte auf den Lehmboden. Georg verstand seine Worte ganz gut, obwohl der Indianer offensichtlich kein R aussprechen konnte und statt dessen stets ein L herausbrachte.

»Braddock zieht jetzt zwischen den Kastanienbergen und dem Yohogania zum Monongahela. Wir beobachten ihn jeden Tag. Seine Krieger gehen ganz dicht nebeneinander und hintereinander wie Krähenschwärme, wenn sie abends zu den Schlafbäumen fliegen. Wir werden Braddocks Leute umringen und niederschießen wie Tauben.«

»Ihr Braddock niederschießen? Niemals!«

»Mein Freund ist noch sehr jung und schnell. Ein Krieger schreit nicht, er schweigt.«

Der Indianer stopfte bedächtig seine Pfeife und stieß einige Qualmwolken von sich. »Kann mein kleiner Bruder mit dem Fuß schon auftreten, oder ist ihm das Gehen unmöglich?«

»Es tut noch weh genug.«

»Ich werde im Walde einige Kräuter zum Auflegen suchen, die helfen sofort.«

»Der Krankenwärter macht ja Umschläge, es wird schon besser werden.«

Georg wurde es unheimlich bei den Fragen des Mannes. Was ging den Indianer sein Fuß an? Der Junge verstummte und atmete auf, als der bemalte Besuch sich erhob und mit bedächtigem Schritt den Raum verließ.

In den nächsten Tagen besserte sich der Knöchel rasch; bald konnte der Patient an einem Stock umherhumpeln und sein Essen selbst aus der Küche holen. Der Koch arbeitete in einer der Eckkasematten, die als Dreiecke aus der Palisadenfront heraussprangen. Ein paar Stufen führten zum Wall hinauf; oben auf der Bastion stand eine Kanone. Georg hätte sie ja gern aus der Nähe gesehen; doch die Wache jagte ihn fort, als er hinaufzuklettern versuchte.

Am Morgen des sechsten Tages nach seiner Ankunft erwachte der Junge von einem gewaltigen Lärm; eine Wolke von Unruhe, Schreien und Flintenknallen hing über dem Fort. Er wartete auf den Morgenschuß und das Rasseln der Trommeln, aber beides blieb aus.

Schließlich schlich er an seinem Stock vor die Tür und kletterte gleich hinter dem Hospital auf den Wall. Der Lärm ertönte vom Haupttor her.

Vorsichtig humpelte Georg zur Bastion hinter dem Kommandantenhaus und lugte über die Pfahlspitzen. Am Tor kribbelte und wimmelte es von Indianern, die im Gänsemarsch am Magazin vorbeizogen und Pulverbeutel, Flinten und Kugelsäckchen in Empfang nahmen. Draußen stand schon eine Abteilung der französischen Besatzung, in ihren dunklen Röcken viel unauffälliger als die befiederten und bemalten Hilfstruppen.

Allmählich ordnete sich das Gewirr. Die Soldaten setzten sich in Marsch; einige Indianer machten die Vorhut, während die Hauptmasse in langen Reihen folgte.

Das galt Braddock! Der General konnte nicht mehr weit sein. Aber was wollten die paar Mann gegen ihn ausrichten? Mit denen wurde ja die Miliz alleine fertig! Ob Braddock am Abend schon hiersein würde?

Langsam krochen die Stunden. Das Mittagessen ließ Georg vor Aufregung und Erwartung stehen. Der Lärm des Morgens glitt in eine drückende, lastende Stille hinüber, nur das Gackeln der Hühner, die sich in dem heißen Sand am Wall sonnten, unterbrach die Ruhe des Platzes zwischen den Gebäuden. Die Wälder jenseits des Flusses standen in regungslosem Schweigen, als lauschten sie angestrengt nach Süden.

Es ging schon auf den Nachmittag, als eine Bewegung im Fort aufflackerte. Eilig hinkte Georg vor die Tür. Von der Torwache schallte Stimmengewirr. Soldaten rannten über den Hof. Auch der Koch lief aufgeregt umher und schwang seine Schöpfkelle. Der Junge hielt den Küchenmeister fest, der etwas Englisch konnte und mit dem er sich angefreundet hatte.

»Was ist denn los?«

Der Mann blieb stehen. »Ein Läufer hat gerade gemeldet, Braddocks Truppen sind umzingelt und werden vollständig vernichtet!«

Mit offenem Munde sah der Junge dem Koch nach, dann schleppte er sich mit schwankenden Knien zum Wall und setzte sich. Seine Gedanken führten einen Wirbeltanz auf, in dem stets der Satz wiederkehrte: Das kann nicht wahr sein... Das kann nicht wahr sein...

Geistesabwesend blickte er auf die Hühner, die zu seinen

Füßen scharrten. Das Gefühl für Zeit verließ ihn vollständig. Lärm und Geschrei scheuchten ihn nach stundenlangem Brüten auf; er kroch die Böschung hinan und schlich sich zu der Bastei am Tor.

Seine Augen wurden groß und starr; eben zog ein mit Beutestücken beladener Indianerhaufen über die Brücke. Grenadiermützen und Perücken baumelten von Bajonetten, Tressenhüte thronten auf dunklen Köpfen, Skalpe flatterten auf langen Stangen. Das gellende Hallo verstärkte sich von Minute zu Minute. Neue Haufen näherten sich. Die scharlachroten Röcke der englischen Infanteristen und die himmelblauen der Kanoniere mischten sich wunderlich mit Federschmuck und Lederhosen. Unregelmäßiges Geknatter lief talauf und talab; nah und fern rollte das Echo der Freudensalven.

Plötzlich fühlte der Junge eine Faust in seinem Nacken. »Du Lausebengel, was machst du hier?« Und schon flog er die Treppe hinunter. Die Geschütze sollten das Freudenschießen mitmachen, die Bedienungsmannschaften hatten ihn auf der Bastion überrascht.

Über den Kasernenhof stolzierten Indianer mit Offiziershüten und Schärpen, ein wildes Durcheinander von Feldkesseln, Säbeln, Kugelbeuteln und Packtaschen übersäte den Platz, und zu dem Siegesgebrüll gesellte sich jetzt noch die Stimme der Kanonen, die dem Wald und der Sonne den Triumph über das englische Heer zudonnerten.

Georg warf sich auf sein Lager und hielt sich die Ohren zu.

Als die Nacht schon einen Teil des Jubels verschluckt hatte, klang ein neuer Ton in das schwächer werdende Gelärm; ein gräßliches, Mark und Bein durchdringendes Geschrei. Der Junge schauderte, denn er wußte aus hundert Erzählungen, was das bedeutete. Die Indianer verbrannten ihre Gefangenen. Offenbar hinderte die französische Besatzung ihre roten Verbündeten nicht im geringsten daran. Erst gegen Morgen konnte sich das von zahllosen Schreckbildern gehetzte Gemüt des Lauschenden beruhigen, und er sank in einen kurzen, unruhigen Schlaf.

Der erste Blick des Erwachenden fiel auf ein Gesicht mit zwei schwarzen Querstreifen, die wie die Sprossen einer Leiter hinaufkletterten zu den eng zusammengerückten Augen. Nichts erinnerte ihn deutlicher an den gestrigen Tag mit dem Scheitern aller Hoffnungen. Ängstlich blickte er auf seinen Bekannten.

»Was soll ich nun machen? Kann ich hierbleiben?«

Der Indianer hob seine rechte Hand und bewegte sie mehrmals vor dem Gesicht hin und her, wobei er die Handfläche nach außen kehrte. Georg wußte nicht, daß dieses Zeichen »nein« bedeutete, aber die folgenden Worte ersparten ihm das Nachdenken.

»Wenn mein kleiner Bruder sich besser fühlt, dann muß er mit den Indianern gehen und selber ein Roter Mann werden. Er wird an Stelle eines verstorbenen Sohnes angenommen.«

Der Besucher redete noch manches, doch der Sinn der Sätze flog an dem Jungen vorüber. »Mit den Indianern gehen ...« blieb allein in seinem Hirn haften. Das Brüllen und Schreien der gemarterten Opfer klang ihm noch in den Ohren; sicher würde er auch noch verbrannt werden.

Wie oft hatten die Eltern von dem »roten Geschmeiß« gesprochen; jeden Abend wurde zu Hause die Tür verriegelt und das Gewehr geprüft. Als damals der Bericht von dem Überfall auf Folkes herumging, war er heimlich dorthin gelaufen. Die Hütte stand noch, bis vor die Tür lagen die Federn der aufgeschnittenen Betten, und an der Wand gleich unter dem Fenster klebten große Blutflecke. Diesen Mördern war er nun ausgeliefert! Es schüttelte den Jungen vor Schrecken und Entsetzen.

Gegen Mittag hinkte Georg an seinem Stock hinaus und suchte bei der Küche nach dem Koch. Schließlich fand er ihn und zupfte ihn am Ärmel. »Kann ich nicht hier bei euch im Fort bleiben? Brauchst du hier nicht jemand?«

Der Mann fühlte einiges Mitleid, als er die flehenden Augen sah; aber er schüttelte den Kopf. »Nein, mein Junge, da ist nichts zu machen. Die Roten beanspruchen jeden Gefangenen, und die Offiziere werden sich hüten, wegen so einer kleinen Maus, wie du es bist, mit den verbündeten Stämmen Streit anzufangen.«

Georg sank in sich zusammen und schlich davon. Am Abend hockte er lange auf dem Wall und blickte nach Osten. Dort irgendwo lag Raystown, weiter als der Abendstern, der ihm über den nachtdunklen Wäldern zuzwinkerte.

Am dritten Morgen nach Braddocks Niederlage holte der Indianer mit den Krähenfedern den Jungen ab. Sie schritten über die Brücke dem Flußufer zu. Am Hang standen nur noch die nackten Gerüste der Rindenhütten; im niedergetrampelten Gras lagen Aschenreste, Holzstücke, Lederfetzen und abgenagte Knochen. Die meisten Krieger waren bereits davongezogen.

Im flachen Uferwasser schaukelten zwei Boote, fast dreimal so lang wie ein erwachsener Mann und in der Mitte breit auseinandergespreizt wie ein Wäschekorb. Eine Gruppe Indianer arbeitete dort. Die Frauen standen bis zu den Knien im Wasser und verstauten große Rindenrollen, Kessel, Töpfe, Beile, Gewehre und Beutestücke in die Kanus, während die Männer die hochgebogenen Vordersteven festhielten, damit die Fahrzeuge nicht abtrieben.

Auf einen Wink trat Georg jetzt in das erste Boot. Sein Fuß schmerzte noch immer; er torkelte zwischen den Rollen und Packen der Ladung, das Boot geriet ins Schaukeln, die Frauen kreischten, und auf einmal versetzte ihm der Geiergesichtige einen Schlag mit dem Paddel, der ihn der Länge nach ins Wasser warf. Schluchzen würgte in Georgs Kehle, aber die triefende Nässe verbarg seine Tränen.

»Du mußt dich sofort hinsetzen«, knurrte ihn sein Bekannter an und half ihm wieder ins Kanu.

In seinem dumpfen Kummer spürte der Junge kaum die Wärme der Julisonne, die seine Sachen trocknete. Nur eins fiel ihm auf. Der dicke Rand des Kanus bestand aus einer bloßen Lattenverstärkung, die Wandung selbst war nichts als papierdünne Rinde, die durch hölzerne Querrippen gehalten wurde. Kein Wunder, daß dieses federleichte Ding schaukelte! Aber woher sollte er das vorher wissen?

Die peinigende Angst vor dem kommenden Feuertode versetzte den Gefangenen in einen Dämmerzustand, in den die Außenwelt nur selten eindrang. Grüne Bergufer, die sich kopfüber in den Strom stürzten, glutheiße Mittage über blitzenden Wasserkringeln, kühle Rasten in Weiden- und Pappelgehölzen, flimmernde Flächen, hundertmal breiter als die Juniata, füllten die Stunden zwischen Morgen und Abend. Weiter und weiter entschwand Raystown.

Abends weinte sich der Junge unter seiner Decke in den Schlaf. Unabsehbare Wälder und Gebirge durchirrten seine Gedanken, ehe sie die heimatliche Blockhütte fanden, die hinter tausend Horizonten kleiner und kleiner wurde. Riesige Tagesreisen mit der Strömung des Flusses löschten das Fünkchen Hoffnung, das sich mit dem Wort Rückkehr verband. Übrig blieb nichts als der Hang zum Leben, der den Hilflosen, unbekannten Schicksalen Entgegentreibenden jedesmal aufatmen ließ, wenn wieder die abendlichen Lagerfeuer zwischen Busch und Rohr an einer Uferstelle brannten.

»Gott sei Dank, heute sind wir noch nicht angekommen!« Das Leben dauerte noch einen Tag. Was am Ende der Reise drohte, wagten die Gedanken kaum anzurühren.

Eines Morgens bog die Flotille in einen Nebenfluß ein, und die Ufer rückten allmählich zusammen. Drei Tage arbeiteten die Ruderer gegen die Strömung. In Bug und Heck stand je ein Mann und handhabte sein Paddel. Erstaunlich, wie lange die Indianer in dieser unbequemen Stellung aushielten, wie geschickt sie um einzelne Baumstämme herumsteuerten, die mit verfilztem und übergrüntem Astwerk den Fluß hinunterschwammen. Der Strom trieb jetzt zwischen Wiesen dahin. Mit einemmal stieg das Ufer empor und rollte dann zu einem breiten Tal auseinander, als wollte es dem Wald nachjagen, der weit hinten über einem zweiten Absatz blaute.

Am Nachmittag des vierten Tages merkte Georg, daß seine Begleiter lebhafter wurden, wie Zurufe hin und her flogen und die Paddel schneller ins Wasser tauchten. Auf dem rechten Ufer schimmerte das satte Grün von Maisfeldern. Unter Bäumen lugten Rindenhäuser hervor, wie der Junge sie schon gestern und vorgestern mit Herzklopfen gesehen hatte. Die Äcker nahmen hier kein Ende. Anderes Grün mischte sich unter das Leuchten der Halme: Flecken mit breitblättrigem Kürbis, Streifen mit Tabakstauden und Reihen von Sonnenblumen. Eine Gruppe Pflaumenbäume zog sich über die nächste Bodenwelle hin.

Aber jetzt blieb Georg fast das Herz stehen, denn hinter dem sanften Erdrücken kamen zwei Giebelhütten zum Vorschein, und die Boote drehten zum Ufer. Ein gellender, hochtönender Ruf stieg aus den Kanus und erhielt vom Lande Antwort.

Frauen und Kinder eilten herbei, ein vielfarbiges Durcheinander buntgesäumter Hemden und Röcke, mattschimmernder Silbergehänge auf tiefbrauner Haut und gelber Reifen an nackten Armen. Schwarze, wolfsähnliche Hunde rannten mit Geheul von allen Seiten zusammen; man verstand in dem Lärm sein eigenes Wort nicht.

Unter Lachen, Jauchzen und Schreien wurden die Boote ausgeladen, auf den Strand gezogen und umgedreht. Neugierige Blicke trafen den fremden Jungen, aber niemand kam ihm zu nahe, auch die Kinder hielten sich zurück.

Hilflos und unglücklich stand Georg in dem Trubel, bis ihn der Geiernasige einer dunkelhaarigen, etwas beleibten Frau zuführte. Beide wechselten einige Sätze miteinander, dann nahm die Indianerin den verschüchterten Jungen bei der Hand und ging mit ihm den Häusern zu.

Georg warf einen vorsichtigen Blick in ihr Gesicht und fuhr zusammen. Zum erstenmal seit Tagen blickte er in ein unbemaltes Antlitz, dessen Haut in einem natürlichen Braunrot spielte. Gegen seine gefärbten Begleiter erschien ihm diese Frau als ein Mensch von Fleisch und Blut.

Die Indianerin mußte die freudige Überraschung des Kindes gespürt haben. Sie redete mit klangvollen Lauten auf den Jungen ein, aber davon verstand er leider nichts. Dafür sprach ihr Gesicht um so deutlicher von guten Absichten. Zwischen der niedrigen Stirn und den breiten Wangen lächelten zwei dunkle Augen; die knollige Nase und das Doppelkinn strahlten von Wohlwollen und Gutmütigkeit.

Eine warme Welle von Zutrauen lief über den Ängstlichen. Er faßte die schwielige, harte Hand fester und drängte sich an seine Begleiterin. Er war ja mit seinen neun Jahren nichts anderes als ein schutzsuchendes Kind, das jetzt einen Hauch von Geborgenheit fühlte. Die quälenden Gedanken an seinen Martertod flogen davon wie eine Schar Krähen.

Hinter einer Tür versank plötzlich der sonnenstrahlende Nachmittag in dem Halbdunkel eines fensterlosen Raumes. Blind wie ein Maulwurf tappte Georg hinter der Frau her und hielt sich dabei an der blauen, hemdartigen Bluse fest, die ihr bis zum Knie reichte. Nach einigen Schritten gewöhnte er sich an das Zwielicht, in dem sich breite Lichtstreifen von mehreren Dachluken her mit dem Glimmen glühender Holzscheite verwoben.

Der Junge sah sich auf einem breiten Korridor, der durch die ganze Länge des Hauses lief und auf der Gegenseite in dem hellen Viereck einer zweiten Tür endete. Rechts und links öffneten sich kleinere Kammern, ähnlich wie die Pferdeboxen im Stall von Raystown, nur viel niedriger. Auf dem Korridor brannten mehrere Feuer, jedes vom anderen sechs oder sieben Schritt entfernt. Ein leichter, würziger Holzgeruch lag in der Luft.

Bei dem zweiten Brandstoß hielt die Frau an und gab Georg einen Wink, in den Raum zur Rechten zu treten. Noch ganz benommen folgte der Junge, stolperte aber, denn eine mächtige, vierkantige Schwelle trennte die Kammer von dem Mittelgang. Seine Begleiterin griff flink nach seiner Jacke und bewahrte ihn vor dem Fallen; dann drückte sie ihn auf eine breite, niedrige Bank, die rings um die Wände des kleinen Zimmers lief. Er fühlte etwas Haariges, Weiches unter sich; seine Hand faßte in die Zotten eines Bärenfells.

Jetzt langte die Indianerin nach oben zur tief herunterhängenden Decke. Die Tragestangen waren nur zum Teil mit Brettern oder Platten belegt, so daß man bequem hindurchreichen konnte. Der Boden dort oben barg wohl allerlei Gerät, denn die Frau holte einen Korb herunter.

Schüsseln und Messer klapperten, und dann fühlte der Junge in seiner Hand einen Maisfladen, auf dem Schmalz glänzte. Nichts blieb ihm aus den ersten Tagen im Dorf Wiesenufer am Hirschaugenfluß so deutlich im Gedächtnis wie diese Schnitte Brot, die ihm seine Adoptivtante Rundliche Wolke mit Bärenfett bestrichen hatte.

Aus dem Kochkessel, der über dem Feuer brodelte, füllte die Frau ein Schüsselchen und setzte es neben die

Bank. Dann wühlte sie in dem Korb, fand aber nicht, was sie suchte, und rief mehrmals:

»Malia! Malia!«

Den Korridor hinunter huschte ein Mädchen, etwas älter als Georg. Es trat herein, half emsig beim Suchen und brachte schließlich den vermißten Gegenstand hervor: einen schaufelförmigen Holzlöffel.

Georg machte sich über sein Schüsselchen her, doch der köstliche Brei aus Maisgrieß und Fleisch war nicht so schnell zu bewältigen; die Schaufel ging nämlich wegen ihrer Größe kaum in den Mund und nachher ebenso schwer wieder hinaus. In der Hand fühlte Georg etwas Dickes, das nicht zu einem gewöhnlichen Löffelstiel gehörte; er hielt ihn zum Feuer und entdeckte, daß der Griff in einem zierlich geschnitzten Vögelchen endete. Das Mädchen beobachtete den Jungen aufmerksam, doch Georg sah kaum von seinem Schüsselchen auf und achtete nicht auf die Kleine, deren gelbes Blusenhemd wie ein heller Fleck in dem Halbdunkel stand.

Schritte klangen auf dem Gang; ein paar Kinder tauchten auf; ein Hund schlich um den Kessel, gedämpftes Sprechen kam aus den Nebenräumen, wurde leiser und leiser.

Und dann fiel Georg in einen schwarzen Abgrund. Die Spannung und Aufregung der vergangenen Tage löste sich in einem bleiernen Schlaf. Er merkte nicht mehr, daß ihm jemand ein Fell unter den Kopf schob.

Ein rhythmisches Tacken mit deutlich getrennten Doppelschlägen weckte den Jungen. Er lauschte dem sanften Pochen, das von draußen hereindrang. Jetzt klopfte der gleichmäßige Takt auch etwas weiter fort.

Georg zerbrach sich den Kopf: Was mochte das sein? Wo war er überhaupt? Vor ihm flackerte ein Feuer, dessen Rauch wie ein blauer Schleier unter der Dachluke hing. Gedämpftes Tageslicht sickerte herab. Er sah nach oben:

Von den Stangen unter dem Dach baumelten Krautbündel, getrocknete Blätter und Troddeln von Sehnenfäden. Zwischen den Balken hindurch blickte er gegen die Unterseite des Daches, denn die Decke seiner Kammer fehlte zur Hälfte. Hatte nicht die Frau gestern abend von dort die Schüssel und den Löffel mit dem Vögelchen heruntergeholt?

Allmählich kehrte die Erinnerung zurück: Die Flußreise im Boot war ja zu Ende ... Er lauschte, doch im Hause rührte sich nichts. Er stand auf, schlich durch den Mittelgang zur Tür und lugte hinaus.

Vor dem Hause sah er seine Betreuerin mit einer anderen Frau an einem hohlen Klotz stehen, in den sie abwechselnd mit hölzernen Stößeln hineinstießen: tack-tack, tack-tack. Die Stempel verschmälerten sich in der Mitte, damit die Hände besser zufassen konnten. Georg mußte an die Eieruhr bei Tante Rahel denken; ja, so sahen die Stößel aus: wie ein paar langgezogene Sanduhren.

Er ging ins Haus zurück, setzte sich auf die hohe Kammerschwelle, ließ seine Augen umherwandern und betastete neugierig die Wände. Offenbar bestand das ganze Haus aus großen Rindenplatten, die man an dem Stangen- und Pfostengerippe festgebunden hatte. Nirgendwo schimmerte ein Riß, anders als in der elterlichen Blockhütte, die trotz allen Verstopfens mit Moos niemals dicht wurde. Für einen Augenblick eilten die Gedanken nach Raystown. Wo mochten die Eltern sein?

Das Pochen verstummte. Bald danach schimmerten das blaue Hemd und das weiße Stirnband seiner Beschützerin auf dem Gang. Freundliche Worte erklangen, und frisch angelegte Äste knisterten unter dem Kessel. Georg lugte andächtig nach dem Dampf, der mit dem Rauch zur Dachluke hinauswirbelte, und dachte an Maisgrieß und Fleisch. Wie sollte er nur die gute Indianerin anreden? Am besten wohl mit »Tante«, auch wenn sie nicht seine richtige Tante war.

Doch statt nach dem Schüsselchen zu greifen, machte ihm die Frau durch Gebärden deutlich, daß er sich ausziehen sollte. Er legte Hose und Jacke ab, und sie band ihm dafür als einziges Kleidungsstück einen Lendenschurz um. Dann bemalte sie ihn mit bunten Salben aus allerlei Töpfen. Der Junge stellte Fragen, aber die Antworten rauschten ohne Sinn an seinem Ohr vorüber. Endlich war sie fertig, ergriff seine Hand und strebte mit ihm der Tür zu.

Von dem funkelnden Morgen bemerkte Georg nichts. Die Beklommenheit, die ihn auf der Reise gepeinigt hatte, stellte sich sogleich wieder ein, als er ein paar Dutzend Indianer am Ufer des Flusses stehen sah. Die Gesichter leuchteten in frischer Bemalung, und in den Scheitelhaarknoten steckten bunte Federn. Um die Schultern der Männer schlotterten scharlachrote und himmelblaue Uniformröcke.

Doch davon gewahrte der Junge nicht viel. Drei Mädchen, ebenso groß wie er selbst, umringten ihn und zogen ihn zum Wasser.

Kein Wort fiel. Der Gefangene blickte sich hilfesuchend nach seiner Beschützerin um, aber er sah sie nicht mehr. Er widerstrebte mit aller Kraft, stemmte die Füße in den Sand, legte sich nach rückwärts, doch die Mädchen schleppten und zerrten ihn Schritt für Schritt weiter in den Fluß hinein, bis sie zuletzt halben Leibes im Wasser standen.

Nun versuchten sie ihn unterzutauchen. Der Junge flog vor Schreck am ganzen Körper. Sie wollen dich ertränken, dachte er und wehrte sich noch heftiger. Er stieß und schlug, während die Mädchen ihn vorn und hinten, rechts und links packten und seinen Kopf herunterdrückten. Bei dem Lärm des Balgens und Schreiens vernahm er nicht das laute Gelächter, das vom Ufer herüberklang.

Verzweifelt maß er die Entfernung zur anderen Seite, ob er hinüberschwimmen könnte, und raffte noch einmal alle Kräfte zusammen. Da hörte er eine Stimme an seinem Ohr: »Es geschieht dir nichts!«

Überrascht blickte er auf; wer sprach denn hier englisch? Das war ja das Mädchen von gestern abend, das die Tante »Malia« gerufen hatte.

Er gab seinen Widerstand auf und ließ sich untertauchen. Während er nach Luft schnappte, prustete und spritzte, rubbelten und scheuerten ihn die drei kleinen Indianerinnen kräftig ab. Seine Bemalung floß restlos davon. Danach führten sie ihn zum Ufer, und die ganze Versammlung setzte sich in Bewegung auf ein Haus zu.

Auch diese Hütte bestand aus dem zausigen Bindewerk von Rindenplatten und Stäben. Das Innere bildete einen einzigen niedrigen Saal, in dessen Mitte ein Feuer brannte. Da stand ja die Tante! Die Mädchen trockneten den Jungen mit großen Federbüschen ab, und die Tante half ihm in neue, ganz ungewohnte Kleidungsstücke. Zuerst kamen ein Paar Leggings, eng anliegende Ledergamaschen, die bis an den Leib reichten, dann ein schmales Tuch, das zwischen den Beinen durchging und vorn und hinten über den Gürtel fiel, schließlich ein Hemd aus rotem Stoff und ein Paar Mokassins mit buntbestickten Aufschlägen.

Sobald ihn die neuen Kleider in einen Indianerjungen verwandelt hatten, mußte er sich auf einer Matte am Feuer niederhocken. Die übrigen Männer nahmen ebenfalls ringsherum auf dem Boden Platz, zündeten ihre Pfeifen an und rauchten schweigend.

Als der Junge seine Augen durch die ernsthafte und feierliche Runde schweifen ließ, stutzte er bei einem Mann, dessen Schultern in einem blauen Uniformrock steckten. Das war doch der Geiergesichtige wieder, der ihn mit dem

Ruder geschlagen und nach der Ankunft hier zu der Tante gebracht hatte?

Der Junge blickte verstohlen zu ihm hinüber: Die eng zusammenstehenden Augen und die schmale, gebogene Nase sollte er doch kennen? Die Zinnoberflecke, die jetzt statt der zwei schwarzen Querstreifen die Wangen zierten, konnten ihn nicht täuschen. Dieses scharfgeschnittene Gesicht würde er sobald nicht vergessen.

Nun überreichte ihm der Häuptling, aus dessen Haarknoten sechs große Adlerfedern hervorragten, einen Fellbeutel mit Schwamm, Stahl und Feuerstein, dazu einen kleinen Tomahawk.

Dann begann er zu sprechen, und sein Bekannter mit der Geiernase übersetzte Satz für Satz in das drollige Englisch ohne R.

»Mein Sohn, du bist nun Fleisch von unserem Fleisch und Knochen von unserem Knochen. Durch die Zeremonie dieses Tages ist jeder Tropfen weißen Blutes aus deinen Adern gewaschen. Du bist nun in die Irokesennation aufgenommen, wie die Weißen die Söhne des Langen Hauses nennen, und von nun an bist du einer der Unseren. Wir lieben dich, und wir sind verpflichtet, dir zu helfen und dich zu verteidigen, wie jeden anderen von uns.«

Georg fühlte bei diesen Worten, daß seine Angst vor dem Verbrennungstod endgültig zerstob. Bei dem anschließenden Festmahl aß er sich gründlich satt. Als er gegen Mittag mit seiner Tante und Malia wieder dem Wohnhaus zuwanderte, sah er sich mutig und zuversichtlich um. Die Hütte deckte ein regelrechtes Giebeldach, das ziemlich flach nach beiden Seiten abfiel. Latten und Stäbe preßten die Rindenplatten der Wände nieder, und gleich über der Tür war eine rote Schildkröte aufgemalt.

Georg traute seinen Augen nicht. Wieder sah er das Beil auf dem Tisch des elterlichen Blockhauses liegen. Eilig blickte er auf den Griff seines Tomahawks: Auch dort glänzte in frischem Rot das Oval mit den sechs Punkten am Rand.

Verwirrt trat der Junge über die Schwelle des Langen Hauses.

Er war bei der Schildkrötenfamilie.

Das Gehen mußte Georg zum zweiten Male lernen, denn er stolperte auf Schritt und Tritt. Wie ein heranwachsendes Kind mußte er sich die Welt neu erobern, eine Welt voll unbekannter Gerüche und Klänge, Geräte und Arbeiten, Gebärden und Worte, eine Welt, in der er mühsam umherirrte, ehe ihm das alltägliche Leben des Dorfes eine vertraute Musik wurde.

Nie mehr vergaß er die ersten Eindrücke des neuen Daseins: das dunkle Haus mit seinem Rauch- und Holzgeruch, das einschläfernde Rumpeln der Maismörser, das schwappende Gluckern des Wassers im Kürbiskrug und das helle Geschrei der Kinder, die seinen indianischen Namen riefen: »Blauvogel! Kleiner Blauvogel!«

Das mühsame Hineintasten in die neue Welt begann gleich nach der Aufnahmezeremonie. Der Junge schrak von der Kammerschwelle empor, auf der er den Nachmittag bewegungslos gebrütet hatte, denn der Geiergesichtige erschien am Feuer und setzte sich, als wenn er dazugehörte.

Georg lief zur Tür und suchte draußen nach Malia, fand sie aber nicht. So blieb er vorläufig im unklaren, was eigentlich sein alter Bekannter bei den Schildkrötenleuten suchte. Das Pochen der Maismörser rief ihn zum Hause zurück; eilig gesellte er sich zur Tante, die ihn auch einige Male stampfen ließ. Welch ein Gewicht der Stößel hatte! Seine Arme erlahmten bald. Hungrig folgte er seiner Beschützerin ins Haus.

Der große Kochkessel wurde ausgekratzt, mit Wassergrieß gefüllt und wieder an die Stange gehängt, die in zwei Astgabeln quer über dem Feuer lag. Sehnsüchtig wartete der Junge auf die Vorbereitungen zum Abendessen, aber niemand traf Anstalten. Der Geiergesichtige langte nach der Resteschüssel, verzehrte behaglich die Hälfte des Übriggebliebenen und legte sich dann auf die Schlafbank. Die Tante aß nichts.

Als sie sich gerade zur Ruhe begeben wollte, erschien Malia, zog die Felle zurecht und verschwand wie der Blitz unter ihrer Matte. Die breite, ringsumlaufende Bank in der niedrigen Koje diente der ganzen Familie als Bett.

Georg guckte verlangend nach dem Kessel, dann kroch er enttäuscht auf seinen Bärenpelz. Die ledernen Gamaschen, die ihn den ganzen Tag gescheuert hatten, zog er aus, ebenso das Hemd. Ein Kloß drückte ihn im Halse. Wenn er doch in Raystown wäre!

Der Junge verfiel in eine halbe Betäubung, bald aber erwachte er wieder vor Hunger. Ob er Malia wecken sollte? Sie lag ihm gegenüber an der anderen Wand. Schließlich peinigte ihn sein knurrender Magen so, daß er aufstand und leise zu ihr schlich. Die Dielenplanken, die den Boden der Koje bildeten, knarrten; vorsichtig ließ er sich deshalb auf die Knie nieder und kroch lautlos weiter.

Beim letzten Schein des Feuers fand er die Schlafende. Ihr Kopf lag etwas seitlich auf einem moosgestopften Hasenbalg. Ein paar Haarsträhnen fielen ihr ins Gesicht, und unter der leichten Binsenmatte sah eine runde Schulter hervor, über der die Hemdbluse zusammengeknüpft war.

Georg zupfte an der Matte. Sofort hörte das leise Atmen auf, eine Hand kam zum Vorschein, der Vorhang der schwarzen Haare verschwand, und ein Paar dunkle Augen sahen ihn fragend an. Der Junge flüsterte: »Malia, ich bin so hungrig.«

»Hungrig? Du Dummkopf, dann iß doch!«

»Ja, aber darf ich denn an den Kessel? Ich habe seit heute mittag nichts gehabt.«

»Seit heute Mittag?«

Das Mädchen setzte sich auf. »Komm«, sagte sie kurz und ging zum Feuer. Sie fuhr mit dem Finger in den Kessel, schmeckte und zog ein Gesicht. Dann wandte sie sich dem zweiten Topf zu, der an der Stange hing. Es war ein großes Kupfergefäß mit Klappbügel.

Georg hatte bemerkt, daß außer der Tante noch eine zweite Frau Essen über dem Feuer kochte, und zwar benutzte sie den Kessel, dessen Inhalt Malia eben untersuchte. Sie probierte und schien zufrieden, denn sie füllte seine Schüssel bis zum Rande.

»Malia, der Kessel gehört doch nicht uns!«

»Aber du bist doch hungrig!«

»Ja, das bin ich.«

Georg zögerte. Die Eltern hatten ihm stets eingeschärft, daß Stehlen eine große Sünde sei – aber auch hier, bei dem roten Geschmeiß?

»Nun iß doch«, unterbrach sie seine Gedanken. Da fiel der Junge gierig über den Maisbrei her.

Das Mädchen kauerte sich mit untergeschlagenen Beinen hin und legte Holz nach, damit der Grieß über Nacht weiterquoll.

»Warum hast du denn nicht früher gegessen?«

»Ich dachte, wir äßen alle zusammen.«

»Alle zusammen? Essen die Weißen alle zusammen?«

Georg nickte. Ein glucksendes Lachen stieg in Malias Kehle hoch, aber sie hielt noch rechtzeitig die Hand vor den Mund.

»Bei uns essen zuerst die Männer, dann die Frauen und die Kinder. Aber nur gegen Mittag. Die übrige Zeit ißt jeder, wann er will. Du brauchst nur an einen Kessel zu gehen und zu nehmen.«

Das Mädchen dämpfte seine Stimme noch mehr. »Weißt du, Onkel Rauchiger Tag ißt sehr oft, und die Tante schimpft dann.«

In Georgs Ohr blieb ein ungewohntes Wort hängen. »Onkel Rauchiger Tag? Wer ist das?«

Malia deutete in die Kammer, an deren Rückwand die Erwachsenen schliefen. »Na, der Onkel da!«

Sie benutzte ein indianisches Wort, aber der Junge begriff, daß sie das Geiergesicht meinte.

»Ich dachte, das ist dein Vater.«

Wieder preßte sich das Mädchen die Hand auf den Mund, um nicht loszulachen.

Wenn Georg schon damals das Irokesische verstanden hätte, so wäre ihm klar gewesen, welches genaue Verwandtschaftsverhältnis das fremde Wort andeutete; es hieß nämlich »Mutterbruder«. Doch nun mußte er sich erst sagen lassen, daß er nicht eine Familie von Eltern und Kindern vor sich hatte, sondern daß der Rauchige Tag Malias Onkel mütterlicherseits war, daß die Tante Rundliche Wolke hieß und daß in den anderen Kammern des Hauses noch zwei Schwestern der Rundlichen Wolke mit ihren Familien wohnten.

Malia wurde immer lebhafter, ihr Gesicht färbte sich dunkel. Sie schien über alle Räume und Bewohner des Hauses im Bilde zu sein.

»Die älteste Schwester der Tante führt in diesem Jahr die Oberaufsicht über die Felder. Und weißt du, die Tochter der zweiten Tantenschwester ist ein ganz faules Ding. Neulich hat sie einfach die Schiebestange zerhackt, anstatt Holz zu holen. Als mittags das Gewitter kam, suchte alles vergeblich die Stange, und der Regen stürzte nur so durch die Luke.«

Aus den Kojen tönte Schnarchen. Ein leiser Wind strich durch den Gang. Der Flackerschein des Feuers lief über das Mädchen, spielte eine Zeitlang auf der dunklen Schwelle, hüpfte die Pfosten hinauf und hinunter, zuckend und rätselhaft wie die Geheimnisse des irokesischen Langhauses, die zum erstenmal auf den Lauschenden eindrangen. Das Rindenbrett am Ausgang knarrte plötzlich.

»Die toten Seelen schlagen die Tür zu«, murmelte Malia, stand auf und reckte sich nach einem Bündel, das vom Gestänge der Decke herunterbaumelte. »Es ist zu hoch, hilf mir doch!«

Während Georg die leichte Gestalt in die Höhe hob, knüpften die flinken Hände Malias das Bündel los, das als ein unsicherer, heller Fleck in der Finsternis des Dachraumes hing.

Der Junge erblickte ein Bündel kleiner, weißgrüner Pflanzen in ihren braunen Fingern. Malia tauchte ihre Nase tief in die gelben Blütensterne, fuhr dann ein paarmal mit dem Strauß über Georgs Gesicht und legte die Blumen auf die Kammerschwelle.

»Das mögen die Geister nicht, nun bleiben sie draußen«, flüsterte sie und schlüpfte wieder unter die Matte.

Dem Jungen gingen ihre Worte im Kopf herum. Von seinem Lager aus sah er die gelben Blüten im Glosen des Feuers aufleuchten und wieder verschwinden. Er roch den herben Duft der Stiele und Blätter. Gegen welche Geister wohl sollten diese Blumen helfen? Meinte Malia vielleicht Hexen? Ob es hier Hexen gab? Der Geiergesichtige sah beinahe so aus wie ein Zauberer. Das war also der Onkel Rauchiger Tag. Und was sollte die Oberaufsicht über die Felder bedeuten? Und wozu brauchten sie hier eine Schiebestange?

Der Grübelnde ahnte nicht, daß ihn das Geschick zu einer zäh am Alten hängenden Irokesenfamilie verschlagen hatte, die hier als ein Vorposten des Langen Hauses in dem weiten, flachwelligen Ohioland wohnte, mitten unter anderen Indianern, den Lenape und Wyandots. –

Die Tür zum neuen Leben öffnete sich dem Jungen nur langsam und fast widerwillig. Kaum ebbte die erste Flut der neuen Eindrücke ab, als das Heimweh mit dumpfer Trauer und Niedergeschlagenheit einsetzte. Die kleine Kammer mit ihrer braunen Balkenschwelle war für Georg die letzte vertraute Zuflucht. Hier kannte er alles: Die Rindenplatten der Wände, die niedrige Schlafbank mit ihren Matten, die knarrenden Dielen des Fußbodens und die Kräuterbüschel unter den Dachbalken. Aber jenseits der Schwelle begann schon das Fremde, denn das dunkle Haus stak voller Rätsel. Auf der anderen Seite des Ganges gähnte die gegenüberliegende Koje wie eine schwarze, tote Höhle. Dort wohnte niemand; die Tante benutzte die Kammer als Vorratsraum. Ein strenger Geruch von dürrem Holz, trockenen Früchten und geräuchertem Leder lag zwischen den Wänden.

Eines Nachmittags kam Georg mit einem Arm voll Ästen den Korridor hinunter und wollte das Holz über der Schwelle der Vorratskoje aufstapeln. Da gewahrte er in der zwielichtigen Dämmerung eine Bewegung. Er sah auf und erblickte die Frau aus der letzten Stube, die eben einen Beutel mit Maiskörnern füllte. Eilig rannte er nach draußen und überfiel Malia mit seiner Neuigkeit.

»Du, Malia, Rötliches Morgenlicht stiehlt Mais in der Kammer uns gegenüber, aus dem großen Korb.«

»Du Dummkopf, der Mais gehört ihr doch.«

»Aber die Tante nimmt doch auch aus dem Korb ...?«

»Ja, er gehört der Tante genausogut!«

Verständnislos starrte Georg das Mädchen an, bis Malia ihn aufklärte.

»Aber versteh doch: In der Kammer liegen die Vorräte, die dem ganzen Haus gemeinsam gehören. Davon kann jeder nehmen, soviel er braucht.«

»Was, davon kann jeder nehmen? Wenn nun einer alles nimmt?«

»Unsinn, so viel braucht doch niemand. Es holt jeder nur das, was er nötig hat.«

Langsam begriff Georg, daß es hier keinen Diebstahl gab und daß er der Tantenschwester Rötliches Morgenlicht unrecht getan hatte. Malia mußte wohl auch den anderen etwas erzählt haben, denn die Tante lachte abends, vor dem Zubettgehen, bis ihr ganzes Bäuchlein hüpfte; sogar der hagere Rauchige Tag verzog seinen schmalen Mund.

Doch dieses Lachen verletzte nicht, weil eine gutmütige Nachsicht darin mitschwang. Viel schlimmer klang das Lachen, mit dem die Spielkameraden bei jeder Gelegenheit den Neuling überschütteten.

Die kleineren Jungen sammelten sich am Morgen regelmäßig zum Bogenschießen. Der Rauchige Tag malte dann einen Flecken roter Farbe an die Hauswand, und dieses Ziel mußten die Schützen dreimal getroffen haben, ehe es Frühstück gab.

In der ersten Woche schoß Georg meist vorbei, die

stumpfen Übungspfeile flogen zu kurz oder zu hoch, und das Gelächter nahm kein Ende. Zum Glück verstand er die Worte nicht, mit denen der Onkel die Fehlschüsse begleitete.

»Die Hirsche werden hocherfreut sein, solchen Jägern zu begegnen«, pflegte der Rauchige Tag zu sagen, und Georg ahnte, daß die unverständliche Silbenfolge des Onkels keine Schmeichelei enthielt. Am liebsten hätte er sich die Ohren zugehalten bei diesen halb gesungenen, unbegreiflichen Sätzen. Die fremde Sprache machte ihm die fremde Umgebung noch fremder, offenbar hörten seine Hausgenossen ungern, wenn er englische Worte gebrauchte.

So klammerte sich Georg an Malia, um von ihr die gebräuchlichsten irokesischen Redewendungen zu lernen. Immer wieder ließ sie ihn einzelne Redensarten wiederholen, aber oft genug rief die Ungeduldige: »Du Dummkopf!« Wie oft mußte der Junge dieses »Dummkopf« hören!

Nach dem Morgenessen trieben sich die Kinder im Wasser herum. Georg wäre am liebsten zu Hause geblieben, doch die Tante schickte ihn jeden Tag zum Fluß, als wüßte sie nicht, wie sehr ihm das Baden vergällt wurde. Georg schwamm wie eine Ente, doch die anderen verstanden Künste, von denen er nie etwas gesehen hatte.

Das Unangenehmste jedoch blieb der »Enkel«. Dabei mußte man, einen Lehmballen am rechten großen Zeh, den Fluß auf dem Rücken schwimmend überqueren. Das Kunststück bestand darin, den Fuß ständig über Wasser zu halten, damit der »Enkel«, wie der Lehmklumpen hieß, nicht abgespült wurde. Das brachte Georg niemals fertig; es grauste ihm jedesmal, wenn einer das Enkelschwimmen vorschlug. Entweder spülten die Wellen über seinen Zeh hinweg, oder der Lehm rutschte von selbst ab, oder ein Bengel tauchte seinen Fuß unter Wasser.

In solchem schadenfrohen Schabernack tat sich besonders der Schielende Fuchs hervor, ein Junge aus dem Nachbarhaus. Er trug seinen Namen nicht mit Unrecht; auch Georg hatte lachen müssen, als er den untersetzten Dicken zum erstenmal sah. Schwarze Haarsträhnen hingen tief in sein Gesicht, und die Augen schienen rechts und links dieses Vorhangs einen Ausweg zu suchen. Außerdem bogen sich die Beine des Schielenden wie die Spanten eines Kanus.

Der Fuchs hatte das Lachen des neuen Schildkrötenjungen wohl bemerkt und verfolgte ihn seitdem mit seiner Abneigung. Fast jeden Tag geriet er mit Georg aneinander; bald tauchte er seinen »Enkel« ins Wasser, bald schubste er ihn beim Bogenschießen, bald schrie er das gewohnte »Dummkopf«. Georg ging diesem Bengel nach Möglichkeit aus dem Wege, aber das half wenig, weil der Schielende Fuchs gleich neben dem Pflaumengarten der Tante wohnte.

Das Dorf zog sich in einer einzigen Reihe eine halbe Stunde weit auf der unteren Flußterrasse entlang. Jedes Haus stand hundert bis hundertfünfzig Schritt vom nächsten entfernt, durch Äcker und Gärten, Baumgruppen und Grasflecken getrennt.

Die Schildkrötenfamilie wohnte ungefähr in der Mitte der Dorfzeile, gleich neben dem großen Versammlungsgebäude.

Flußabwärts folgte dann der Pflaumengarten, und hinter den Bäumen stand der Wigwam einer Lenapefamilie, eine kleine, kuppelige Rindenhütte, ähnlich einem Bienenkorb. Zu diesen Leuten gehörte auch der Schielende Fuchs.

Georg fühlte sich erst sicher, wenn er auf der Schlafbank lag; hier in der Koje gab es keine Fehlschüsse, keinen »Enkel« und keinen boshaften Nachbarjungen. Hier konnte er ungestört seinen Fluchtplänen nachsinnen. Irgendwie mußte er doch wieder nach Hause kommen ... Die Kanus waren nach Westen gefahren, bevor sie aus dem Ohio in den kleinen Fluß einbogen, also mußte er nach Osten zurücklaufen, gegen die aufgehende Sonne. Aber wenn er dann nachts wach wurde und in dem auf- und abschwellenden Hundegebell das ferne, traurige Geheul der Wölfe hörte, dann verlor er den Mut. Er kannte das schauerliche, langgezogene Hua-a-a-a von der elterlichen Blockhütte her zu gut. –

Doch eines Morgens fanden alle Überlegungen ein blutiges Ende, und das hing mit den Hunden zusammen. Um diese armen Tiere kümmerte sich niemand; sie strolchten überall umher, drangen scharenweise in die Häuser und schlichen nach etwas Eßbarem um die Feuer, bis ein Ungeduldiger sie hinausprügelte. Nach einiger Zeit fanden sie sich wieder ein und schnüffelten umher, bis eine neue Empörung sie zwang, unter Schlägen und Geheul die Flucht zu ergreifen.

Nur die Tante zeigte sich in ihrer Gutmütigkeit duldsamer. Sie benutzte nämlich die Hunde als eine Art Handtuch, wie Georg zu seiner Verwunderung sah. Ab und zu fuhren ihre kurzen dicken Hände in den Pelz des nächsten Tieres, um Fett und Asche an den Rückenhaaren abzureiben. Aber zu fressen bekamen diese Hausgenossen auch bei ihr fast gar nichts.

Einen von diesen Wolfshunden nannte Georg »Schnapp«, weil er auf der Stirn zwei weiße Flecke trug, genau wie der Spitz in Raystown. Als der Junge begann, seinem Schnapp Brotbrocken und Knochen hinauszutragen, kannte die Anhänglichkeit des Tieres keine Grenzen. Der vierbeinige Freund mußte zwar nachts draußen bleiben, aber dafür wich er den Tag hindurch nicht von der Seite seines neuen Herrn. Vom Bogenschießen am Morgen, wenn die Nebelstreifen über Fluß und Wiese zerflatterten, bis zum letzten Wasserholen am Abend blieben die beiden unzertrennlich zusammen.

Stundenlang saß Georg mit seinem neuen Freunde unter den Bäumen des Pflaumengartens und überlegte, wie sie gemeinsam fliehen könnten.

»Du führst ja hier ein erbärmliches Leben, mein Schnapp. In Raystown wirst du es viel besser haben, da darfst du auch unter meinem Bett schlafen.«

Das treue Tier spitzte die Ohren dazu und wedelte vor Freude mit dem Schwanz.

Selbst der Schielende Fuchs mußte erfahren, daß sein Gegner einen Helfer erhalten hatte. Denn als er wieder einmal heimlich herbeischlich, um Georg beim Zielen anzustoßen, merkte Schnapp die Absicht, warf sich bellend auf den Heimtückischen und biß ihn ins Bein. Blutend und finstere Blicke auf den Hund werfend, hinkte der Gebissene davon.

Schnapp bezog vom Rauchigen Tag eine Tracht Prügel, doch das verwirrte die Lage noch mehr, denn der Schielende Fuchs spielte nun die gekränkte Unschuld und wurde noch frecher. Georg dagegen belegte in Gedanken den Onkel mit allen möglichen Schimpfworten. Er wurde seinem Quälgeist gegenüber noch unsicherer; vielleicht drohten auch ihm Schläge, wenn er einmal mit dem Schielenden Fuchs abrechnete.

Eines Tages beim Bogenschießen schlug der mühsam ertragene Kummer zu einer lodernden Flamme empor, glühend und verzehrend. Vielleicht stieg es dem Schielenden Fuchs zu Kopf, daß er dreimal hintereinander das Ziel traf; vielleicht hatte er schon längst seine boshaften Absichten mit noch boshafteren vertauscht – kurz, er legte plötzlich einen scharfen Pfeil auf und jagte ihn Schnapp durch den Leib, ehe jemand eine Hand rühren konnte. Der Hund brach zusammen. Dann richtete er sich noch einmal auf und versuchte, zu seinem Herrn zu kriechen. Doch nach wenigen taumelnden Bewegungen fiel er zur Seite. Ein paarmal zuckte er noch, dann lag er still.

Georg stand einen Augenblick wie erstarrt. Plötzlich zischte ein keuchendes Pfeifen aus seiner Kehle. Er schleuderte den Bogen fort und warf sich wie ein Panther auf den schadenfrohen Schützen. Die angestaute Wut explodierte in einem tierischen Gebrüll.

Der Angegriffene stürzte auf den Rücken, als hätte ihn ein Felsblock getroffen. Und nun krachten Georgs Fäuste in das angstverzerrte Gesicht unter ihm, krallten sich seine Finger um Hals und Nacken, stemmten sich seine Knie auf die keuchende Brust.

Ein größerer Junge wollte sich dazwischenwerfen, doch ein wütender Faustschlag warf ihn zurück. Georgs Arme arbeiteten wie Windmühlenflügel, hageldicht fielen die Hiebe. Blut schoß dem Schielenden Fuchs aus Nase und Mund, und ein ersticktes Röcheln drang aus seiner Kehle. Die anderen Kinder stoben auseinander und schrien nach den Erwachsenen. Kaum vermochten die herbeieilenden Männer den Niedergeschlagenen aus den Händen des rasenden Jungen zu befreien, und nur langsam kehrte Georgs Besinnung zurück. Auf den Armen schleppte er den toten Schnapp nach Hause. Malia half ihm, den Gefährten zu begraben.

Den ganzen Tag hindurch rührte der Junge keinen Bissen an. Er merkte nicht, daß ein besonders großes Stück Fleisch in seiner Schüssel lag, er hörte nicht, wie die Stimmen sich mitleidig dämpften, spürte nicht das doppelte Fell auf seinem Lager. Er sah nur den sterbenden Hund und das verzerrte, rote Gesicht des Mörders. Oh, dieses blutige Pack! Wenn er doch nur in Raystown wäre!

Am nächsten Morgen schickte ihn die Tante mit Malia zum Holzholen. Sie wollte den Betäubten durch Arbeit ablenken. Aber gerade dies ging über Georgs Kraft. Vorgestern lief Schnapp noch mit – da stand der Wurzelstock, an dem er gescharrt hatte. Der Junge warf sich auf den Boden. Wie ein Krampf brach es aus ihm heraus.

Ein sanftes Streicheln und ein starker würziger Geruch drangen als erstes auf seine Sinne ein, als der Ausbruch verebbte. Georg drehte sich um und sah Malia. Sie saß auf dem Boden und hielt einige Stengel der Pfeilwurz in der Hand. Die schlanken Spieße leuchteten wie dunkelblaue Lanzenspitzen. Die Gefährtin sprach kein Wort, doch ihre Augen standen voll Tränen. Ein warmer Hauch überflog den Vereinsamten: Er war noch nicht ganz ausgestoßen aus der Familie der Menschen.

Malia packte das Holz in ihren Tragriemen. »Bleib noch etwas hier, die anderen brauchen dich jetzt nicht zu sehen.« Mit diesen Worten brach sie auf. Georg überlegte. Malia hatte recht; womöglich würden ihn die anderen Jungen wegen seines verweinten Gesichts verspotten; es galt ja als feige, wenn man Schmerz und Kummer zeigte.

Von neuem würgte es in seiner Kehle. Da durchzuckte ihn wie ein Blitzstrahl der Gedanke an Flucht. Jetzt müßte er davonlaufen und sich auf den Weg nach Hause machen. Ohne weiter zu überlegen, rannte er los – in die grüne Tiefe des Waldes hinein. –

Wie eine Last fiel es von Georg ab, als der Wald ihn aufnahm. Lieber von den Wölfen zerrissen werden als den Schielenden Fuchs wiedersehen, diesen ewigen Quälgeist, den Schrecken jeden neuen Tages! Aber das war ja nun vorbei.

Eine Welle von Heimweh und Sehnsucht stieg in dem Jungen hoch und warf ihn fast um. Wie viele Tage würde er bis Raystown brauchen? Ob die Eltern noch bei Tante Rahel wohnten?

Fast besinnungslos stürzte er durch den hohen Farn,

rutschte auf dem glatten Geflecht der Schlangenwurzeln aus, raffte sich wieder auf und drang tiefer in das ungeheure Gewölbe der Bäume ein. Ein gewaltiger Stamm, moosüberwachsen und halb vermodert, sperrte den Weg. Aber was hieß hier Weg?

Georg blieb stehen und blickte in die Höhe. Ein grünliches Licht sickerte von oben herab; wilder Wein schlang sich um die Äste, und dicke Schichten von Blättern wehrten jeden Sonnenstrahl ab. Wie ein tiefgrünes Wasser schwamm die Luft zwischen den mächtigen Säulen der Eichen und Kastanien, feucht, dunstig und erstickend. Wo stand nun die Sonne?

Verwirrt stolperte der Junge um den gestürzten Baum herum und wanderte weiter. Eigentlich müßte er jetzt ein Stück durch einen Bach laufen, um jede Spur zu verwischen, fiel ihm ein, aber unten in der Mulde verfinsterte sich das Buschholz zu einem undurchdringlichen Durcheinander.

Georg ging wieder den Hügelhang hinauf; durch einen Bach konnte er im Laufe des Tages immer noch waten ... Vor dem Abend würden die Indianer sein Verschwinden doch nicht entdecken, und bis dahin war er längst über alle Berge.

In halber Hanghöhe stieß er auf einen schmalen Pfad, einen Wildwechsel, den Elche und Hirsche ausgetreten hatten. Der Junge prüfte das Moos an den Stämmen und kam zu dem Schluß, daß dieser Steig geradeaus nach Osten führte. Eilig folgte er der schmalen, ausgewaschenen Rinne, die hügelauf und hügelab dahinzog durch das dicke Gespinst von Farnwedeln, Ranken, Stämmen und Laubmassen.

In der feuchten Schwüle regte sich kaum ein Laut. Das leise Keckern der Eichhörnchen störte die Stille nicht. Der Junge achtete nicht auf die Tiere, die wie graue, rostbraune und schwarze Flecke in dem Geäst auftauchten und verschwanden. Halb wie im Traum ging er dahin. Nur einmal jagte ihn ein lautes Brechen und Krachen des Unterholzes in sinnloser Angst vorwärts; er rannte, bis ihn die stechenden Lungen zum Schritt zwangen. Ängstlich blickte er sich um, doch sah er nichts als den gewohnten Wald. Was mochte das gewesen sein?

Die Sonne hatte den Mittagsstand überschritten, als der Pfad auf eine kleine Wiese hinauslief. Unbeweglich duckte sich das Blaugras unter der wabernden Hitze. Gegen die feuchte Schwüle des Waldes wirkte der trockene Glast der Lichtung wie ein Hauch eines gerade geöffneten Backofens. Erschöpft kauerte sich der Junge im Schatten der Bäume nieder und starrte eine Weile in die Glutschwaden, die über den Halmen auf und ab tanzten.

Ein tiefes anschwellendes Summen zitterte in der Luft und verklang. Georg fuhr empor und schärfte sein Gehör. Da kam es von neuem, wurde lauter und lauter und erstarb wieder. Das war kein Gewitter, denn der Donner tönte ungleichmäßiger. In diesem Brummen rollten deutlich einzelne, schnell aufeinanderfolgende Wirbel, als wenn eine ungeheure Trommel am Horizont geschlagen würde. Das hörte sich an wie die Wasserpauken im Dorf, aber die konnten so weit nicht tragen.

Wieder rührte der unsichtbare Trommler seine Schlegel, und wieder erstarb sein Wirbel, als ginge er auf der anderen Seite eines Berges hinab. Lautlos standen die Blaugrasschwaden, sie schienen dem ersterbenden Brummen nachzulauschen. Drückender lastete die Stille auf dem Jungen. Ob die Indianer im Dorf seine Flucht gemerkt hatten und Alarm gaben?

Ein eisiger Schauer befiel ihn plötzlich. Der Rauchige Tag würde ihn sicher totschlagen. Wie eine Lähmung legte sich das Schweigen der sonnendurchglühten Wiese über den Flüchtling. Er atmete beinahe auf, als das taktmäßige Dröhnen von neuem über die Wipfel wirbelte.

Eilig lief er über die Lichtung. Wenige Schritte vor dem jenseitigen Waldrand prallte er zurück – fast wäre er in ein Knäuel von Schlangen getreten, die ihre bunten Zickzackbänder in der Mittagsglut sonnten. Mit einem unterdrückten Schrei bog er aus. Sorgfältig prüfte er den Pfad, ehe er von neuem im Wald untertauchte.

Die grüne Dämmerung schien die Schrecken der Lichtung zu vertreiben, auch den unheimlichen Trommelwirbel. Sooft Georg auch stehenblieb und lauschte, er hörte nichts als die leisen Stimmen einzelner Vögel und das Rascheln der Eichhörnchen.

Der Junge lief, solange er den Pfad erkannte. Unter dem dichten Blätterdach wurde es frühzeitig dunkel, doch ehe das letzte Licht verschwand, erspähte der Eilige eine schlanke Kastanie, die sich leicht erklimmen ließ.

Ein folternder Hunger grub in seinen Eingeweiden, denn nur unterwegs abgerissene Beeren waren seit der Frühe sein ganzes Essen gewesen.

Georg machte sich Vorwürfe über sein gedankenloses Davonlaufen: Wenn ich doch einen Beutel voll Mais aus dem Schildkrötenhaus mitgenommen hätte! Bogen und Pfeil habe ich auch nicht, nur meinen Tomahawk. Auch Stahl und Stein habe ich liegenlassen – ich kann nicht einmal ein Feuer anmachen ...

Todmüde und hungrig stieg der Junge auf den Baum, fand einen starken Ast zum Sitzen und schnallte sich mit seinem Gürtel fest, um nicht herunterzufallen. Es war eine unbequeme Schlafstelle, Füße und Arme starben ab, und fortwährend mußte der Erschöpfte hin und her rücken, damit das Blut wieder in Bewegung kam. Schließlich wurden die Schmerzen unerträglich. Da glitt Georg vorsichtig herab und setzte sich unter den Baum, mit dem Rücken gegen den Stamm.

Der Wald hatte ein unheimliches Leben bekommen. Der Wind orgelte in den Kronen und übertönte das Knarren der Laubheuschrecken. Die Blätter rauschten wie unter einem schweren Regen. Der Einsame umkrampfte seinen Tomahawk und starrte in die Finsternis, die ihn wie eine Höhle umgab.

Ein raspelndes Kreischen gellte jetzt aus dem Geäst über ihm. Georgs Zähne schlugen aufeinander. Es ist eine Schrèieule, redete er sich ein; im abendlichen Garten des elterlichen Blockhauses hatte dieses sägende Geraspel fast gemütlich geklungen. Und dieses tiefe Fauchen konnte ein Uhu sein, der lautlos zwischen den Stämmen umherstrich. Doch sosehr sich der Junge mühte, die Laute aus der Finsternis zu erklären, die Angst kroch dennoch von allen Seiten an ihm hoch.

Wenn nur die Beine nicht so schmerzen wollten, er konnte sich kaum rühren. Aber dann stand er trotz der Schmerzen wie der Blitz auf den Füßen und schwang sich auf die untersten Äste, denn nun schallte deutlich durch die Nachtstimmen das langgezogene heisere Geheul der Wölfe. Die Grauhunde gingen auf die Jagd.

Der Junge blieb angeschnallt im Baum sitzen, bis der Morgen dämmerte und die Stille des Tages sich ausbreitete. Halbtot kletterte der Flüchtling von seinem Nachtsitz herunter, und lange dauerte es, ehe er die abgestorbenen Beine wieder richtig zu bewegen vermochte. Nach einiger Zeit milderte sich das Stechen und Ziehen, aber gegen gestern glich das heutige Marschieren mehr einem Schleichen.

Die Sonne mußte mit unerträglicher Glut auf die Wipfel brennen, denn hier unten brütete eine Schwüle, die mit Zentnergewichten an allen Gliedern hing. Georg kam es vor, als liefe er durch kochendes, dunkelgrünes Wasser. Mühselig schleppte er sich bis zum Mittag weiter.

Der Pfad lief einen Hang hinab und setzte unten durch ein kleines Rinnsal. Bis zum Ufer kam der Junge noch, ehe ihn die Kräfte verließen, dann fiel er in den Sand. Gedankenlos streifte er die Mokassins ab und steckte die Füße ins Wasser. Was wollte er noch mit dem Bach? Irgend etwas war mit dem Bach ... Gestern wußte er es noch. Er grübelte, aber das Gedächtnis versagte.

Auf allen vieren kroch er in den Schatten eines Gebüsches und streckte sich ermattet aus. Einige gestürzte Bäume hatten hier am Bach ein Loch in den grünen Wald gerissen, eine breite Lichtflut glitzerte auf den Wellenkringeln und stach mit goldenen Lanzen in die Blätterwände. In halber Betäubung verdämmerte der Junge den sengenden Mittag.

Da war er wieder, der Wirbel der fernen Pauke! Anschwellend drang er in die kleine Lichtung am Bach, verhallte langsam und kehrte mit neuer Stärke zurück. Die Hitze schien dem unsichtbaren Trommler nichts auszumachen; immer wieder drang sein ferner Ruf in die Ohren des Erschöpften.

Georg war zu ausgepumpt, um noch darauf zu achten. Wirre Bilder umgaukelten ihn. Er glaubte das Wirbeln des Morgenweckrufs von Raystown zu vernehmen und wartete auf das Lied der Hörner, die zum Antreten riefen. Wie oft hatte er das Wecken gehört, wenn er in Raystown zu Besuch war. Tante Rahel klapperte dann schon in der Küche, der Duft des bratenden Specks zog bis an sein Bett, und dazwischen dröhnten die Trommeln genau wie jetzt. Und da war ja auch Schnapp ...

Glücklich hielt der Junge der nassen, kalten Hundeschnauze sein Gesicht hin. Er wurde erst richtig wach, als das Tier ein langgezogenes Heulen ausstieß. Erschrocken richtete er sich auf: Schnapp hatte doch weiße Flecke über den Augen! Das war ja gar nicht Schnapp! Diesen Hund kannte er überhaupt nicht! Das mußte irgendein indianischer Wolfshund sein. Der Traum von Raystown zerstob.

Und jetzt nahte geräuschlos ein Schatten. Alles Blut schoß dem Jungen zum Herzen, und er saß wie gelähmt. Als er aufblickte, sah er in ein wildfremdes Gesicht. Nein, es war nicht der Rauchige Tag, der da vor ihm hockte, trotz der dunkelroten indianischen Haut und der wippenden Federn am Kopf. Dieses Gesicht mit seinem mächtigen Kinn wirkte fast viereckig. Zwei kleine, schwarze Augen musterten forschend den Jungen, dann reckte sich eine dunkle Hand und streichelte über Georgs Wangen, langsam und zart, immer wieder. Ein Stück Brot und kaltes Fleisch kamen zum Vorschein. Kleine Bissen schoben sich zwischen die Lippen des Erschöpften, und mechanisch begann Georg zu kauen.

Der Junge überlegte. Woher mochte der Indianer sein, der da vor ihm saß und ihn fütterte? Er ging alle Bewohner des Schildkrötenhauses durch, aber seine Erinnerung gab keinen Anhalt her; auch im übrigen Dorf war ihm dieser Mann nie begegnet. Vielleicht stammte er aus einer ganz anderen Siedlung?

Als das Brot verzehrt war, stand er auf. Er taumelte und tat einige unsichere Schritte. Da nahm ihn der Indianer kurz entschlossen auf den Rücken. Georg legte seine Arme um den Hals des Fremden und spürte kühles Metall an den Händen; um den braunen Nacken vor ihm lag eine Kette mit großen Silbergehängen, wie die Irokesen sie gerne trugen. Von dem Ledermützchen des Mannes neigten sich braun und weiß getupfte Federn; nur eine stand aufrecht und kitzelte Georg an der Nase, als wollte sie ihn necken.

Ein wohliger Halbschlaf überkam den Jungen; es ruhte sich so gut auf dem breiten Rücken, der mit den weitausholenden Schritten leise auf und ab wiegte. Nur eins merkte er noch, ehe der Schlaf ihn mit hinübernahm: Es ging auf dem Pfade zurück, den er gekommen war – zurück nach Wiesenufer.

Georgs Bewußtsein kehrte erst wieder, als er vor der Tür des Schildkrötenhauses zu Boden glitt. Malia schrie vor Freude auf, die Tante erdrückte ihn fast in ihrer Umarmung – und der Rauchige Tag?

Ängstlich blickte der Junge auf den Onkel, der stocksteif bei der Kammerschwelle stand, neben sich einen Hund mit zwei weißen Stirnflecken.

Als der Ausreißer näher trat, nahm der Rauchige Tag das Tier hoch und legte es auf Georgs Arme. »Das ist dein neuer Hund. Er soll dir gehören.«

Der Junge stand überrascht, dann löste sich etwas in ihm. Er blickte von einem Gesicht zum anderen und schämte sich. Wie viele heimliche Flüche hatte er dem Onkel nachgeworfen, und nun flossen die guten Worte, die der schmale Mund da vor ihm sprach, wie ein warmer Strom über ihn hinweg.

Bis zum Ende des Dorfes war der Rauchige Tag gelaufen, um einen Hund zu finden, der Schnapp ähnlich sah. Im letzten Hause endlich hatte er einen entdeckt und für ein Biberfell eingetauscht.

»Wir sahen, daß dein Herz schwer war, und wollten deine Tränen abwischen. Nun haben wir das Grab des alten Schnapp mit frischer Erde bedeckt, Blätter darübergeharkt und Bäume darauf gepflanzt.«

So sprach der Onkel wie ein Häuptling in einer Ratsversammlung. Und die beiden zerzausten Krähenfedern auf seinem Scheitel nickten dazu, als wollten sie seine Worte bestätigen. Wer hätte das vom Rauchigen Tag gedacht?

Über die Flucht fiel kein Wort. Den Indianer, der ihn hergebracht hatte, vergaß Georg ganz. Der Schlaf löschte alles aus: die unsichtbare Trommel, den fremden Mann und selbst den neuen Schnapp.

Die Sonne des folgenden Morgens leuchtete in eine verwandelte Welt. Aber wieviel sich gewandelt hatte, das erfuhr Georg erst allmählich. Die Tante ließ ihn lange schlafen und schickte ihn nach dem Morgenessen mit Malia zum Wächterhäuschen am Acker.

»Die Stare und Krähen fressen den ganzen Mais auf – lärmt nur tüchtig, sonst bleibt uns nichts übrig!«

Vor der Tür stutzte Georg: Unter den Männern, die an der Giebelseite des Hauses rauchten, saß der Indianer von gestern. Der Junge blickte noch einmal hin, doch die gedrungene, breite Gestalt und das kühne Gesicht mit dem starken Kinn schlossen jede Verwechslung aus: Dieser Mann hatte ihn auf seinem Rücken hergetragen.

Grübelnd und stumm lief Georg neben der Gefährtin dem Felde zu. Bald hockten sie auf ihrer Plattform aus rohen Ästen und klopften mit Stöcken auf Bretter, wenn ein Schwarm Stare über dem Mais einschwenkte. Auch weiter fort schallten die Klappern; den ganzen Tag über dröhnte jetzt das Pochen durch die glühende Hochsommerstille, um die gefiederten Diebe zu verjagen.

Ein leichter Hauch schwang sich in langen Wellen durch das Maismeer, von dessen Rand die sonnenbeglänzten Wolkenschiffe sogleich in den Himmel hinaufsegelten. Schwärme von Mücken schwirrten von dem träg ziehenden Fluß herauf, und der Junge hatte nichts mehr gegen die bunten Salben der Tante; denn allein die Bemalung mit Farbe half gegen die Plage der Stechfliegen. Georgs Gedanken wanderten zum Schildkrötenhaus. »Malia, weißt du, wer der Mann ist, der mich gestern zurückgebracht hat?«

»Das ist mein Vater.«

»Was sagst du da? Dein Vater?«

»Ja, so ist es. Als ich mit dem Holz nach Hause kam, weideten schon die beiden Packpferde im Pflaumengarten.

Da wußte ich, daß er von seiner Reise nach dem Süden zurückgekehrt war und mich holen wollte. Als du nicht kamst, machte er sich gestern früh auf den Weg, um dich zu suchen.«

Georg vergaß die Felder und die räuberischen Stare; der Klapperstock entfiel seiner Hand. Da tauchten Menschen auf, die täglich in den Gedanken seiner Adoptivfamilie aus und ein gingen und von deren Dasein er nichts ahnte. Er hatte das Schildkrötenhaus für etwas Unabänderliches genommen.

»Du hast mir doch gesagt, Rauchiger Tag und Rundliche Wolke wären dein Onkel und deine Tante. Ich habe deshalb deine Eltern für tot gehalten.«

»Nein, mein Vater und meine Mutter leben am Biberfluß.«

»Aber weshalb bist du denn hier?«

»Hier bin ich nur zu Besuch. Der Onkel ist ein Bruder meiner Mutter und hat mich eingeladen für die Zeit, wo der Vater mit dem Wampun des Langen Hauses nach dem Süden mußte.«

»Sag mir bitte: Gehst du jetzt weg von Wiesenufer?«

»Ja, die Mutter wartet auf mich. Weißt du, meine Mutter stammt auch aus der Schildkrötenfamilie; sie heißt Strahlende Mittagssonne...«

Georg hörte nichts mehr von dem, was das Mädchen erzählte. Schatten fielen auf einmal über den glühenden blauen Himmel. Ein Leben ohne Malia konnte sich der Junge nicht vorstellen. Das dunkle Haus würde noch dunkler werden ohne ihren eiligen Schritt und ihre helle Stimme. Er dachte an die erste Nacht, in der sie seine Schüssel füllte, an das gemeinsame Holzholen, an die Feldwachen und das Beerensammeln. Sollte er etwa mit dem Schielenden Fuchs spielen oder mit den anderen Jungen, die ständig »Dummkopf« hinter ihm herriefen?

Bedrückt und mißmutig schlenderte er dem Hause zu und überließ Malia das Klappern. Er traf die Tante im Pflaumengarten und schüttete ihr sein Herz aus. Rundliche Wolke verstand ihn gut und schien ebensowenig erfreut über die zu erwartende Veränderung. In einem drolligen Gemisch von Englisch und Irokesisch sprach sie auf den Jungen ein.

Georg verstand von ihrem Geplauder nur einzelne Brocken. Er schnappte auf, daß Malias Vater Häuptling war und Kleinbär hieß, aber der Kern der Rede entging ihm. Die Tante drückte sich auch recht vorsichtig aus, denn sie fürchtete den Schwager wegen seiner Spottlust. Kleinbär konnte sehr bissig werden. Den Rauchigen Tag mit seinen dürftigen Krähenfetzen nannte er nie anders als den »Träger prachtvollen Federschmucks«, doch das brauchte der Junge nicht zu wissen.

Beim Mittagessen wurde Georg deutlich, welche Achtung der Gast im Schildkrötenhaus genoß. Die Kammer war mit weißgegerbten Lederhäuten ausgelegt, und die Familie verharrte rings um das Feuer auf ihren Binsenmatten in völligem Schweigen, selbst Malia sagte kein Wort. Zwischen ihnen ragte die Gestalt des Besuchers wie ein massiver Klotz. Das Ledermützchen mit den Adlerfedern hatte er abgelegt. Rauchiger Tag stopfte mit beflissenem Eifer eine Pfeife, blies einige Wolken von sich und reichte sie dienstfertig dem Häuptling.

Als Georg eintrat, unterbrach die Tante die Stille mit dem leisen, fast demütigen Hinweis: »Das ist unser neuer Sohn.« Der Gast brummte einige Worte, und die Rundliche Wolke wurde dunkel vor Verlegenheit.

»Ich weiß es seit gestern. Meine Schwägerin möge von der Stärke meines Gedächtnisses überzeugt sein«, sagte der Häuptling, und die Tante hoffte nur, daß der Junge diese anzügliche Liebenswürdigkeit nicht verstand. Nach dem

Essen gingen die Männer vor die Südtür, um zu rauchen. Als Georg wieder zum Acker wollte, hielt ihn der Häuptling mit einem Wink auf.

»Mein Sohn, du sollst nun erfahren, für welchen Pfad du bestimmt bist. Du weißt, daß die meisten Irokesen keine Freunde der Franzosen sind und deshalb zu Hause blieben, als der Krieg ausbrach. Aber ich trug meinem Schwager auf« – hierbei zeigte er auf den Rauchigen Tag – »einen von den Gefangenen an Stelle meines Sohnes anzunehmen, der auf die lange Reise gegangen ist. Mein Rufen ist erhört worden. Es soll kein Gras auf meiner Schwelle wachsen, und ich werde einen Stab meines Alters haben. Das war es, was ich dir sagen wollte.«

Der Rauchige Tag erläuterte die Worte, und der Junge begriff den Sinn sofort mit einer Art Hellsichtigkeit. In seiner Erinnerung tauchte jener Tag im Lazarett von du Quesne auf, an dem ihn der Rauchige Tag zum zweitenmal besucht hatte. »Mit den Indianern gehen und selbst ein Roter Mann werden – du wirst an Stelle eines verstorbenen Sohnes angenommen«, hatte er damals gesagt. Er war also von Anfang an für die Familie des Häuptlings Kleinbär bestimmt gewesen, und der neue Vater holte nicht nur Malia, sondern auch ihn ab. Deshalb war ihm auch der Häuptling nachgeeilt auf seinem Fluchtweg, denn ihm mußte vor allem daran liegen, den künftigen Sohn zurückzubringen.

Flüchtig huschte Georg der Gedanke durch den Sinn, ob der neue Wohnort wohl eine bessere Gelegenheit zur Flucht böte als hier der Hirschaugenfluß. Doch dann kam ihm die Erkenntnis, daß er ja bei Malia bliebe, daß ihm niemand mehr »Dummkopf« nachschreien und daß die Fratze des Schielenden Fuches aus seiner Welt verschwinden würde. –

Trotzdem wurde der Abschied schwer. Wie weit lag das elterliche Blockhaus mit seiner Angst vor den »blutigen, heidnischen Hunden« hinter dem Jungen, der in der Umarmung der Tante kaum die Tränen zurückhielt. Die Rundliche Wolke schien alle Angst vor den spöttischen Bemerkungen des Schwagers verloren zu haben. Rauchiger Tag verzog keine Miene, aber seine Krähenfedern zitterten. Lange noch hörten die Davonziehenden die Rufe der Hausgenossen. Die Dorfkinder, die sie begleiteten, kehrten erst am Waldrand um. Kleinbär schlug eine nördliche Richtung ein.

Es schien fast, als wollte dieser erlebnisvolle Sommer auseinanderbersten, mit solcher Kraft stürzten die Bilder der Wanderung auf den Jungen ein. Sie verblaßten zwar später, weil die Erscheinung seiner Adoptivmutter Mittagsonne alle Eindrücke der ersten Indianerzeit überstrahlte, aber jetzt wirkten sie mit heftiger Eindringlichkeit.

Georg hatte jenseits der Felder und der Flußterrassen von Wiesenufer nur Bäume gesehen. Auch von der Juniata her kannte er nichts anderes als die ununterbrochene Decke des Waldes, in der die winzigen Rodungen der Menschen fast erstickten. Jetzt erlebte er zum ersten Male in seinem Leben weite, große Grasflächen, die wie Inseln in dem unendlichen Wald lagen.

Es waren die letzten verkümmerten Ausläufer der riesigen Ebenen des Westens, die in das Land nördlich des Ohio hineinreichten, winzige Tupfen im Vergleich zu den Prärien, doch sie versetzten den Jungen in einen Zustand der Verzückung.

Er stand wie betäubt, als gegen Mittag des zweiten Tages der Wald verschwand und sich plötzlich eine ungeheure Fläche kniehohen Grases auftat, erst in weiter Ferne gerändert von dem dunklen Band der Bäume. Die wabernde Glut über den Halmen verwischte den Strich, der das Grasmeer begrenzte: Das waldlose Land schien kein Ende zu haben.

Georg riß Halme aus, die schon die Vergilbung des Hochsommers zeigten; er galoppierte wie ein wildes Füllen hinter Hirschrudeln her, die flüchtig wegstoben; er hätte am liebsten laut geschrien unter der hohen Himmelskuppel, von der eine gewaltige Sonne flammte.

Dann versank die Welt wieder in grünes Zwielicht; weitgespannte Dächer von Weißeiche, Kastanie, Esche, Sykomore und Buche wechselten mit undurchdringlicher Sumpfwildnis, schmale Laubschluchten langsamer Bäche mit flachen Seen, an deren Abfluß die Biber bauten. An den Hängen reifte der Schwarzdorn, überall tüpfelten seine scharlachroten Kugeln das ineinandergewirkte Gesträuch.

Kleinbär ging mit der Büchse voraus, um zu jagen. Er fand lohnende Ziele unter dem aufstiebenden Wild. Immerzu waren Felle zu schaben und zu trocknen; die beiden Pferde konnten zuletzt die Last kaum mehr tragen.

Georg mußte, um sich verständlich zu machen, all sein Irokesisch zusammenraffen, denn der Häuptling verstand kein Englisch, aber auf diese Weise lernte der Junge die Sprache rascher als beim Rauchigen Tag. Kleinbär besaß eine Eigenschaft im Überfluß, die Malia fehlte: Geduld. Er wurde nie müde, die Aussprache Georgs zu verbessern, und ließ ihn einzelne Worte immer von neuem wiederholen. Endlich verbot er der Tochter den Gebrauch des Englischen ganz, damit sich der neue Sohn schneller an den Sprachklang gewöhne.

Während des Marsches machte er den Jungen auf allerlei nützliche Dinge aufmerksam: »Die Wipfel einzeln stehender Fichten neigen sich immer nach Osten, die stärksten Äste wachsen auf der Südseite der Bäume, und Moospolster findest du meist zwischen den Wurzeln nach Norden.«

Einmal gab es ein mächtiges hellrötliches Fell zu reinigen, das der Vater abends mit zum Lager brachte. Georg besah es neugierig. »Was mag das wohl für ein Fell sein?«

hörte er plötzlich Kleinbärs Stimme. Der Junge überlegte: Eine ähnliche Haardecke trugen doch Kühe. War das etwa eine Büffelhaut? Bei Raystown gab es keine Büffel mehr, aber die Erwachsenen hatten oft genug von den wilden Ochsen erzählt.

»Das ist sicher ein Büffelfell.«
»Ein Büffel hat doch eine ganz andere Farbe.«
»Ich habe nie einen gesehen.«
»Nun, du wirst später noch genug zu sehen bekommen, wenn wir an der großen Lecke jagen. Nein, das ist die Decke eines Wapiti.«

Ein Wapiti! Diesen Riesenhirsch gab es auch an der Juniata noch, allerdings war er sehr scheu und vorsichtig geworden. Im Herbst kam manchmal ein sonderbarer Schrei über die Wälder geflogen wie ein wehmütiger, hoher Hornstoß. »Das ist ein Wapiti«, hatte Andres dann gesagt. So sah also dieser Hirsch aus! Etwas beschämt über seine Unwissenheit blickte Georg zu dem Häuptling auf; eine gewisse Scheu überfiel ihn immer in der Nähe des Adoptivvaters. Dazu kam noch eine unbestimmte Angst vor der spöttischen Art Kleinbärs, besonders nachdem ihm der Häuptling zu Beginn der Reise eine schmerzliche Lehre erteilt hatte.

Damals mußten sie nach dem Aufschlagen des Lagers noch einen Elch einholen, den der Vater gegen Ende des Tages geschossen hatte. Die Pferde brauchten Ruhe, deshalb wurden die besten Fleischstücke verpackt und auf dem Rücken heimgetragen. Georgs Last drückte wie mit Zentnergewichten. Er beklagte sich: »Das ist mir zu schwer, und meine Füße tun mir so weh.« Ohne ein Wort hatte ihm Kleinbär einen Teil der Last abgenommen und Malia aufgepackt, die schon ein großes Bündel schleppte. Georg wollte vor Scham in den Boden sinken. Die zarte, schmale Gestalt der Schwester mußte doch unter dem doppelten Gewicht zusammenbrechen! Aber Malia ging zum Lager, ohne auch nur ein einziges Mal abzusetzen. Kein Wort war über den Vorfall gefallen, doch Georg beklagte sich nie mehr...

Er merkte ständig von neuem, wieviel er falsch machte. Einmal rasteten sie schon gegen Mittag. Georg saß allein beim Feuer, wandte die aufgespießten Fleischstücke um und legte dürres Reisig nach, um recht hohe Flammen hervorzulocken. Kleinbär streifte im Walde umher und Malia suchte nach Stachelschweinborsten für ihre Stickereien.

Plötzlich knurrte Schnapp – der Nachfolger des alten, unvergeßlichen Gefährten –, der Junge blickte auf und sah einen Fremden herankommen. Die mit Glöckchen besetzten Säume der Lederhosen verrieten einen Wyandot. Der Wanderer legte sein Gepäck ab und trat schweigend zum Feuer.

Georg wußte jetzt, was sich gehörte.

»Du bist willkommen, setze dich.«

Mit einem kurzen »Hau« ließ sich der Mann nieder. Der Junge suchte ein großes, gut durchgebratenes Schulterstück und reichte es dem Gast an dem Holzspieß hinüber. Dem Fremden schmeckte es sichtlich. »Ich bin dir dankbar, mein Sohn«, sagte er mehrmals, als er das Stück abgenagt und seine Pfeife entzündet hatte. Er berichtete noch, daß er an die Wildvogelbai im Nordwesten wolle, und brach wieder auf.

Am Nachmittag erzählte Georg von dieser Begegnung und empfing ein Lob von Kleinbär.

»Das hast du gut gemacht. Gewiß hast du ihm auch noch Ahornzucker und Bärenfett mitgegeben?«

»Nein, denn Zucker ist nur noch ein einziger Beutel da, und das Fett wollen wir doch aufheben.«

»Du benimmst dich immer noch wie ein Weißer! Hast du nicht bemerkt, daß wir Fremden das Beste geben, wenn sie durch unsere Tür treten?«

Natürlich hatte der Junge bemerkt, mit welcher Freigebigkeit Rundliche Wolke ihre Besucher bewirtete, aber erst jetzt wurde ihm klar, daß hinter der Gutmütigkeit der Tante ein Gesetz stand. Er senkte den Kopf. »Ja, ich habe es gesehen.«

»Dann lerne auch, dich wie ein Mann zu benehmen und nicht wie ein Blaßgesicht.«

Die schönsten Stunden brachte das abendliche Lagerfeuer zwischen Wiese und Wald. An schräg in die Erde gesteckten Holzsplissen zischten und prasselten die Bratenscheiben, über den Flammen taumelte und flatterte allerlei Getier, und aus der tintigen Schwärze jenseits des Feuers kam das Schnauben und Rupfen der weidenden Pferde.

Wenn dann die Glut zusammensank, lag Georg noch lange wach. Die ungewohnte Weite des Sternenhimmels drang auf den Lauschenden ein. Seine Hand tastete nach dem Fell des schlafenden Schnapp. Die Erde schien sich unter dem gewaltigen Himmelsbogen zu ducken, als wollte sie sich davonmachen. Aber dann besann sie sich und erhob ihre Stimme: Zuerst rauschte der Nachtwind, danach röhrte ein Hirsch, und schließlich schallte das ferne Geheul der Wölfe über den dunklen Wald.

Nur die Trommel, den taktmäßigen Wirbel, den er bei seiner Flucht vernommen hatte, hörte der Junge nicht mehr. Einmal fragte er den Häuptling danach. Kleinbär wußte sofort, was gemeint war. »Die unsichtbare Trommel vernimmt man nur in den Hügeln des Ostens. Es sind die Pauken aus dem Seelenlande, mit denen sich die Geister der Toten vergnügen. Dort ist alles umgekehrt: Wenn hier die Sonne scheint, dunkelt dort die Nacht. Deshalb hören wir auch am Tage, wenn die Geister in der Nacht tanzen.«

Staunen malte sich auf dem Gesicht des Lauschenden. Er sagte nichts, doch ein unaufgelöster Rest von etwas Unheimlichem blieb zurück. Weder Kleinbär noch Blauvogel ahnten, daß in den Tälern des östlichen Waldlandes warme und kalte Luftströmungen aufeinanderstießen und mit seltsamen Schallbildungen die Menschen narrten. –

Je weiter sie nach Norden vordrangen, um so eintöniger wurde die Gegend. Das Hügelland vom Hirschaugenfluß wich einer weiten, tellerflachen Ebene mit viel Sumpf- und Grasland.

»Morgen sind wir am himmelblauen Wasser«, behauptete Malia. Woher sie das wußte, blieb unklar, denn nichts deutete auf eine Änderung der Landschaft.

Aber gegen Mittag des folgenden Tages traten sie plötzlich aus dem Wald hinaus auf einen weiten Strand. Ein heftiger Wind faßte die Wanderer. Der Junge starrte atemlos auf das Wasser, das mit hohem Wellengang gegen die Küste rauschte. Er wußte natürlich von den großen Seen im Norden des Landes, doch dieser hier war ja ein Ozean! Staunend sah Georg die weißen Schaumstreifen über die Kimm heranrollen, sich überschlagen und auf dem Sande verrieseln. Er hörte die Möwen unter den sonnenbeglänzten Wolken kreischen, weit und fern wie das windgepeitschte Gewoge der weißen Wellenköpfe.

In der Nacht suchten sie im Uferwald Schutz. Am Morgen hatte sich der Wind gelegt, die unermeßliche Fläche glänzte in himmelfarbenem Blau, Nebelstreifen lagerten auf der Kimm wie die Küsten verschwimmender Inseln, und über dem Strande schwebten riesige Vögel.

»Das sind Adler«, stellte Georg fest. »Was machen die denn hier?«

Kleinbär lächelte. »Das wirst du selbst sehen.«

In den Lachen des Uferrandes zappelten zahllose Fische, die der Sturm hinaufgeschleudert hatte und die nun von den Vögeln davongetragen wurden. Malia ergriff zwei besonders große Weißlachse und verpackte sie zwischen grünen Blättern. Am Abend wurden die Fische verzehrt, sie schmeckten herrlich.

Einige Tage zog die kleine Kolonne gemächlich an der Küste des Eriesees entlang. Dann ging es landeinwärts zu einem Flüßchen, das durch waldbestandene Hügel nach Süden strömte. Ein Hain von Edelkastanien verlockte Georg zum Sammeln der Früchte; doch Malia trieb zur Eile. Jetzt erkannte Blauvogel auch, warum sie zu hasten begann: Hinter dem Wäldchen dehnte sich eine mächtige Rodung, und mitten darin standen unter Buchen einzelne Häuser, giebelig und lang wie die Schildkrötenwohnung am Hirschaugenfluß. Vor den Wanderern lag zwischen abgeernteten Feldern und leeren Gärten das Dorf Fruchtbare Erde, Malias Heimat.

Der warme Atem des halbdunklen Hauses umschloß die Eingetretenen. Der breite Gang, der bläuliche Holzrauch, die dämmerigen Kojen waren wie bei der Tante. Der Junge sah, wie Malia in den Armen einer großen Frau hing, dann umhüllte ihn ein Duft wie von frisch gebackenem Maisbrot, und eine dunkle, weiche Stimme flüsterte zärtliche Worte.

Kleinbär schien nichts von alledem zu sehen. Er stand stocksteif neben dem Feuer und bemerkte nur: »Ich bin zurückgekehrt«, worauf die sanfte Stimme antwortete: »Ich freue mich, daß du gekommen bist.«

Während die Heimgekommenen sich auf der Schwelle und der Bettbank niederließen – Georg bedrückt über die alte und doch ganz neue Umgebung –, fischte die Frau mit einem großen Löffel in dem Kessel, holte kleine Blätterpäckchen heraus, trennte die Umhüllung ab und goß Sonnenblumenöl darauf.

»Hm, Laubkuchen«, meinte Malia selbstvergessen. »Hast du uns gesehen?«

»Der Traumgeist hat mir eure Ankunft gezeigt«, sagte die Mutter lächelnd. Ihre großen, kräftigen Hände arbeiteten ruhig, ganz anders als die kurzen Zappelfinger der Tante. Die langen Ärmel des gelben Blusenhemdes lagen fest um die Gelenke und hingen nicht mit weiten Öffnungen in irgendeine Schüssel wie bei der Rundlichen Wolke. Die Mutter schien in allem das Gegenstück der Tante zu sein. Ihr Haar bildete einen festen Knoten im Nacken und flatterte nicht offen herum; ihr blauer Rock, ihre Mokassins und Leggings zeigten nicht den kleinsten Fleck, als ob Staub und Asche einen Bogen um sie machten.

Mit dem üblichen »Sei bedankt« erhob sich der Häuptling und ging in den Raum an der Südtür, um zu rauchen. Nun rückten die Kinder zum Kessel. Schon bei dem Laubkuchen schmeckte der Junge eine lang entbehrte Würze, aber erst bei den wilden Kartoffeln in Waschbärenfett wußte er, was ihm so lange gefehlt hatte: das Salz.

Die Rundliche Wolke würzte alles mit Ahornzucker, sogar das Fleisch, aber Malias Mutter mußte Salz haben. Er besann sich darauf, welch seltenen Handelsartikel die weißen Körnchen in Raystown bildeten; sie kamen mit Packpferden aus dem Tiefland herauf. Wie mochte diese Kostbarkeit hierhergeraten sein?

Sehnsüchtig blickte der Junge nach dem Kessel, aber er bezwang sich und stimmte höflich in das »Sei bedankt« Malias mit ein, viel zu schüchtern, um noch eine Bitte zu wagen. Doch die Hausfrau unterließ das übliche »Es ist gut«, ergriff statt dessen das Schüsselchen und füllte es von neuem mit Kartoffeln, Fleisch und Fett.

Überrascht blickte Georg auf. Die Tante hatte ihm beigebracht, wie schlecht es wäre, viel zu essen oder gar sich vollzustopfen, und bei ihren Erziehungsgrundsätzen hatte ihm oft genug der Magen geknurrt. Aber hier schien das anders zu sein; die Mutter mußte seine Gedanken geradezu erraten haben. Eine dankbare Wärme quoll in ihm auf, und seine Scheu verflog etwas. Zum ersten Male seit langer Zeit spürte er mehr als bloße Fürsorge: Er trat in den Bereich der Liebe, die nur im Herzen einer Mutter wohnt.

Malia lachte. »Der Sagodakwus wird dich holen.« Das war das Ungeheuer, das jeden Vielfraß unter den Kindern fortschleppte; wenn man der Tante glauben konnte. Doch die Lustigkeit Malias erhielt sogleich einen Dämpfer.

»Meine Tochter wird schweigen, wenn ihr Bruder hungrig ist. Sie hätte sich besser um die Mokassins meines Sohnes kümmern sollen.«

Georg sah auf seine Lederpantoffeln; sie sahen allerdings böse aus. Die Schwester wurde vor Verlegenheit dunkelrot. Er fühlte mit ihr und suchte nach einer Ausrede. »Sie hat doch so viel Schmalz für dich ausgelassen.« Malia huschte erleichtert hinaus, um die Stachelschweinbeutel mit Fett hereinzuholen.

Als sie fort war, begann die Mutter: »Ich werde dir neue Mokassins und Kleider nähen, denn du stehst nun an Stelle meines Sohnes. Er ist beim Sammeln von Treibholz im vergangenen Frühjahr ertrunken, als der Fluß so hoch mit

Wasser ging, daß wir die Häuser räumen mußten. Er war ein gutes Kind, und du mußt auch gut sein. Du bist mein Sohn, und ich bin deine Mutter.«

Die großen Augen der Frau verschleierten sich; der Junge spürte ihre Bewegung und drängte sich an sie.

»Darf mein Schnapp hier bei mir schlafen?«

»Aber natürlich. Wir nehmen das Holz unter der Schlafbank weg, dann kann er darunterkriechen.«

Es wurde ein herrliches Lager, und Georg war glücklich, wenn er nachts das Schnaufen seines vierbeinigen Freundes ganz nah unter sich hörte. Hätte das doch noch der alte Schnapp miterlebt!

Der Verlassene und Heimatlose hatte ein neues Nest gefunden, nicht allein unter dem Dach des Langen Hauses, zwischen dem Wogen der Maisfelder und auf den Wildpfaden des Waldes, sondern auch in der Wärme eines mütterlichen Herzens.

Wie rasch er jetzt die niedrigen Stuben und die dunklen Gesichter unterscheiden lernte. Das hatte in Wiesenufer bei der Tante wochenlang gedauert. – Hier wußte er schon nach wenigen Tagen, wer in den einzelnen Kojen rechts und links des Korridors wohnte, wie die Schwestern der Mutter hießen, die an den anderen Feuern des Ganges kochten, wessen Stimme ständig in Kreischen überschlug und wem das tiefe Lachen gehörte.

In der ersten Nacht erwachte er von entferntem Kindergeplärr; er hörte den Vater etwas von »Heulbalg« brummen und die Mutter besänftigend flüstern. Das Schreien kam aus der Koje von Tante Hirschkuh. Kleinbär pflegte mit Geringschätzung »alte Hirschkuh« zu sagen, was der Tante stets Tränen des Zornes entlockte.

Nach langen Jahren kinderloser Ehe hatte Hirschkuh endlich ein Mädchen bekomen, das sie mit Affenliebe verhätschelte. Wenn Georg später an diese Tante dachte, so sah er sie stets auf den Knien vor dem aufgehängten Wiegenbrett liegen und ihrem Baby mit Spucke die Haare festkleben. Im allgemeinen merkte man von ihr nichts, denn sie hielt sich etwas abseits und sprach selten mit jemand. Ihr Mann stand dermaßen unter dem Pantoffel, daß er zur tiefsten Verachtung der anderen Männer fast die ganze Feldarbeit mittat.

Vor allem zum Unwillen des Großvaters Weißhaar, der meist vor der Südtür saß, sich den Kopf kratzte und über die Verderbnis der Sitten vor sich hin hüstelte, auch wenn ihm niemand zuhörte. Der Großvater wohnte bei Tante Rotauge und hatte wohl auch Ursache zu seinen Klagen.

Die Tante geriet sehr leicht in Aufregung und verwöhnte ihre Kinder maßlos im Essen. Der Kleinste glich geradezu einem aufgeblasenen Ochsenfrosch; der Sagodakwus hätte in dieser Stube eine reiche Beute machen können.

Zwei Kojen weiter wohnte Tante Weißeiche mit ihren Söhnen Rehkalb und Schwarzhuf. Sie war Witwe und erinnerte in ihrer Gutmütigkeit sehr an die Rundliche Wolke. So überraschte sie Georg eines Abends mit einem Säckchen Walnüsse, als er beim Schüssel- und Würfelspiel gewann. Mit Rehkalb freundete sich Georg sofort an, denn sie standen ungefähr im gleichen Alter.

Malia verriet die Herkunft des sonderbaren Namens: Der Vetter hatte als kleiner Junge im Wald einmal ein Rehkitz gefunden und wollte es freudestrahlend heimtragen, doch das Tier trat ihn dermaßen, daß er weinend davonlief. Seitdem hieß er »Der von dem gefleckten Rehkalb Getretene«.

Georg gewann rasch sein ganzes Herz, weil er niemals den vollständigen Namen gebrauchte. Die beiden Jungen halfen sich gegenseitig bei ihren Arbeiten. Georgs Körper straffte sich wie eine vom Druck befreite Feder. Er tat alles, was er der neuen Mutter vom Gesicht ablesen konnte. Wenn ein Regen niederprasselte, schob er die Luke über der Feuerstelle zu. Jetzt konnte er ohne Fehler die Schiebestange handhaben, mit der man das Rindenstück auf dem Dach vorsichtig anhob und bewegte.

Unermüdlich trabte er zum Walde, sammelte dürres Holz und stapelte es als Wintervorrat in der Südstube, vor allem Buche, Ahorn, Hickory und Eiche, deren Kloben ohne viel Prasseln brannten und wenig rauchten. Ulme, Kastanie, Föhre und Zeder sah die Mutter nicht gern, weil sie zuviel Funken gaben und das Haus leicht in Brand setzen konnten.

Seine Fluchtpläne überdachte der Junge zwar von Zeit zu Zeit noch einmal, aber mehr aus einer Gewohnheit heraus. Er sah an allen Feuern große Messingkessel mit Klappbügeln, in den Vorratskammern Fässer mit eisernen Reifen und in den Händen der meisten Männer Flinten mit Feuersteinschlössern, Lederbeutel mit Bleikugeln und Pulver. Es mußten also Händler in das Dorf kommen und diese Sachen gegen Pelze eintauschen, überlegte er. Allerdings konnten ja auch die Indianer zu irgendeiner Handelsstation reisen und dort selbst diese europäischen Waren einkaufen. Wer konnte das wissen?

Der Junge scheute sich zu fragen, um seine Pläne nicht zu verraten, wie er es vor sich selbst rechtfertigte, doch in Wirklichkeit, weil ihm seine Fluchtgedanken gleichgültiger wurden. Außerdem neigte sich der Herbst dem Ende entgegen, und der Winter stand vor der Tür. Im nächsten Frühjahr würde das Wetter solchen Plänen sicher günstiger sein.

Er ahnte nichts von der tiefgehenden Veränderung, die in ihm selbst vorging; niemals kam ihm zum Bewußtsein, daß das Elternhaus seiner Kinderjahre unmerklich hinter ihm zu versinken begann. Es fiel ihm nicht einmal auf, daß ihm sein alter Name fremd und der Ruf »Blauvogel« immer vertrauter wurde.

Das Dorf hier am Biberfluß wiederholte das gewohnte Bild von Wiesenufer: eine Reihe langer Häuser, dazwischen Flecken mit Gras, Brennesseln und Gebüsch. Am Nordende der Reihe lagen kleine, kuppelförmige Wigwams, in denen Lenape wohnten. Auch hier in Fruchtbare Erde siedelten sie mit den Irokesen zusammen; man brauchte nur aus der Nordtür zu gehen, dann sah man schon ihre zausigen Birkenrindehütten.

Ganz sonderbar war das Verhältnis des Schildkrötenhauses zu seinen Nachbarn. Ein roter Falke prangte über der Tür der Nachbarsleute, und obschon der Clan des Vaters, seiner Schwestern mit ihren Familien, dort wohnte, zankten und hänselten sich die Schildkröten- und Falkenkinder, wo sie nur konnten:

»Es sind nur die jüngeren Vettern«, meinte Malia obenhin.

In jedem Dorfe teilten sich die Clans in zwei Abteilungen, auf der einen Seite die Schildkröten, Biber, Bären und Wölfe, die »älteren Vettern«; auf der anderen Seite die Hirsche, Schnepfen, Reiher und Falken, die »jüngeren Vettern«. Die Kinder der beiden Abteilungen standen ständig auf Kriegsfuß miteinander. Aber woher sollte Blauvogel wissen, was jeder irokesische Junge wußte?

Malia traf ihn eines Tages, als er sich am Flusse den Hals wusch. »Die Nachbarjungen sagen immer, ich hätte einen ganz schmutzigen und dreckigen Nacken«, erklärte er auf die verwunderte Frage der Schwestern. Das Mädchen kämpfte zwischen Lachen und Ärger. »Aber damit hänseln sie dich nur, weil du zum Schildkrötenclan gehörst!« Georg stand verwirrt und ratlos, bis der Vater auch in dieses Labyrinth hineinleuchtete.

»Als der Große Geist die Schildkröten geschaffen hatte,

setzte er sie in einen See, in dem sie unbelästigt wohnen konnten. Doch die Tiere waren nicht ganz zufrieden mit ihrer Behausung. Sie klagten besonders über den steinigen Grund, der zum Liegen viel zu hart sei. Schließlich trugen sie alle Erde von der Prärie ringsum herbei und polsterten den Seeboden damit. Sie schleppten zusammen, was sie konnten, und endlich wurde das Wasser so seicht, daß es eines heißen Sommers ganz austrocknete. Die Bewohner beschlossen, nach einem neuen See zu suchen. Ein weiser, alter Geselle gab den Rat, bei diesem Unternehmen zusammenzubleiben, um den Gefahren der Wanderung besser trotzen zu können. Allgemeiner Beifall erhob sich, aber bald danach ein noch viel lauteres Gezänk. Jeder wollte die anderen leiten und meinte, er selbst würde es am besten machen. Vergeblich mahnte der Ratgeber, seine Stimme ertrank in dem allgemeinen Lärm. Schließlich übermannte ihn der Zorn. ›Ihr Narren, ich schäme mich, zu euch zu gehören, ich will nicht länger Schildkröte sein!‹ Und mit einem schrecklichen Krach warf er seinen Panzer ab und sprang heraus: ein vollbewaffneter und bemalter Krieger. Die Schildkröten erschraken entsetzlich und rannten nach allen Seiten auseinander, der weise Ratgeber aber wurde der Ahnherr des Schildkrötenclans. Von dem Schlammtragen haben sie alle einen schmutzigen Nacken behalten und müssen sich ständig den Hals waschen.« Der Erzähler zwinkerte dem Jungen zu. »Einem Falken kann das nicht passieren, verstehst du?«

Georg verstand. Warum gehörte er nicht zum Falkenclan wie der Vater? Aber die Kinder in den Irokesenfamilien folgten immer der Mutter, bei den Schildkröten so gut wie bei den Wölfen, Bären, Hirschen und wie sie alle hießen. Die Mütter bestimmten allein unter dem langen Dache, auch hier in Fruchtbare Erde am Biberfluß.

Die Feldflur des Dorfes umschloß einen gewaltigen

Halbkreis, der ringsherum von Wald gegürtet war. Nur an der rechten Seite lagen keine Äcker, denn dort senkte sich der Boden mit weiten Blaugraswiesen zum Eulenbach hinunter, der unter alten, kropfigen Weiden langsam dem Biberfluß zuschlich.

Hierher ging Blauvogel nicht gern. »Die Eulen, die da wohnen, sind Hexen«, behauptete Malia. »Manche alten Frauen verwandeln sich in solche Käuze und heulen dann in den Weiden.«

»Hast du denn überhaupt schon einmal Hexen gesehen?« wollte der Bruder wissen.

»Ja. Einmal kam ich spät mit dem Wasserkrug nach Hause, und es war schon dunkel. Da sehe ich plötzlich zwischen den Buchen eine Frau herumstreichen, der ging ein Flämmchen aus dem Munde. Ich bin natürlich gerannt wie der Blitz und konnte nachher kaum Luft kriegen.«

Blauvogel widersprach. »Das ist ja Unsinn; es gibt keine Hexen. Sicher hast du ein paar Glühwürmchen gesehen.«

Malia wurde unsicher, aber trotzdem ging der Junge nicht gern zum Eulenbach, sondern lieber zum Waldrand Holz holen. Dort, weit draußen am Rande der Flur, lagen kleine Gärtchen, die jede Frau für sich allein bestellte, sobald die gemeinsamen Clanäcker fertig waren.

Hier besaß auch die Mutter einen Flecken Land. Man erkannte schon von weitem den Pfahl, der dabeistand. An seiner Spitze saß ein Rindentäfelchen mit einem aufgemalten Strahlenkreis und einer Schildkröte. Dieses Feld gehört Mittagsonne aus dem Schildkrötenclan, sollte die Zeichnung bedeuten, und das verstand jeder sofort, denn die strahlende Sonne paßte ja so gut zur Mutter. Nun hing das Täfelchen vom Herbststurm zerfetzt herunter; im nächsten Frühling würde es bestimmt niemand mehr erkennen.

Als Blauvogel einmal mit einer Holzlast an dem Pfahl vorüberkam, fuhr ihm ein Gedanke durch den Kopf. »Ich werde der Mutter eine neue Tafel malen und zu Weihnachten schenken«, sagte er vor sich hin. Er wurde ganz aufgeregt bei diesem Einfall. In Raystown hatte es zu Weihnachten immer etwas gegeben: eine Handvoll Nüsse oder eine neue Hose aus selbstgesponnenem Leinen. Aber sonderbar genug, zu Hause war ihm niemals eingefallen, selbst etwas zu schenken. Eilig glitt die Erinnerung des Jungen darüber hinweg; die neue Tafel nahm ihn ganz gefangen.

Rehkalb mußte helfen. Ein großes Stück trockene Birkenrinde und rote Farbe fanden sich schnell. Dann ging es in Tante Weißeiches Stube ans Probieren und Malen. Es sah so einfach aus, aber die zwei ersten Versuche mißlangen. Erst als Schwarzfuß, der große Bruder Rehkalbs, ein dünnes Stäbchen zum Auftragen der Farbe schnitzte, glückte die Zeichnung.

Freudestrahlend betrachtete Blauvogel sein Werk, doch dann ließ er die Hände plötzlich sinken; gab es hier überhaupt so etwas wie Weihnachten? Er fragte Rehkalb, doch der Vetter begriff nichts von den mühsamen Erklärungen und bewegte schließlich verneinend die Hand. »So etwas kennen wir nicht.«

Bedrückt schlich Blauvogel in seine Koje zurück, versteckte die Tafel unter seinem Bärenfell und grübelte vor sich hin. Es gab kein Weihnachten im Langen Hause; oh, es war doch vieles anders hier als in Raystown. Wie ein warmer Hauch wehte die Erinnerung über endlose Wälder und Bergketten den Jungen an. Er sah die kleinen gelben Kerzen in den halben Kürbisschalen brennen, er hörte den Vater aus dem dicken Buche vorlesen und die Geschwister Lieder singen. Eine Welle von Heimweh flutete über das einsame Kind hinweg.

»Ist ein Kummer in das Herz meines Sohnes gedrungen?« klang plötzlich die weiche Stimme der Mutter. Der Junge blickte auf, haschte nach der dunkelbraunen Hand und ließ sich zum Feuer ziehen. Während Mittagsonne den Kessel von altem Grieß säuberte, brach Blauvogel ein Bündel Reisig in kleine Stücke.

»Hat meine Mutter schon einmal etwas von Weihnachten gehört?«

»Nein. Was ist das?«

Wieder versuchte der Junge zu erklären. Wie schwer war es doch, solche selbstverständlichen Dinge auseinanderzusetzen. Aber auf einmal nahm ihm die Mutter das Wort aus dem Munde.

»Mein Sohn meint das Neujahrsfest. Ja, das feiern wir auch, im Langen Monat, wenn das Siebengestirn genau über dem Rauchloch steht. Dann laden die Onkel zum Versammlungshaus, und wir tanzen den Federtanz zu Ehren des Großen Geistes Owaniyo. Wir danken ihm, daß wir noch leben, daß wir das neue Jahr sehen und daß Mais, Kürbis und Bohne wieder wachsen werden.«

»Was sind denn das für Onkel, die ins Versammlungshaus einladen?«

»Es sind natürlich keine richtigen Onkel; sie heißen nur so, wenn sie mit ihren langen Stäben im Dorf herumziehen.«

»Schenken sie euch etwas? Bei uns bekommen die Kinder immer etwas geschenkt.«

»Hier auch, allerdings nicht von den Onkeln. Die Kinder laufen verkleidet als Bettler von Haus zu Haus und bitten um Ahornzucker, Nüsse und Kuchen.«

»Wird denn bei eurem Neujahr auch gesungen? Das Singen ist doch fast das Schönste.«

»Da hast du recht. Ohne die Lieder gibt es kein richtiges Neujahr. Zuerst singen die Vorsänger, und dann stimmen die anderen in den Dank an Owaniyo mit ein. Weißt du, Neujahr feiern wir eigentlich, weil Oterongtongnia wiedergeboren wird.«

»Wer ist denn das? Den Namen habe ich noch nie gehört.«

»Das glaube ich. Die weißen Leute wissen von Awenhai nichts.«

Die Augen des Jungen ruhten fragend auf der Mutter, die so wunderliche Worte redete. Durch das Rundloch im Dach sah ein frostiger Winterhimmel herein, aber jetzt verschwand er hinter einer Rauchwolke, die ein großes Reisigbündel emporsandte. Rote Flämmchen hüpften auf, kletterten von Zweig zu Zweig und vereinigten sich schließlich zu einem prasselnden Feuer, das seinen heißen Atem dem grauen, kalten Winter mitten ins Gesicht blies.

Die Mutter goß aus zwei Kürbisflaschen Wasser in den Kessel und hing ihn über die Flamme. Wohlig dehnte sich der Junge in der Wärme. Mittagsonne setzte sich auf die hohe Schwelle der Kammer und begann einen Zopf Maiskolben zu enthülsen. Während die goldenen Körner unter den kräftigen Händen in den Korb sprangen, fing sie wieder an zu sprechen.

»Awenhai ist unsere Urahne. Als sie in unsere Welt kam, hatte sie keine Hütte und kein Feuer, nicht einmal etwas zu essen. Gleich nach ihrer Ankunft gebar sie zwei Kinder, Zwillingsbrüder, aber sie war so arm, daß sie die Kleinen nicht einmal in ein Fell wickeln konnte. Du mußt wissen, es gab damals noch keine Sonne, und die Erde war dunkel und kalt. Da halfen ihr die Tiere, bauten ein kleines Haus, zündeten ein Feuer an und kochten Maisbrei. Einer von den Zwillingen war Oterongtongnia, ›Kleines Ahornbäumchen‹, der Gute, der die Sonne brachte und die Erde immer wieder grünen läßt. Er wird in jedem Winter von neuem geboren, gerade wenn wir Neujahr feiern.«

Der Junge starrte die Mutter an: Das kannte er doch, davon hatte er schon oft gehört, nur mit anderen Namen. Und in dem dicken Buch der Eltern war auch ein Bild gewesen, auf dem sah man einen armseligen Stall mit dem Kleinen in der Kornkrippe und den Tieren. Eilig fiel er der Mutter in die Rede: »Hatte Awenhai denn nicht ein Packpferd bei sich?«

Mittagssonne lächelte. »Davon weiß ich nichts; ich weiß nur, daß sie mit ihren Kindern ganz arm und verlassen in unsere Welt kam.«

»Kam sie aus einem fremden Land?«

»Nein, sie fiel aus der oberen Welt auf unsere Erde herab. Dort oben steht ein ungeheurer Baum, dessen weiße Blüten ein Licht ausstrahlen, so hell wie die Sonne. Bei diesem Lichterbaum wohnen die Ongwe, die Urwesen, und zu ihnen gehörte auch Awenhai. Eines Tages ließ der Häuptling der Urwesen den Baum entwurzeln und alle seine Leute durch das Loch hindurchsehen. Awenhai beugte sich zu weit vor, bekam auf einmal einen Stoß und fiel auf unsere Erde herunter. Seitdem ist sie bei uns, und solange die Wiesen mit Kräutern grünen und der Wald Blätter trägt, wird ihr Sohn Ahornbäumchen in jedem Jahre von neuem geboren. Das ist der Wille des Schöpfers Owaniyo.«

Blauvogel lauschte der leisen Stimme. Die Weihnachtsgeschichte klang hier unter dem langen Dache anders als in der Blockhütte bei Raystown, aber es zog doch wie ein vertrauter Klang, wie ein halber Trost durch das Herz des Jungen. Vielleicht habe ich die Tafel doch nicht umsonst gemalt, dachte er.

Seit diesem Gespräch mit der Mutter liefen die Tage mit eiligen Füßen. Der »Monat des kleinen Frostes« ging vorüber, und der »Wenig lange Monat« kam, dem dann der ersehnte »Lange Monat« folgte. Die Kinder gerieten in Aufregung, sie träumten nur noch vom Neujahr und klapperten überall mit ihren Rasseln aus Eichenrinde, die mit Kirschkernen gefüllt waren. Auch Malia und Rehkalb redeten von nichts anderem mehr. Sie quälten die Mutter, ihnen Bettelmasken zu machen, einfache viereckige, blaue oder rote Tuchstücke mit Augenschlitzen, und sie gingen immer wieder die Reihe der Verwandten durch, die im vergangenen Jahre am freigebigsten gewesen waren. Malia erzählte ihrem Adoptivbruder, daß der Clan des Vaters die Kinder am reichlichsten beschenken werde. »Ich habe von den Vaterschwestern im Falkenhaus immer am meisten bekommen, das letzte mal sogar ein Stück Ahornzucker, so groß wie meine Hand. Da gehen wir auch in diesem Jahre zuerst hin.«

Schließlich konnte auch Blauvogel den ersehnten Tag kaum noch erwarten. Ständig lagen die Geschwister der Mutter in den Ohren: »Kommen morgen die Onkel?« Und oft genug mahnte Malia den Bruder: »Halt nur deinen Schnapp gut fest! Es bedeutet Unglück, wenn ein Hund die Onkel beißt. Solche Hunde werden totgeschlagen, und das ganze Fest verschiebt sich.« –

Der Lange Monat hatte mit krachender Kälte begonnen. Die Feuer brannten jetzt auch die Nacht hindurch; wenn irgend jemand wach wurde, legte er einige Äste nach. Das Rauchloch wurde bis auf einen kleinen Schlitz zugeschoben. Selbst die Jäger blieben zu Hause, weil der treibende Schnee alle Wildspuren verwehte.

Als die Kinder eines Morgens beim Feuer saßen und ihr Maisbrot verzehrten, begann draußen ein kräftiger, lauter Gesang.

»Die Onkel!« rief Malia und sprang auf. Auch Schnapp fuhr in die Höhe und wollte zum Ausgang rennen, aber Blauvogel konnte ihn gerade noch packen und beruhigen.

Der Gesang endete plötzlich, Schläge dröhnten an die Hauswand, dann öffnete sich die Tür, und herein kamen – mit einem eisigen Hauch von Schneeluft und Frost – zwei Männer in langen Büffelfellen. Sie blieben am Feuer stehen. Die flackernden Lichter der Flammen huschten über die gelben Maisblattkränze auf den Köpfen und über die seltsamen roten Zeichen auf den langen Maisstampfern, die sie in den blaugefrorenen Händen hielten. Mit lauter Stimme brachte der Sprecher seine Einladung vor:

»Meine Nichten, meine Nichten, meine Neffen, meine Neffen! Wir kündigen euch an, daß nach unserer alten Sitte das Neujahr beginnt. Jeder von euch wird gebeten, daran teilzunehmen. Lauscht, lauscht, lauscht! Richtet eure Häuser! Schafft den Abfall fort! Nichts darf die Feier hindern oder hemmen. Das ist der Wille des Großen Geistes Owaniyo.«

Nach dieser Rede stimmten die Onkel einen zweiten Gesang an und wandten sich dem Ausgang zu. Kaum waren die Boten aus der Tür, da riß sich Schnapp los und jagte hinter ihnen her. Blauvogel und Malia ließen ihr Brot fallen und rannten Schnapp nach, aber der Hund war im Nu zur Tür hinaus.

Dem Jungen wollte vor Schreck das Herz stehenbleiben. Wenn er nur keinen Onkel beißt, dachte er in seiner Angst und stürzte ins Freie. Doch Schnapp schien zu wissen, was sich gehörte; er umkreiste die Boten mit fröhlichem Gebell, wälzte sich im Schnee und warf mit Schnauze und Pfoten die weißen Flocken hoch.

Malia schüttelte sich vor Lachen. »Er freut sich ja nur, weil das Neujahr angefangen hat«, rief sie. Blauvogel vergaß seine Angst und lachte mit, denn die Fröhlichkeit Schnapps steckte an. Schließlich wälzten sich alle drei im Schnee, während die Onkel mit ihren langen rotbemalten Stößeln und ihren Maisblättern von Haus zu Haus weiterzogen.

Der frische, klare Morgen, der reingefegte Himmel und die glitzernde Wintersonne trieben den letzten Rest von Heimweh davon: Es war ja auch hier Weihnachten geworden. Atemlos trabte der Junge hinter der Schwester her, zurück zum Schildkrötenhaus, in dessen Tür die Mutter stand. Mittagsonne lachte, half ihnen den Schnee abklopfen und nahm sie mit zum Feuer.

»Guck mal da zu deiner Schlafbank«, sagte sie und schob Blauvogel in die Koje. Der Junge stand still wie ein Bäumchen und traute seinen Augen nicht. Auf seinem Bärenfell lag ein vollständiger neuer Anzug; zwei mit gelben Stachelschweinborsten bestickte Mokassins aus Elchhaut – viel dicker als die durchlässigen und immer nassen hirschledernen Schuhe –, Leggings mit schwarzen Büffelhaaren an den Längsnähten, eine kurze Lederhose, ein Hemd aus rotem Tuch und sogar eine Biberfellmütze.

Der Junge wurde rot vor Freude. Dann wühlte er seine Tafel hervor mit der Schildkröte und der lachenden Sonne darüber. Er hielt sein Geschenk der Mutter hin. Sie wußte sofort, wozu die bemalte Rinde dienen sollte. »Die alte Tafel ist ja auch kaum mehr zu erkennen«, meinte sie.

Blauvogel legte seine Arme um den rotbraunen Nacken und preßte sein Gesicht an die dunkle Wange; er brachte keinen Ton heraus, aber Mittagsonne wußte auch ohne Worte, was er sagen wollte.

Kleinbär räusperte sich. Mit einem Lächeln in den Mundwinkeln löste sich die Mutter und stand auf; der Vater verabscheute solche Zärtlichkeiten. »Rührseligkeiten passen nicht für einen halberwachsenen Mann«, pflegte er zu sagen. Doch heute sagte er nichts, vielleicht, weil Neujahr war und die Onkel im Dorf das Fest ankündigten.

Die Kleider wurden gleich angezogen. Sofort nach dem Mittagessen wollten die Kinder des Schildkrötenhauses mit ihren Bettelmasken und Körben aufbrechen, und da durfte Blauvogel keine Zeit mit dem Umziehen vertrödeln. Und sie mußten doch heute eingeweiht werden, die neuen Sachen.

Die köstlichen Biberschwänze aus dem Kessel, die heute

von der Mutter verteilt wurden, schmeckten den Geschwistern wie jedes Alltagsessen, denn sie zappelten schon vor Ungeduld und waren mit ihren Gedanken woanders. Kleinbär gab ihnen noch ein paar Kirschkernklappern, und dann zogen sie davon mit ihren Tuchmasken vor dem Gesicht – ein Rudel von vierzehn Kindern, die kleinsten kaum vierjährig und die größten im gleichen Alter wie Malia, Blauvogel und Rehkalb.

Zuerst ging es natürlich ins Nachbarhaus mit dem Falken. Eine Weile standen sie vor der Tür, klappernd und singend: »Ye ho, ye ho, ho ye.« Dann traten sie ein und riefen: »Wir begrüßen unsere Tanten und Onkel zum Neujahr!«

Die Hausmütter kamen zum Eingang, und aus allen Kojen blickten freundliche Gesichter. »Da sind ja unsere Kinder«, sagten die beiden Tanten, als sie Malia und Blauvogel sahen, und legten eine besonders große Handvoll Bärennüsse in die Körbe der Geschwister. Die guten Tanten hatten Nichte und Neffen trotz der Tuchmasken sofort erkannt; es waren ja auch die Vaterschwestern, und das bedeutete viel mehr als die Mutterschwestern, denn die Clans der Väter gaben den Bettelkindern am meisten.

Fröhlich tanzten die Beschenkten einmal ums Feuer. Dann liefen sie zum nächsten Haus, den frostklaren Tag mit dem Lärm ihrer Stimmen erfüllend. Die Bäume warfen tiefblaue Schatten auf den Schnee, ab und zu durchbrach das »krah, krah« der Krähen die Stille, und von ferne hallte das Geschrei anderer Bettelmasken, die im Dorfe herumzogen.

Die Sonne stand schon tief, als die Schildkrötenkinder plötzlich auf die Jungen und Mädchen des Nachbarhauses mit dem Falken stießen, die ebenfalls unterwegs waren. »Die jüngeren Vettern!« schrie Malia. Die Gegenseite blieb die Antwort nicht schuldig: »Ihr Drecknacken! Ihr Schmutzhälse!«

»Ihr Krummschnäbel! Ihr Federbälge!« kam es zurück.

Blauvogel wußte später nicht, wie alles so schnell gekommen war. Ehe er sich besinnen konnte, fand er sich mitten in einer Prügelei. Er sah noch, wie Rehkalb einen Falkenjungen vor die Brust stieß, dann fühlte er, wie ihm der Korb entrissen wurde – und nun stürzte er sich ins Getümmel. Er prallte mit einem Mädchen zusammen und fiel dabei in den Schnee. Eine Masse kleiner Füße trat auf ihm herum; zum Glück nur weiche Mokassins. Endlich kam er wieder hoch, aber nun war er erst recht in Wut.

Auch die anderen kämpften wie besessen, sogar die Vierjährigen. Sie standen zwischen den Beinen der Großen und schlugen mit ihren Klappern aufeinander los. Selbst die Mädchen kratzten und bissen wie Wildkatzen.

Endlich räumten die Falken das Schlachtfeld, liefen davon und schrien aus sicherer Entfernung ihre Schimpfworte. Die Schildkrötenkinder sahen sich an. Sie standen atemlos, mit dunkelroten Gesichtern. Blauvogel hielt seinen Korb wieder in der Hand. Woher der verlorene Schatz auf einmal kam, wußte er nicht. Schleunigst sammelten die Sieger auf, was die feindlichen Nachbarn verloren hatten: Maiskuchen, Trockenpflaumen, Nüsse, Zuckerstücke.

Aufgeregt redeten alle durcheinander, doch da bemerkte Blauvogel auf einmal etwas Gräßliches: Der rechte Ärmel seines neuen Hemdes war von oben bis unten aufgerissen, und an der Biberfellmütze klaffte eine ganze Naht. Er wußte vor Schreck nicht, was er sagen sollte. Ratlos blickte er Malia an; über die Stirn der Schwester zog sich ein breiter Kratzer, doch ihre Kleider waren heil geblieben. Rehkalb hatte einen Dreiangel in seinem rechten Legging, aber das bedeutete nicht viel, weil es sich um alte, abgenutzte Sachen handelte.

Verzweifelt fingerte Blauvogel an seinem Hemd und an der Mütze herum, als könnte er die Risse zudrücken. Er hörte nur halb hin, als Malia ihn tröstete: »Das ist nicht so schlimm.«

Wenn er jetzt in Raystown wäre, dann bekäme er eine gehörige Tracht Prügel, und der Junge hatte das Gefühl, als ob er Schläge verdient hätte. Was würde die Mutter sagen, wenn sie die neuen Kleider in diesem Zustand wiedersah? Ob Kleinbär zum Stock griff? Wortlos und bedrückt trabte er hinter den anderen her und schob sich als letzter in das Schildkrötenhaus.

Aber es kam alles anders. Der Häuptling schmunzelte.

»Na, ihr seid wohl den jüngeren Vettern begegnet?«

Er nahm sogar Malia auf die Knie, was er sonst nicht tat. Strahlende Mittagsonne lachte herzlich. »Da sieht man doch: Der Stoff vom weißen Händler hält nicht einmal eine Balgerei aus. Sei nicht traurig. Den Riß nähe ich zu, und bei der nächsten Gelegenheit bekommst du ein ledernes Hemd.«

Blauvogel blickte ungläubig von einem zum anderen. Er wußte noch nicht, daß diese Balgereien zwischen den Vetterclans zum Neujahr gehörten, daß jede irokesische Mutter am ersten Festtag Risse und Löcher erwartete und daß Mittagsonne ihm die Freude an den Geschenken nicht hatte trüben wollen und ihn deswegen in den neuen Sachen herumlaufen ließ. Aber wenn er davon auch nichts wußte, so fühlte er doch die Liebe seiner indianischen Eltern und setzte sich erleichtert auf die Matte. Selten hatte ihm etwas so gut geschmeckt wie die Bärennüsse, die er am ersten Neujahrstag am Feuer des Schildkrötenhauses aufklopfte.

Am nächsten Morgen kamen die Onkel wieder und rührten mit ihren Stäben die Asche der Kochstelle um. Die Mutter hatte wie alle anderen Frauen im Hause das Feuer ausgehen lassen, und von den toten Ascheresten bliesen die Onkel etwas auf die Köpfe der Kinder. »Damit ihr gesund bleibt und ebenso wachst wie Ahornbäumchen«, sagten sie dazu.

Danach zündete man ein neues Feuer an, aber nicht mit Stahl, Stein und Zunder, sondern mit einem altertümlichen Gerät, das der Vater vom Boden herunterholte. Es bestand aus einem dicken Kiefernholzbrett mit vielen kleinen Vertiefungen und einem angespitzten Eichenholzstab.

Seit die Flammen ihre goldenen Zungen nicht mehr emporstreckten und nur ein kaltblaues Licht durch die Rauchlöcher schimmerte, herrschte auf dem Korridor eine frostige Dämmerung. Trotz des Halbdunkels erkannte Blauvogel, wie der Vater den runden Stab in eine Vertiefung des Brettes setzte und zwischen den Händen unbegreiflich schnell drehte. Ein Rauchfaden, mehr zu riechen als zu sehen, stieg empor und wurde stärker. Plötzlich sprangen Funken aus dem Bohrloch, erst wenige, dann ein ganzer Regen von goldenen Pünktchen.

Die Mutter drückte einen Busch trockenen Mooses gegen das Brett; es knisterte leise, und plötzlich leuchtete es auf. Eilig fuhr die Feuerzunge unter den neu aufgesetzten Brandstoß, leckte zwischen den Rindenstücken und Spänen umher und verwandelte sich dann in eine große, gelbe Flamme. Eine Weile standen alle andächtig um das Feuer herum. »Neues Leben – neues Licht«, sagte der Vater feierlich.

Wärme sprühte in den Gang und die kalten Kammern. Feurige Kringel tanzten unter dem rauchgeschwärzten Dache und ließen die goldenen Maisbündel an den Bodenstangen aufleuchten. Leises Summen und Singen durchzog das Haus, eine Vorahnung kommender Freude.

Eifrig halfen die Kinder. Jede Mutter hing heute wenigstens zwei Kessel an die Querstange, denn außer zartem Bären- oder Hirschfleisch gab es noch Falschgesichtpudding aus Maismehl, Ahornzucker und Sonnenblumenöl. Der wurde nur an Festtagen gekocht, wenn die Falschgesichter, die heiligen Masken, durch die Häuser zogen. Und in dieser Nacht sollten sie ja kommen! Jede Hausfrau setzte ihre Ehre darein, den Maskentänzern eine möglichst große Schüssel des Festpuddings mitzugeben.

Doch ein Teil wurde schon vorher gegessen. Wenn Malia recht hatte, schmeckte er besser als Nüsse mit Zucker und Bärenfett. Die Schwester behielt wirklich recht, und wenn es nach Blauvogel gegangen wäre, hätten die Falschgesichter gar nichts bekommen.

Am Nachmittag erschien Tante Rotauge mit ihrem Kleinsten, dem Ochsenfrosch, wie Kleinbär das wohlgenährte Baby nannte. In Wirklichkeit hieß der Kleine Schneevogel. Er benahm sich sehr artig und hockte still auf seiner Matte. Die übrigen Schwestern der Mutter ließen sich nur selten sehen. Tante Hirschkuh kam fast nie. Kleinbär vertrug das ständige Greinen ihres Mädchens nicht und konnte dies sehr deutlich zu verstehen geben.

Tante Rotauge floß wie immer über von Dorfgeschichten; sie kannte jeden Winkel, jede Ecke, jedes Haus und wußte genau, was sich da seit alten Zeiten zugetragen hatte. Sie kannte die Krähenbäume am Begräbnisplatz, die kleinen nächtlichen Flämmchen im Kastanienwald und die Schlucht, in der die Steinriesen begraben lagen.

Tante Rotauges Geschichten steckten an; sogar der Vater geriet ins Erzählen. Dazwischen wurden die Bratenstükke, die auf kleinen Holzspießen am Feuer brutzelten, fleißig umgewendet. Sobald eins durchgebraten war, verschwand es zusammen mit süßen Nußkernen schnell in irgendeinem Munde.

Malia, Rehkalb und Blauvogel spielten Schüssel und Würfel. Dabei mußte ein Holzteller mit bemalten Pflaumenkernen fest auf den Boden gestoßen werden, so daß die Kerne in die Höhe sprangen. Lag die Mehrzahl mit der schwarzen Seite nach oben, dann hatte man einen Punkt. Auch von den anderen Feuern drang das dumpfe Stoßen der Holzteller und das leise »hits, hits« der Spieler herüber, und manchmal ein fröhliches Lachen. Es war sonderbar, wie ruhig es auch heute unter dem langen Dache herging, trotz der vielen Kinder.

Gegen Abend wurde Blauvogel müde und kroch auf sein Bärenfell. Eine Weile lauschte er den Gesprächen, die vom Feuer herüberklangen, und verfolgte die Schatten, die an den Wänden der traulichen Koje hin und her wanderten. Dann schlief er ein.

Eine Serie von knatternden Flintenschüssen weckte ihn, laute Schläge an die Wand des Hauses und tobender Lärm vieler Stimmen. Durch die aufgerissene Tür fuhr ein eiskalter Windstoß herein und mit ihm eine Reihe Maskenträger. Wunderlich geschnitzte und grell bemalte Holzgesichter grinsten mit schiefen Mündern und bleckenden Zähnen in die Stuben. Die Masken tanzten und jauchzten auf dem Korridor, bliesen Asche auf die Schildkrötenleute, wünschten ihnen eine reiche Ernte im kommenden Jahr und rannten zur anderen Tür hinaus. Die Puddingschüsseln waren mit ihnen verschwunden.

Aufgeregt hatten die Kinder auf diesen Besuch gewartet. Man mußte den Falschgesichtern irgend etwas fortnehmen – das brachte Glück. Jeder Junge und jedes Mädchen hielt einen scharfen Rohrsplitter in der Hand und lauerte auf eine Gelegenheit. Blauvogel erschrak zuerst, als die hölzernen Fratzen aus dem Dunkel des Korridors auftauchten, aber im letzten Augenblick erwischte er doch noch eines der Maisseile, die als Haar von den Köpfen der seltsamen Gestalten herabhingen, und schnitt eine Spanne davon ab. Rehkalb erbeutete einen halben Gürtel, Malia einen Deckenfetzen, sogar Schneevogel hielt ein wenig Maisstroh in seinen Fäustchen und lächelte zufrieden.

Tante Rotauge geriet außer sich vor Freude und herzte ihren Kleinen. »Woher hat denn mein Baba das Strohchen?« fragte sie immer wieder, bis der Vater bemerkte: »Wir müssen ins Bett, sonst schlafen wir morgen beim Federtanz ein.« Tante Rotauge brach mitten in ihrem Jauchzen ab, raffte Schneevogel an sich und verschwand mit einem fast demütigen Gutenachtgruß.

Die Kinder steckten ihre Glückszeichen unter das Bankfell, krochen auf ihr Lager und schliefen im Nu ein. Blauvogel träumte zuerst wildes, verworrenes Zeug. Dann fand er sich auf einmal unter tausend Füßen, die auf ihm herumtraten, lauter kleine, weiche Mokassins. Endlich konnte er sich aufraffen. Alle seine Spielkameraden sprangen um ihn herum und schrien: »Blauvogel ist unser Vetter! Blauvogel ist unser Vetter!«

Schlaftrunken fuhr der Junge hoch; es rief wirklich jemand. Malia weckte ihn. Heute ging es in aller Frühe zum Versammlungshaus, zum großen Federtanz. In diesem Hause besprachen nicht nur die Häuptlinge ihre Pläne; dort feierte auch das Dorf seine Feste, wenn das Wetter zu kalt war.

Der Schnee knirschte unter den Füßen, als die Schildkrötenleute aus der Tür traten. Vom Versammlungshaus her leuchteten dunkelrot zwei mächtige Feuer durch den Eisnebel und zauberten etwas wie Wärme und Gemütlichkeit in den kalten Wintermorgen. Stimmen erklangen, Jauchzen, Kindergeschrei und Hundegebell. Über den Feuern brodelte in riesigen Kesseln das gemeinsame Essen, von dem nachher jeder Clan seinen Anteil mitnahm.

Blauvogel trat an der Hand der Mutter durch die Osttür in das Versammlungshaus, dessen Innenraum sich ohne jede Zwischenwand wie ein Saal dehnte. Die Glut der Holzblöcke, die in der Mitte brannten, durchwärmte auch den letzten Winkel.

Langsam ordnete sich die Menge auf den Bänken an den Wänden. Die Sänger mit ihren Schildkrötenrasseln saßen in der Mitte am Feuer. Es herrschte vollkommene Ruhe; niemand sprach ein Wort.

Nun erhob sich der Häuptling und stellte sich neben den brennenden Holzstoß. »Meine Freunde, wir sind hier, um den Großen Geist Owaniyo zu ehren. Nach unserer alten Sitte geben wir ihm den Federtanz. Das muß vor Mittag geschehen, denn Owaniyo sieht alles am Morgen; nachher ruht er. Er schenkt uns Erde und Früchte, davon zu leben, und so wollen wir ihm danken.«

Jetzt kündigten draußen einige Schüsse das Nahen der Tänzer an. Eine Abteilung von dreißig ausgewählten jungen Männern betrat durch die Westtür das Haus, alle in höchstem Feststaat mit Federmützchen auf dem Kopf und Glöckchen an den Gürteln. Gleich als zweiten der langen Reihe erkannte Blauvogel den Bruder Rehkalbs, Schwarzfuß.

Einen Augenblick standen die Tänzer still, dann setzten die Rasseln mit dumpfem Takt ein, und die Reihe der jungen Männer umkreiste mit langsamem Schritt das Feuer. Dazu sangen die Sänger die erste Strophe des Dankes.

> Wir, die wir hier versammelt sind,
> danken dem Großen Geist,
> daß wir leben, um ihn zu preisen.

Sogleich mit dem Ende der Strophe fielen die Tänzer in schnellen Schritt, die Füße wurden höher gehoben und die Hacken mit dem Takt der Rasseln leicht und anmutig aufgestoßen. Eine sanfte, wellenförmige Bewegung schwang sich durch den Ring der Tanzenden, Fröhlichkeit und Freude strahlte von ihnen aus.

Nach zwei schnellen Runden begann wieder der Dankgesang der Sänger, und die Tänzer verfielen von neuem in ihren langsamen Schritt. So wechselten Dank und Schnelltanz in unendlicher Folge. Unermüdlich brauste der Gesang, und ebenso unermüdlich umkreiste die lange Reihe das Feuer. Die Glöckchen klingelten, die Tänzer stießen ein taktmäßiges »Ha-ho« aus, die Zuschauer feuerten die Männer immer wieder an, und helle Begeisterung erfaßte die Menge.

Bei der letzten Runde bat der Häuptling die Anwesenden, sich anzuschließen und ebenfalls dem Großen Geiste im Tanze zu danken. Die Mutter erhob sich. Unsicher blickte Blauvogel zu ihr auf, aber sie strich ihm ermunternd über das Haar. »Versuch es nur, es wird schon gehen.«

Und es ging wirklich, denn der Rasseltakt lenkte die Füße von selbst. Blauvogel tanzte unter den letzten, zwischen den größeren Kindern. Plötzlich fiel ihm sein Vordermann auf. Der bewegte sich so sonderbar, etwas schaukelnd, auf krummen Beinen. Wie behext schaute Blauvogel auf den strubbeligen Kopf vor ihm: Der sah doch so aus ... das mußte doch ... ja, das war niemand anders als der Schielende Fuchs! Blauvogel trat aus der Reihe und zog Rehkalb mit sich.

»Sag mal, seit wann ist der denn hier?«

»Der kam im Herbst mit seinen Eltern. Er wohnt in einem der Lenapewigwams am Begräbnisplatz. Kennst du ihn?«

»Den kenne ich vom Hirschaugenfluß her, da hat er meinen Schnapp erschossen.«

»Was, deinen Schnapp? Der lebt ja doch noch!«

»Ach, den jetzigen Schnapp meine ich nicht, sondern den alten, der genau solche weißen Flecke über den Augen hatte. Doch ich habe den Burschen dafür verhauen, bis ich nicht mehr konnte. Immer hat er mich geärgert, sogar meinen ›Enkel‹ beim Schwimmen untergetaucht.«

»Na, das wird er hier bleibenlassen Sonst helfe ich dir.«

Blauvogel stand ganz verstört. Wer hätte an ein solches Ende des Neujahrs gedacht? Das Strohseil der Masken sollte doch Glück bringen und nun erschien der Schielende Fuchs ... Die Erinnerung an die ersten schlimmen Wochen in Wiesenufer erwachten wieder. Es sah so aus, als finge gar kein neues Jahr an, als bliebe alles beim alten.

Die großen hölzernen Masken, in ihre roten Tücher gehüllt, schliefen wieder auf dem Dachboden. Dieser dunkle Raum über der Schlafkoje war ein Ort voller Geheimnisse. Von der Kammerschwelle aus konnte Blauvogel gerade mit den Fingern an die Decke reichen, aber allein kam er dort nicht hinauf. Wenn es etwas vom Boden zu holen gab, hob ihn der Vater hoch, und dann war er im Nu oben.

Nach dem Korridor hin, auf dem die Feuer brannten, gähnte der Dachraum mit weiter Öffnung; je mehr es nach hinten ging, um so mehr senkte sich das Dach, bis es schließlich mit der Kammerdecke zusammenstieß. Vorn an der Kante des Bodens standen die hölzernen Eßnäpfe. Von dort langte die Mutter auch die Löffel herunter, die zu jedem Essen verteilt wurden. Weiter rückwärts, wo Blauvogel schon auf allen vieren kriechen mußte, lag allerlei Gerät und Gerümpel; zerbrochene Pfeile, Bogen, Fischspeere, Hacken und Maisstampfer. Ganz hinten schliefen die großen hölzernen Masken. Sie erwachten erst wieder zum nächsten Frühjahr, wenn man sie herunterholte für die Falschgesichter.

Zwischen den Masken lag auch der lange Lederbeutel mit den Schneeschlangen, und der wurde jetzt im neuen Jahr sehr oft hervorgekramt, weil das Wetter kalt und trokken blieb, gerade richtig für das Schneeschlangenspiel. Dazu gehörten nun einmal blauer Himmel, glitzerndes Eis und blasse Wintersonne.

Die Schlangen waren nichts anderes als mannslange, dünne Holzstäbe, die beim Spiel durch einen langen Graben gejagt wurden. Je glatter die Wände der Rinne waren, um so schneller zischten die Stöcke mit ihren dicken Köpfen dahin. Der Stab, der am weitesten sauste, gewann einen Punkt.

Meist spielten die Vetternclans gegeneinander, denn »Schneeschlange« war ein richtiges Irokesenvergnügen. »Die Lenape verstehen nichts davon«, meinte der Vater. Kleinbär stellte bei den älteren Vettern ohne Zweifel den besten Spieler; er beherrschte alle Kniffe und verlor niemals die Ruhe.

Am Abend mußte Blauvogel auf den Boden kriechen, den Beutel mit den Schneeschlangen an den Rand des Dachraumes ziehen und langsam dem untenstehenden Vater in die Hände gleiten lassen. Am Feuer wurde dann das lange Bündel aufgeschnürt. An der Innenseite der Hülle saßen Taschen, in denen je drei Stäbe steckten. Kleinbär behandelte die Stöcke sehr sorgsam.

»Siehst du«, erklärte er dem Jungen, »zunächst muß man die Hölzer gut einfetten.« Dabei verrieb er mit einem Lappen warmes Bärenfett auf den Stangen, oben am dicken Ende anfangend und allmählich zum schmalen Ende hinuntergehend. »Man darf nicht jedes beliebige Zeug dazu verwenden. Bei Pulverschnee nimmt man am besten Bärenschmalz, bei verkrustetem, hartem Schnee Entenfett, bei nassem Sonnenblumenöl.«

Blauvogel durfte beim Einreiben helfen und dann die Schlangen wieder in die Taschen stecken, sorgsam getrennt nach Holzarten.

»Die Eschenschlangen sausen am besten bei flockigem Schnee, die aus Eiche sind richtig bei nassem Schnee«, erklärte der Vater.

Schon am nächsten Morgen wurden die Eschenstäbe nötig. Die Jungen zogen einen dicken, schweren Klotz durch den lockeren Schnee und furchten schräg zum Ufer hin eine lange, sanft abfallende Rinne. Da, wo der eben gefurchte Graben zu Ende ging und auf das Eis des Biberflusses hinauslief, trampelten Blauvogel und Rehkalb einen Fleck von zehn Schritt im Quadrat fest; hier landeten die Schneeschlangen, wenn sie, ermattet von ihrer Reise durch die lange Rinne, schließlich anhielten. Wo die Stäbe liegenblieben, machte der Schiedsrichter Striche.

Immer von neuem zogen die Jungen den Holzklotz durch den schmalen Graben, bis er glatte und feste Wände hatte. Die Spieler, die sich allmählich versammelten, gaben gute Ratschläge.

»Poliert die Rinne nur tüchtig, sonst springen die Schlangen mitten in der Fahrt heraus! Der kleinste Eisbrocken oder Höcker kann die Stäbe aus der Bahn werfen.«

Auch der Schielende Fuchs tauchte auf und bot seine Hilfe an. Blauvogel warf ihm wütende Blicke zu, aber der Lenapejunge benahm sich so höflich und bescheiden, als hätte er alle Bosheit vergessen.

Endlich, endlich schien die Rinne glatt genug. Eilig rannten Blauvogel und Rehkalb zurück zum Anfang des Grabens, wo die Schlangenwerfer schon standen und auf den Beginn warteten.

Jetzt eröffnete der Vater das Spiel. Er nahm eine gefettete Eschenschlange aus der Tasche der langen Lederhülle, hielt sie mit dem linken Daumen und Zeigefinger in der Mitte fest und stemmte das Ende des Stabes in den gekrümmten Zeigefinger der rechten Hand. Ein kurzer Anlauf von drei Schritten, ein weites Ausholen der Arme nach hinten, und schon zischte die Schneeschlange in die Rinne. Der Stab sauste dahin, bald rechts, bald links die Wände streifend. Manchmal hob sich das dicke vordere Ende aus dem Graben wie ein Schlangenkopf, der nach dem Ziel ausspähte. Blauvogel glaubte wirklich, eine dahinschießende Schlange zu sehen.

Die Jungen trabten wieder zum Ende der Bahn, wo der Schiedsrichter mit Strichen im festgestampften Schnee anzeigte, wie weit jeder Stab gekommen war. Aus der Ferne schon sah Blauvogel den Schielenden Fuchs am Ziel stehen. »Das Ekel macht sich wichtig«, murrte er. Rehkalb grinste. »Den hat ja seine Mutter niemals sauber gemacht, als er in der Wiege lag.«

»Wieso? Hat das jemand erzählt?«

»Ach wo. Das siehst du doch an den Beinen. Die sind so krumm, weil er in der Wiege seinen ganzen Dreck dazwischengemacht hat, und davon haben sie sich auseinandergebogen...«

Blauvogel stimmte in Rehkalbs Gelächter ein. Wenn er das doch eher gewußt hätte!

Das leise Zischen einer ermatteten Schlange klang aus der Rinne. Plötzlich knirschte es, der Stab stellte sich schräg und schoß auf einmal aus dem Graben heraus ein Stück in den weichen Schnee hinein. Der Schielende Fuchs rannte eifrig herbei, packte den Ausreißer und wollte ihn zum Schiedsrichter tragen. Allgemeines Geschrei erhob sich: »Er vergiftet die Schlange! Er vergiftet die Schlange!«

Entsetzt ließ der Fuchs den Stab fallen. Er hatte es gut

gemeint und verstand gar nicht, was die anderen so aufregte. Aber Blauvogel begriff es sofort. Der Vater hatte ihm eingeschärft, niemals eine Schneeschlange zu berühren. »Das dürfen nur die Spieler und die Schiedsrichter, sonst wird sie ›vergiftet‹, wie man so sagt.« Das wußte der Lenape natürlich nicht; die Lenape wußten ja überhaupt nichts von diesem Spiel.

Mit Gebrüll rannten die Jungen hinter dem verwirrten Fuchs her, der das Weite suchte. »Er hat die Schlange vergiftet! Er hat die Schlange vergiftet!« Blauvogel strengte sich besonders an, den Flüchtenden einzuholen, aber der Erschrockene lief schnell wie ein Hase davon. Nur Schnapp umtobte den Fuchs mit Gebell und trieb ihn zu immer größerer Eile an. Schließlich gab auch der Hund die Jagd auf und kehrte zu seinem Herrn zurück.

Blauvogel blieb stehen. »Dich hat deine Mutter ja nicht sauber gemacht!« schrie er aus voller Kehle. Der Lenapejunge hob drohend die Fäuste und rief aus sicherer Entfernung allerlei Schimpfworte zurück. Blauvogel verstand sie kaum; auch die haßerfüllten Blicke des Verfolgten sah er nicht.

Nach dem Schneeschlangenspiel traf er seinen alten Widersacher nicht mehr bis zu jenem Jagdgang, auf den Kleinbär den Schielenden Fuchs mitnahm, weil er so sehr bat und bettelte.

Einige Tage hindurch hatte eine trügerische Sonne geschienen und die Schneedecke aufgetaut. Der Nachtfrost härtete das Schmelzwasser zu einer Kruste, die bei jedem Schritt die Füße knisternd und krachend einbrechen ließ. Neuer, lockerer Schnee legte sich über die Decke, aber nicht hoch genug, das Geräusch der Schritte zu verschlucken.

»Es ist nichts zu machen«, meinte Kleinbär am Spätnachmittag verdrießlich. »Das Wild hört uns ja schon von weitem! Wir müssen wieder nach Hause.«

Der Häuptling schritt voraus, Blauvogel folgte als letzter. Vor ihm lief der Schielende Fuchs. Sie zogen gerade durch einen Weißeichenbestand mit dichtem Unterholz von Hartriegel, als die Augen Blauvogels an ein paar einsamen Buchsbaumbeeren hängenblieben. Scharlachrot leuchteten die kirschengroßen Kugeln aus dem Schnee; die Sonne hatte sie herausgetaut.

Er sah schärfer hin: Neben den Früchten stand eine Spur. Das war doch eine Waschbärenpfote? Natürlich, diese eng zusammengedrückten Krallen besaß nur der Schupp. Wenn er das Tier erwischen könnte!

Der Schielende Fuchs verschwand soeben zwischen den Büschen, aber das beunruhigte Blauvogel nicht, denn die Spur der Jäger konnte ja ein Kind finden. Außerdem hatte er Schnapp bei sich. Der Junge prüfte noch einmal die Eindrücke des Waschbären. Er bemerkte nichts davon, daß der Schielende Fuchs einen Ast abbrach und hinter sich herzog, die Spuren der Männer zufegend. Eifrig verfolgte der Zurückgebliebene die Tritte des Tieres, die in eine ganz andere Richtung führten.

Nach einer Weile stand er vor einer Eiche, deren Stamm deutliche Kratzer zeigte. Der Junge jubelte; hier mußte ein Waschbär wohnen, der beim Klettern mit seinen Branten die Rinde zerfetzte. Der kleine Jäger hämmerte mit seinem Tomahawk gegen den Stamm, doch es rührte sich nichts. Er kratzte an der Borke – ohne Erfolg; nicht das kleinste Stück des graugelben Pelzes zeigte sich. Nun versuchte Blauvogel hinaufzusteigen, aber die glatte Oberfläche des Stammes bot ihm keinen Halt.

Der Junge blickte sich um. Ein ziemlich scharfes Schneetreiben hatte eingesetzt, und unter den kahlen Kronen nistete bereits die Dunkelheit. »Es hat keinen Zweck, ich muß morgen wieder hierher«, tröstete er sich und trat den Heimweg an. Er vermochte seine eigenen Tritte gut zu erkennen, doch bald kam er an die Stelle im Weißeichenbestand, wo die Eindrücke aufhörten. Es sah aus, als hätte der treibende Schnee die Fährte zugeweht.

Einige Schritte weiter aber begann die Spur von neuem. Schnapp lief ein Stück in die entgegengesetzte Richtung, blieb stehen und bellte, als wollte er seinen Herrn rufen. Blauvogel begriff den vierbeinigen Gefährten nicht; die Spur war doch deutlich zu erkennen. Was sollte er in der anderen Richtung? Er lockte das zögernde Tier an sich und folgte der Fährte mit verdoppelter Eile.

Plötzlich blieb er stehen.

Diese Doppelbirke, die sich kurz über dem Boden teilte, kannte er. Hier war er heute schon einmal vorbeigekommen. Sollte er die verkehrte Richtung genommen haben?

Die wirbelnden Flocken deckten die Tapfen allmählich zu, und die hereinbrechende Dämmerung verwischte alles mit ihrem gleichmäßigen, schnell dunkler werdenden Grau.

Schnapp winselte, rannte einige Male im Kreise mit der Nase am Boden, setzte sich und stieß ein langes Geheul aus. Er schien ebenso ratlos wie sein Herr. Blauvogel änderte auf gut Glück die Richtung, aber die Fußspuren seiner Begleiter wollten nicht wieder auftauchen.

Wenn ich jetzt Stein und Stahl hätte, könnte ich mir ein Feuer machen, überlegte er. Die Angst sprang ihn an, denn bei dieser Kälte bedeutete eine Nacht ohne Wärme den sicheren Frosttod.

»Hallo!« schrie er aus Leibeskräften, doch der Wind verschlang seine Rufe. Der Verirrte hastete weiter.

Ein Zweig, der ihm scharf über das Gesicht fuhr, brachte ihn wieder zu sich. Das Herumlaufen blieb sinnlos. Das Schneetreiben nahm an Heftigkeit zu, und in den Kronen krachten und splitterten die Äste, an denen der Sturm riß.

Im letzten verschwindenden Tageslicht entdeckte Blauvogel eine ellenbreite Öffnung, die zwischen den Wurzeln eines großen Baumes gähnte. Instinktmäßig kroch er wie ein schutzsuchendes Tier in den Spalt und fand eine schneefreie, trockene Höhle, in die er gerade hineinpaßte, wenn er die Knie anzog. Verrottetes Holz und dürre Blätter lagen auf dem Boden. Hier bleibe ich; den Eingang verrammle ich mit Ästen, dann bin ich vor Schnee und Wölfen sicher, dachte er. Schnapp schien derselben Ansicht zu sein, denn er kam nicht mehr hervor und ließ nur ein befriedigtes Knurren hören.

Der Junge kroch aus seinem Unterschlupf heraus und schlug vom nächsten umgebrochenen Stamm einige handliche Prügel und einen klotzdicken Ast ab, krabbelte in seine Höhle zurück, zog den schweren Klotz vor den Einschlupf und verbaute ihn mit dem anderen Astwerk, so gut es ging. Von den Innenwänden seines Stübchens schabte er mit dem Tomahawk das mürbe, trockene Holz herunter und machte sich daraus ein Nest. Danach hüpfte er eine Zeitlang in seiner engen Wohnung auf und nieder, um warm zu werden, rollte sich in seine Decke und legte sich nieder. Der Hund zwängte sich neben ihn, und als der warme Atem Schnapps über sein Gesicht fächelte und der dicke Pelz ihn halb zudeckte, fühlte sich Blauvogel geborgen. Noch im Hinüberdämmern vernahm er das Heulen des Sturmes, der jetzt mit voller Kraft raste.

Beim Erwachen umgab ihn die Finsternis wie eine Mauer. Draußen tobte der Sturm wie am gestrigen Abend. Der Eingeschlossene grübelte. Ob es noch Nacht war? Da fiel ihm ein, daß der Schnee jede Ritze verstopft haben mußte. Er kuschelte sich tiefer in sein Lager und kraulte den Kopf des Gefährten. »Bist du noch da, mein Schnapp? Wir müssen noch etwas warten, bei dem Unwetter hat es keinen Sinn, hinauszukriechen.« Ein leises Winseln und Knurren kam zurück, beruhigend und tröstend wie eine menschliche Stimme.

Halbschlaf umdämmerte den Jungen. Wie lange er so vor sich hin duselte, wußte er nicht. Die eingetretene Stille kam ihm nur allmählich zum Bewußtsein. Endlich stand er auf, tastete nach dem Türklotz, drückte und schob, aber der mächtige Ast rührte sich nicht. Gestern ließ sich das Ding doch ziehen, wunderte sich Blauvogel und stemmte sich von neuem dagegen.

Auf einmal überlief ihn siedend heiß der Gedanke an den wirbelnden Flockenfall: Wahrscheinlich lastete eine Riesenmasse Schnee auf den Ästen und blockierte den Ausgang. Eilig räumte er die kurzen Zweige fort und versuchte es noch einmal, aber der dicke Ast lag fest wie ein Felsblock.

Erschöpft kauerte sich der Eingeschlossene zusammen und klopfte dem winselnden Schnapp mechanisch den Rükken. Das Tier schien die Gefahr zu ahnen; es stieß seinen Herrn mit der Schnauze in die Kniekehlen, als wollte es ihn zu neuen Anstrengungen treiben. Der Junge achtete nicht darauf. Kalter Schweiß tropfte ihm von der Stirn. Angst begann ihn zu würgen: Hier findet mich kein Mensch, und wenn sie mich noch so sehr suchen. Bis im Frühling die Schneelast wegtaut. bin ich längst verhungert ...

Seine Gedanken irrten umher. Die Mutter fiel ihm ein, Malia, Kleinbär, die wunderlichen Schatten, die das Feuer an die Decke warf, wenn er abends auf der Schlafbank lag. Hatte er nicht manchmal an Flucht gedacht? Wie warm und traulich war doch das Schildkrötenhaus, das jetzt in weite Ferne gerückt war wie die Blockhütte bei Raystown. Wie froh wollte er sein, wenn er noch einmal an den Biberfluß käme. Ob der Große Geist ihm beistehen würde? »Owaniyo ist ein Freund der Menschen und hilft, wenn wir in Not sind«, sagte die Mutter ständig.

Der Junge wurde etwas ruhiger. In neuer Zuversicht legte er sich mit dem Rücken gegen die hintere Wand seines

Gefängnisses und stemmte die Füße gegen den Ast, der den Ausgang sperrte. Sein Körper spannte sich wie ein Bogen und gab alle Kräfte her zu einem gewaltigen Schub.

Plötzlich gab es einen Ruck. Graue Dämmerung sickerte in die Höhle. Der Block war eine Handbreit zurückgewichen. Blauvogel hielt inne: Licht! Einen Augenblick stand sein Herz still, dann packte er den laut bellenden Schnapp und preßte den Gefährten an sich.

»Wir kommen wieder hinaus! Schnapp! Wir kommen wieder hinaus!«

Nach kurzer Zeit konnten sie das Gefängnis verlassen. Draußen graute ein trüber Morgen. Eine hüfthohe Schneewehe hatte sich auf dem Türklotz gestaut – ein Wunder, daß diese Last sich schieben und bewegen ließ.

Der Junge sah sich um und dachte an Kleinbärs Lehren: »Die Wipfel der Fichten neigen sich nach Osten, die Äste eines Baumes sind auf der Südseite am stärksten entwickelt, und das Moos der Stämme sitzt stets auf der Nordseite.« Doch das stimmte hier nicht. Nach dem Moos konnte man sich nicht richten, denn es versteckte sich unter den Schneekrusten. Die Äste schienen überall gleichmäßig dick, von welcher Seite man sie auch betrachtete. Und die Fichtenspitzen wiesen bald hierhin und bald dorthin; gerade dieses Zeichen verwirrte ihn am meisten.

Blauvogel hatte vergessen, daß diese Regeln nur für einzeln stehende Bäume galten, aber zum Glück verriet ein heller Fleck am grauen Himmel den Stand der Sonne. Sie ging in diesen Monaten im Südosten auf. Der Junge schlug die entgegengesetzte Richtung ein. Irgendwo mußte er dort auf den Biberfluß treffen, an dem sein Dorf lag. Das Gehen war ein langsames, mühsames Waten im hohen Schnee. Streckenweise mußte Schnapp getragen werden, weil er überhaupt nicht weiterkam.

Blauvogel hatte richtig gerechnet. Um Mittag sah er die

weiße, glatte Fläche des Flußeises, und kurz darauf erblickte er die heimatlichen Häuser. Bei der Maiskrippe, die ihm mit ihrer dicken Schneekappe traulich zuwinkte, entdeckten ihn die Kinder. Mit lautem Freudengekreisch purzelten sie dem Vermißten entgegen, hängten sich an ihn und rissen ihn fast um.

Jetzt flog die Tür des Schildkrötenhauses auf, und die Mutter hastete herbei. Der Junge sah ihren Augen an, daß sie geweint hatte. Und da kamen auch Malia und Kleinbär und Rehkalb und die Tanten ...

Niemand stellte eine Frage, aber alle überschütteten ihn mit Zärtlichkeiten. Die nassen Mokassins verschwanden von seinen Füßen, strahlende Wärme sprühte über Brust und Gesicht, und der herrliche Duft gekochten Biberfleisches kitzelte seine Nase.

Als er gegessen hatte, forderte ihn Kleinbär auf, zu erzählen. Blauvogel tat es, etwas verlegen über die zahlreiche Zuhörerschaft, in deren Mittelpunkt er sich plötzlich sah. Laute Freudenrufe erfüllten das Haus, wenn er eine Pause machte. Schließlich war er zu Ende. Da nahm Kleinbär das Wort.

»Mein Sohn, du siehst, wir haben Schneeschuhe vorbereitet.«

Dabei hob er die breiten Geflechte hoch, welche die Füße vor dem Einsinken in den Schnee bewahrten. »Wir waren fast damit fertig, als du erschienst. Aber da du solche Anstrengungen in dem Lande nach Sonnenaufgang nicht gewohnt warst, so erwarteten wir nicht, dich lebend zu sehen. Nun sind wir froh und dem Großen Geist dankbar. Wir tadeln dich nicht für das Vorgefallene, wir tadeln uns selbst, weil wir nicht daran dachten, wie rasch der Treibschnee unsere Spuren verwischen würde. Als wir dich vermißten, haben wir nach dir gesucht, doch der Wind hatte bereits alles verweht. Mein Sohn, deine Haltung hat uns sehr gefallen. Du hast einen Beweis deiner Tapferkeit und Entschlossenheit gegeben. Und wir hoffen, du wirst noch oft solche Taten tun, denn diese allein machen den großen Mann.«

Kleinbärs Stimme schwoll vor Stolz über den Sohn. Niemand dachte bei diesem Ereignis an eine Absicht, jeder glaubte an einen Zufall, und die Bosheit des Schielenden Fuchses blieb für diesmal unentdeckt.

Vor Blauvogels Augen verschwamm alles. Ihn fror plötzlich, und er verlangte nach seiner Schlafbank. –

Eine schwere Lungenentzündung befiel den Jungen. Er merkte nicht, wie die Falschgesichter heilende Asche auf ihn bliesen und die Kleine Wassermedizin seine trockene Kehle hinabrann. Viele bange Tage vergingen, ehe die fiebergeschwächten Sinne des Kranken die Bilder der Außenwelt wieder aufnahmen.

Die Monate zunehmender Gesundung, die Blauvogel auf der Schlafbank verträumte, bewahrte sein Gedächtnis wie einen Schatz. War es das tägliche Zusammensein mit der Mutter oder das ruhige Gespräch mit dem Vater, der oft mit ihm redete wie mit einem Erwachsenen? Er wußte es nicht; er wußte später nur, daß diese Monate ihn zum Indianer gemacht hatten.

Als erstes vernahm er am Morgen die leisen Schritte des Häuptlings, der bei grauendem Tag das Haus mit der Flinte verließ. Ein paar halblaute Worte klangen aus den anderen Stuben, deren Männer ebenfalls auf die Jagd gingen. Entferntes Winseln und Knurren von Hunden, das Schnapp mit Macht unter dem Bett hervorzog. Es kostete jedesmal Mühe, ihm mit Armen und Beinen den Ausweg zu sperren, damit er nicht unter der Schlafbank hervorkroch und mitlief.

Eine Weile blieb alles ruhig. Nur das Quäken eines Säuglings und das sanfte Knarren des Tragriemens, an dem das schaukelnde Wiegenbrett hing, unterbrach die Stille.

Dann standen die Frauen auf. Blauvogel blinzelte mit halbgeschlossenen Augen von seinem Nest zum Feuer. Die Mutter reinigte die handtief in den Boden eingelassene Herdgrube, trug die Asche hinaus, legte frisches Holz auf und stieß den Deckel von der Dachluke. Dichter Rauch quoll nach oben und wirbelte in den Wintertag hinein, der kalt und frostig durch das Viereck hereinsah.

Wenn dann die Flammen emporprasselten, hing die Mutter den Kessel an den Haken. Das lernte Malia nie; stets hing sie die Kochtöpfe an, noch bevor das Holz durchgebrannt war, und jedesmal mußte die Mutter sie tadeln.

Jetzt schlüpfte auch die Schwester von der Bank. Bald rumpelte der Maismörser, doch davon konnte der Junge nichts sehen, weil die Seitenwand der Koje sich dazwischenschob. Nun erschienen die Frauen wieder. Strahlende Mittagsonne schüttete diesmal keinen Grieß in den Kessel, sondern Mehl für Falschgesichtpudding. Blauvogel lief das Wasser im Munde zusammen, denn das war ein richtiges Krankenessen, besonders mit Ahornzucker und Bärenfett. Hoffentlich kam der Vater bald, sonst wartete man bis zum Mittag und aß dann ohne ihn.

Der Junge warf sich herum: Mutter und Schwester sollten merken, daß er ausgeschlafen hatte. Ganz still hielt er unter den Händen, die über sein Gesicht fuhren. »Was hast du geträumt?« Niemals vergaß die Mutter diese Frage, denn Träumen legte sie einen besonderen Wert bei. Dann mußte Malia nachsehen, wo Schnapp sich herumtrieb, ob Rehkalb draußen oder auf dem Gang spielte, wo die Tuchmaske lag und wo die Pfeile – sie mußte viel herumrennen, die Schwester.

Ein Gefühl unzerstörbarer Geborgenheit überkam dann den Jungen, wenn die Mutter sich Kleider und Mokassins zum Ausbessern vornahm und zu erzählen begann, wie sie als Mädchen ihren Vater aus dem Inneren des Landes zum

Eriesee geführt hatte, weil es der Wunsch des alten Mannes war, vor seinem Tode noch einmal das himmelblaue Wasser zu sehen. »Er konnte kaum noch gehen, und ich mußte ihn fast den ganzen Weg tragen. Ich nahm ihn wie ein Kind auf den Rücken, und er stützte sich in meinen Tragriemen. Wir kamen nur langsam vorwärts, aber es ist immer meine größte Freude gewesen, daß er das himmelblaue Wasser wirklich noch einmal gesehen hat. Er starb am Tage nach unserer Ankunft.«

Bei ihrer Rückkehr hatte die Mutter Kleinbär kennengelernt und war bei ihm geblieben. Doch das deutete sie nur an, während sich ihr Gesicht dunkel färbte.

So verstrich der Morgen. Gegen Mittag tauchte dann manchmal der Schielende Fuchs am Feuer auf und erkundigte sich grinsend nach dem Ergehen des Kranken, bald nach den brutzelnden Bratenschnitten, bald nach Malia blickend.

Blauvogel vergnügte sich damit, ihm in Gedanken die neuen Schimpfworte an den Kopf zu werfen.

»Ich bin gekommen, um nach dem Befinden meines älteren Bruders zu fragen«, begann der Besucher jedesmal sehr höflich, und Blauvogel antwortete still für sich: »Was heißt Bruder?! Habe ich auch O-Beine, hat meine Mutter etwa meine Wiege nicht saubergemacht?«

»Ich hoffe, der Krankheitsgeist hat ihn verlassen«, fuhr dann der Fuchs fort, und Blauvogel dachte: »Du mit deinem Krankheitsgeist! Siehst ja aus, als wärst du selbst nicht gesund.« Und unversehens kam den Jungen ein wenig Reue an. Hatte er den Fuchs damals nicht zu arg verprügelt?

Zum Mittagessen blieb der Besucher wie selbstverständlich. Strahlende Mittagsonne besaß nämlich noch einen Beutel Salz, den letzten mit dem kostbaren Gewürz. Sie ging sehr sparsam mit den dunkelgelben Körnchen um und würzte eigentlich nur das Fleisch des Vaters und Blauvogels. Wenn allerdings der Schielende Fuchs auftauchte, dann fiel auch für ihn etwas ab, und Blauvogel gönnte es ihm, denn die Lenape hatten im Winter wenig zu essen. Sie bauten lange nicht so viel Mais wie die Irokesen. –

»Woher hast du das Salz überhaupt?« fragte Blauvogel die Mutter.

»Wir sieden es aus dem Salzbach, der tief im Gebirge des Ostens fließt. Jeden Herbst ziehen wir mit Packpferden dorthin und holen unseren Vorrat. In großen Kesseln wird das Wasser verdampft, und das Salz bleibt in gelben Körnchen zurück. Wir müssen auch im kommenden Herbst wieder dorthin.«

Der Vater schien damit nicht ganz einverstanden. »Wir wollen lieber noch ein Jahr warten. Die Berge im Osten sind unsicher. Von dort ist es nicht mehr weit zu den ersten Befestigungen der Weißen, und die Langen Messer, die an der Grenze wohnen, schießen auf alles, was Federn und Mokassins trägt. Wir Irokesen haben uns bis jetzt still verhalten und das Kriegsbeil nicht aufgenommen, nicht einmal nach Braddocks Niederlage. Nur die Lenape kämpfen auf seiten der Franzosen gegen die Engländer. Aber das kümmert die Engländer nicht, sie halten uns alle für Lenape.«

Der Junge lauschte aufmerksam, denn es war das erstemal, daß in seiner Gegenwart vom Kriege gesprochen wurde.

Blauvogel wußte seit langem, wie seine Gefangennahme an der Juniata zustande gekommen war. Lenape hatten ihn damals überfallen, und der Rauchige Tag war nur mitgezogen, weil er jede Gelegenheit benutzte, sich einen Skalp zu verschaffen. Dann durfte er seine armseligen Krähenfetzen gegen Adlerfedern vertauschen, wie sie die richtigen Krieger trugen.

Doch abgesehen vom Rauchigen Tag hatten die Irokesen

keine Waffe angerührt, obwohl sie im ganzen Ohiogebiet mit Lenape zusammenwohnten; in Wiesenufer, in Fruchtbare Erde – überall. Und die Lenape waren die grimmigsten Feinde der Grenzer. Ständig überfielen sie Blockhäuser, schlugen die Bewohner tot, setzten den Roten Hahn aufs Dach ... Warum taten sie das? Warum blieben sie nicht ebenso friedlich wie die Irokesen?

Der Junge wagte eine Frage. Kleinbär schwieg eine Weile und stieß große Rauchwolken aus seiner Pfeife. Dann sagte er: »Du weißt doch, daß jenseits der Berge, weit nach Osten, das Meer liegt?«

»Ich weiß es.« Blauvogel war nie dort gewesen, aber er hatte doch hundertmal gehört, daß der Weg nach Raystown an der Juniata entlang durch die Willsberge nach Osten lief, viele Tagereisen weit ins Tiefland hinunter bis zu der großen Stadt Philadelphia. Wenn man von dort noch weiter nach Osten ging, kam man schließlich ans Meer, an den Atlantischen Ozean. Das wußte er. Bis zum Meer war es von Raystown sicher ebensoweit wie von Raystown hierher an den Biberfluß. Manchmal hatte er Packpferde und Wagen aus dem Tiefland heraufkommen sehen, die Gäule müde und abgetrieben, die Fuhrwerke hochbespritzt mit Dreck – ja, die mußten eine weite Reise hinter sich haben, vom Meer bis hinauf an die Juniata.

Kleinbär fing wieder an: »Weiß mein Sohn auch, daß die Lenape früher am östlichen Meer gewohnt haben?«

Blauvogel riß die Augen auf und antwortete nicht. Der Vater schien auch keine Antwort zu erwarten.

»Nicht nur die Lenape haben früher dort gewohnt, auch die Shawnee und noch viele andere Stämme. Als die ersten Weißen landeten, kamen sie mit leeren Händen. Die Blaßgesichter besaßen keine Hütte zum Schlafen, keinen Mais für den Kessel, nicht einmal ein Stück Land, um etwas darauf zu pflanzen. Die Lenape haben ihnen gegeben, was sie brauchten, denn der Rote Mann teilt mit allen Notleidenden. Aber je mehr die Lenape gaben, um so mehr Schiffe landeten und um so mehr Weiße betraten ihr Land. Sie machten sich immer breiter, bauten große Dörfer und drängten die roten Menschen zurück. Mit ihren eisernen Äxten schlugen sie die Wälder, mit ihren Gewehren schossen sie die Tiere – und die Lenape mußten schließlich vor ihnen weichen und ihre alte Heimat verlassen. Zuerst zogen sie an den Oberlauf der Flüsse, dann trieben die Weißen sie auch dort fort, bis an die Berge ... Und auch dorthin kamen ihnen die Eindringlinge nach, verbrannten ihre Wigwams, rotteten Biber, Bären und Hirsche aus und nahmen ihnen das Land weg. So zogen die Lenape schließlich über die Berge zu uns – die wenigen, die der weiße Mann am Leben gelassen hatte ... Uns Irokesen ist es anders ergangen. Wir haben immer hier gewohnt und bis jetzt Ruhe gehabt. Aber die Lenape können nicht zufrieden und glücklich sein. Sie denken immer an ihr altes Land jenseits der Berge zurück und hoffen, eines Tages die Weißen zu verjagen und dann wieder in ihre frühere Heimat zu ziehen. Deswegen hassen sie die Blaßgesichter und nehmen jede Gelegenheit wahr, sie mit dem Kriegsbeil zu treffen.«

Unsicherheit befiel den Jungen. Die Welt der Grenzer – für ihn so selbstverständlich – wandte ihm plötzlich ein anderes Gesicht zu. Er hatte mit einemmal das dumpfe Gefühl, als wäre da irgend etwas nicht in Ordnung mit den Leuten von Raystown, und nicht nur mit den Leuten von Raystown, auch mit denen weiter nach Osten an der langen Straße nach Philadelphia und mit den Bewohnern von Philadelphia selbst ...

Der Kopf des Jungen faßte das nicht. Er wehrte sich, »Die Lenape kämpfen doch auf seiten der Franzosen, und die Franzosen sind doch auch Weiße.«

»Du hast recht. Die Lenape behaupten zwar, die Franzosen wohnten weit fort in Kanada und wären nur halb so schlimm wie die Engländer, aber sie sind in Wirklichkeit genau solche Wölfe. Jetzt sitzen sie im Ohiotal und haben dort eine Festung gebaut.«

Der Junge nickte. Ja, die Franzosen forderten alles Land diesseits der Berge, aber das änderte nichts an der Vertreibung der Lenape aus ihrer alten Heimat. Mit quälender Schwere gruben sich die Sätze des Vaters dem Jungen ein, und es dauerte lange, ehe sie weggewischt wurden von anderen, neuen Eindrücken.

Wie ein Traum zog das Jahr an dem Jungen vorüber. Eine kränkliche Schwäche war zurückgeblieben und wich nur langsam. Am liebsten saß Blauvogel bei dem Großvater vor der Südtür, lernte Körbe flechten und Felle gerben oder half der Mutter im Hause. Einmal wollte er mit Rehkalb zum Eulenbach laufen, aber seine Beine waren noch so schwach, daß er schon bei den Blaugraswiesen umkehren mußte.

Von ferne sah er den grünen Schleier des Maises zu mannshohem Korn heranreifen, von ferne hörte er das Pochen der Tanztrommeln zum Herbstfest, weit fort wie das Geschrei der ziehenden Gänse und das Röhren der Hirsche.

Aber so fern ihm die Welt war, so nahe rückte ihm die Mutter. Zog sie mit den Frauen aufs Feld, so wartete er ungeduldig auf ihre Rückkehr. Er atmete erleichtert auf, als der Vater das Sieden von Salz am Salzbach nach der Ernte verbot, denn er, Blauvogel, hätte zurückbleiben müssen, ohne die Mutter, viele Tage lang.

In den Gesprächen zwischen dem Jungen und Strahlende Mittagsonne kamen oft wunderliche Dinge zum Vorschein. Einmal fragte er nach dem Namen der Schwester. »Malia« hieß keine andere Frau und kein anderes Mädchen im ganzen Dorf. Die Mutter wußte auch hierfür eine Erklärung.

»Den Namen hat sie von einem der schwarzgekleideten Männer, die früher manchmal durch die Dörfer hier am Biberfluß zogen und sonderbare Dinge erzählten. Gleich nach der Geburt deiner Schwester kam so einer, spritzte ein paar Tropfen Wasser auf sie und nannte sie Malia.«

Dem Jungen fiel es wie Schuppen von den Augen: »Maria« hatte der Missionar das Kind getauft, und in dem Irokesisch, das kein R kannte, war daraus »Malia« geworden.«   »Vielleicht lernte sie deshalb auch so schnell Englisch beim Rauchigen Tag. Der fremde Mann hat ihr sicher einen anderen Geist mitgegeben«, meinte Strahlende Mittagssonne, und der Junge spürte einen geheimen Kummer im Seufzen der Mutter. Ja, Malia war wirklich ganz anders als die Mutter, so zapplig und ungeduldig ...

Tiefer als alle äußeren Dinge führten solche Gespräche den Jungen in die Sorgen und Freuden des Schildkrötenhauses. Vieles vergaß er, aber manche Worte blieben hängen und schliefen nur, wie die Masken auf dem Dachboden, die auf das nächste Jahr warteten.

Das Ende des zweiten Winters brachte Blauvogel endlich die völlige Genesung. Wie der Saft im Baum, so stieg auch in ihm die Flut des Lebens wieder, gerade zu der Zeit, als der Südwestwind die Schneedecke anschmolz und die starken Triebe des Zehrwurz durch die toten Blätter des Vorjahres brachen.

Das Dorf geriet in Bewegung. Die Menschen bekamen die winterliche Gefangenschaft satt; die beengenden Maisbüschel verschwanden allmählich von Dach und Decke, und das dunkle Haus dehnte und reckte sich. Große Rollen Ulmenrinde wanderten auf den Rücken der Frauen in die Hütten.

Malia zeigte ihrem Bruder, wie man die Rindenstücke zu Gefäßen bog und kniffte. »Es darf kein Loch und kein Riß darin sein, sonst tropft zuviel heraus.«

Der Zuckersiedemonat stand vor der Tür, und die Zeit des Saftkochens begann. Das Haus besaß für diesen Zweck drei große Messingkessel, die von der Mutter sorgfältig gereinigt wurden. Die Männer suchten alle möglichen Behälter zusammen: Schachteln aus Birkenholz, lederne Beutel und kleine Fässer, die noch von irgendeiner Handelsreise umherstanden. Wenn die Ernte gut ausfiel, konnte man nicht genug Gefäße haben.

Jedes Haus im Dorf besaß seinen eigenen Ahornhain. Die Bäume der Schildkrötenleute standen eine Tagereise weit östlich. Eines Morgens dann standen die Packpferde vor der Tür. Beile, Kessel, Schachteln, Decken und Gewehre wurden auf ihren Rücken verstaut. Um die Mittagszeit brannte die Sonne bereits derart auf den Schnee, daß den Wanderern die Augen schmerzten. »Sie kocht schon den Saft«, sagten die Frauen.

Unter den Kronen des Ahornwäldchens duckten sich zwei Hütten: das Sudhaus, in dem der Saft eingedickt wurde, und die Wohnung, die man für die Wochen der Zuckerernte bezog. Zwischen den Stämmen hallte das Jauchzen der Kinder; die Frauen kehrten Schnee und Laub aus den Hütten, und die Männer schlugen Brennholz, denn zum Sieden des Saftes brauchte man Holz, Holz und nochmals Holz. Nur bei dieser Gelegenheit erhielten die Frauen Männerhilfe, denn sonst war das Heranholen von Feuerung ihre alleinige Arbeit.

Nach drei Tagen hatte man die Vorbereitungen beendet. Am vierten Morgen versammelten sich alle um einen mächtigen Ahornbaum. Ein Feuer flammte zwischen den Wurzeln auf, leise zischend wich der Schneerand ringsherum zurück. Der Häuptling trat wortlos aus dem schweigenden Kreis und streute eine Handvoll Tabak in die Flammen. Dann begann er zu sprechen, und seine Stimme verschmolz mit dem Rauschen des Windes in den Ästen zu einem getragenen Dankgesang:

> Nehmt diesen Rauch,
> ihr Wälder;
> wir bitten euch,
> immer zu fließen,
> ihr süßen Wasser des Ahorns.
>
> Es ist der Wille des Schöpfers,
> daß der Ahornbaum
> solchen Saft geben soll.
> Laß, Großer Geist, den Kindern,
> die im Walde umherschweifen,
> kein Unglück zustoßen.
> Dein ist dieser Tag,
> dein ist dieser Rauch,
> erfreue dich an ihm.
> Wir danken dir, Großer Geist,
> daß du uns siehst.

> Wir haben getan, was uns übertragen ist,
> und du hast gesehen, was wir getan haben.
> So ist es.

In den Pausen, die Kleinbärs brummende Stimme machte, flog neuer Tabak ins Feuer und stieg als blauer Rauch in die Krone des Baumes. Blauvogel lauschte. Er verstand nicht alle Worte, doch er fühlte das innige Zwiegespräch mit dem Ahorn und dem Herrn des Lebens.

Andächtig stand er mit in der Runde, die sich nach dem Erlöschen des Feuers im Sudhaus versammelte, um den Tanz der Tauben, der Fische, des Waschbären, der Enten und des Büscheschüttelns zu tanzen. Einmal erzitterte der Boden unter dem Stampfen der Männer, die mit den Hakken taktmäßig aufstießen, dann wieder erklang das schlürfende Schleifen der Frauenschritte rings um die Bank, auf der die Sänger mit Trommel und Rassel saßen. Immer wieder stoppte ein lautes »Gwiya« den Rundgesang, und immer wieder erklangen die Strophen.

> Süßes Wasser soll von dem Baume fließen,
> dachte der Schöpfer,
> und wir danken ihm für seine Gedanken.
> Die Donnerer sollen die Erde feucht halten
> und Quellen und Bäche speisen.
> Sterne sollen die Menschen beschützen
> und Sonne und Mond dem Volke leuchten,
> dachte der Schöpfer, und wir danken ihm für seine Gedanken.
> Gwiya!

Am folgenden Tage begann die Ernte. Mit Beilen gingen die Mutter und die Tanten von Stamm zu Stamm, hieben Kerben in die Borke, trieben Pflöcke hinein und hängten die Ulmenrindetöpfchen darunter. Und nun rieselte der helle Ahornsaft in die Gefäße, zuerst tropfenweise und langsam, dann schneller in richtigen Fäden. Die vollen Töpfe wanderten in die Kessel des Sudhauses.

Die größeren Jungen mußten das Feuer bewachen und ständig in Gang halten. Ab und zu wurde die dicker werdende Masse umgerührt. Stundenlang hockte Blauvogel vor den Flammen und starrte in den brodelnden, glasigen Saft, auf dem die Blasen zerplatzten. Je schwerer sich das Rührholz bewegte, um so häufiger rannte er hinaus, um eine Probe auf dem Schnee abzukühlen. Meist entriß ihm Malia den Löffel, denn sie wußte natürlich alles besser. »Der Saft darf nicht versickern, er muß hart und steif werden wie Fett in der Schüssel, dann ist er richtig.«

Um die Feuer erklangen die fröhlichen Stimmen der Frauen, die jede Einzelheit durchsprachen. Der Junge staunte, was es da alles zu beachten gab. Die schwächeren Stämme lieferten nur wässeriges Zeug; die Bäume mußten mindestens zwei Spannen Durchmesser haben, ehe man sie anhauen durfte.

Von den Ahornen nach der nassen Wiese hin gewann man einen schönen, fast schwarzen Zucker, aber er brauchte sehr lange zum Dickwerden. Bei besonders kaltem Wetter konnte man viel Feuerung sparen, wenn man den Saft in breiten, flachen Gefäßen gefrieren ließ. Die Eisdecke, die ja nur aus Wasser bestand, wurde weggeworfen, darunter blieb dann der rotbraune Sirup zurück.

Zwischen dem Feuerschüren und Umrühren war immer noch Zeit genug zum Spielen. Die Jungen trieben sich meist zwischen den Schwarzahornen bei der nassen Wiese herum, wo dichtes Unterholz zu Entdeckungen lockte. Rehkalb kannte sich hier aus.

»Sieh mal da: eine Höhle des Saftlutschers!«

Er deutete auf ein Spechtloch, das in schwindelnder Höhe kaum zu sehen war. Dicht darunter hämmerte ein rotbehaubter Vogel. Rings um den Stamm zogen sich die spiraligen Linien der Löcher, aus denen der Specht den süßen Saft gesogen hatte.

»Ob schon Eier im Nest liegen? Ich werde mal hinaufklettern.«

Der mächtige, glatte Baum blieb unersteigbar, doch Rehkalb wußte sich zu helfen. »Ich nehme den da, der kommt oben fast an das Nestloch heran«, meinte er und zeigte auf einen dünnen Stamm, der im Schatten des großen mühsam sein Dasein fristete.

Beklommen sah Blauvogel den Vetter hinaufsteigen und immer höher turnen. Klettern konnte Rehkalb – übrigens auch alle anderen Jungen – mindestens so gut wie ein Eichhörnchen. Er schien fest mit den Ästen verwachsen, und noch die dünnsten Zweige boten ihm Halt.

Jetzt rutschte Rehkalb in die Krone des Ahorns hinüber. Nun hing er unter dem Spechtloch und fuhr mit der Hand hinein. Er wühlte lange darin herum, dann erkannte der Untenstehende, wie der Vetter mit der Schulter, ja mit dem ganzen Körper zu reißen und zu zerren begann.

»Meine Hand steckt fest!« rief er schließlich herunter. Es klang wie das Piepsen eines verlassenen Vogeljungen. Blauvogel erschrak. Er schwang sich in den kleinen Baum und kletterte bis zu der Stelle, wo ein mächtiger Ahornast zu ihm herüberlangte. Krampfhaft auf den regungslosen Freund starrend, glitt er hinüber.

Der Unterarm sah böse aus, zerschrammt und verschürft. Rehkalb klammerte sich mit der Linken an einen Zacken und riß von neuem, aber die Öffnung blieb für die Hand zu klein.

»Wie bist du nur hineingekommen? Kannst du dich noch halten?«

»Ja. Hole mein Messer, damit wir das Loch vergrößern.«

Blauvogel trat vorsichtig den Rückweg an und sah noch einmal von unten herauf. Dann jagte ihn die Angst zum Sudhäuschen. »Na endlich! Das Feuer geht bald aus! Wo steckt ihr denn?« rief es von allen Seiten.

»Wir kommen sofort«, stieß der Junge hervor und rannte zur Wohnhütte. Wo mochte Rehkalb nur sein Messer haben? Er nahm sein eigenes und lief schnell wie ein Hase davon.

Der Vetter hing noch immer im Baum. Eilig turnte Blauvogel zum zweitenmal hinauf. Mit Mühe fand er neben dem Freund Halt und begann vorsichtig mit dem Messer zu arbeiten. Späne rieselten. Endlich löste sich die Hand. Blauvogel ließ die Klinge fallen und half Rehkalb zum Nebenbaum hinüber.

Bedächtig unterstützte er den Erschöpften, seine Angst war auf einmal einer überlegenen Sicherheit gewichen. Er stieg noch ein Stück höher, damit Rehkalb besser nach unten rutschen konnte.

Vom Wipfel des Baumes aus eröffnete sich ein weiter Fernblick auf blaue Hügelketten, die gegen den Horizont zu Bergen schwollen. Nirgendwo in den unendlichen Wälderwellen fanden die Augen einen Halt, nur an einer Stelle wehte dünn wie ein Strich eine Rauchfahne.

Der Junge kniff die Lider zusammen, um besser zu sehen, doch der Rauchstrich stand unverändert in der blauen Weite. Was mochte das sein? Ein Signal weißer Jäger oder ein Lagerfeuer rastender Händler? Lag in dieser Richtung nicht auch der Salzbach, zu dem die Mutter im kommenden Herbst wollte, um Salz zu sieden? Da packten den Jungen wieder die unklaren Gedanken an Flucht. Sollte er vom Salzbach aus fliehen? War die Rauchsäule ein Zeichen für ihn? Aber was hieß hier Flucht? Die Blockhütte bei Raystown stieg vor dem Grübelnden auf, und es schien ihm, als hätte er sie vor langen Jahren zum letztenmal gesehen.

Mußte er dann nicht das Schildkrötenhaus verlassen, die Mutter, den Vater, Malia und Rehkalb? Selbst den Schielenden Fuchs umfloß auf einmal ein vertrautes Licht. Das Gefühl des Jungen schwankte unsicher. Er ahnte nicht, wie sehr ihn die Liebe bereits in das neue Elternhaus gezogen hatte. Zögernd und unschlüssig stieg er vom Baum. Rehkalb wartete schon ungeduldig. »Sage bitte niemanden etwas davon, keinem Menschen, hörst du?«

»Nein, ich werde nichts sagen.«

Rehkalb sah den Gefährten an; Blauvogels Stimme klang so fremd, als wenn er weit fort wäre. Er beschwor den Vetter noch einmal: »Wenn die anderen etwas davon erfahren, dann nennen sie mich bestimmt ›Den im Spechtloch Steckengebliebenen‹ und von Spitznamen hab ich genug.«

»Nein, nein, ich sage nichts«, beruhigte Blauvogel den Aufgeregten, blickte aber so abwesend über den Vetter hinweg, als meinte er etwas ganz anderes.

Zum erstenmal begriff Rehkalb den Gefährten nicht; was mochte nur in ihn gefahren sein? Blauvogels Gesicht sah ja aus wie die Wolke, die eben über den knospenden Frühlingswald dahinzog.

Nach der Zuckerernte gewann die Sonne an Kraft. Ein grüner Schleier überzog die Birken. Leer und kahl tauchten die Äcker aus dem glitschigen, zerschmelzenden Schnee auf. Noch zeigte sich kein grünes Hälmchen zwischen den dunklen Erdkrumen, nur die Maisstrünke vom Vorjahre streckten überall ihre kurzen Enden hervor. Aber der Eulenbach schoß schon so eilig dem Biberfluß zu, als könnte er nicht schnell genug in dem großen Bruder aufgehen, als erwarte er etwas ganz Neues, einen Wandel von Grund auf.

Die Dorfleute beobachteten ungeduldig das Vorrücken

des Jahres; die Frauen wollten ihre Äcker bestellen und die Männer die Erträge ihrer Winterjagd zur Handelsstation bringen. Doch erst mußte das Schneewasser versickert und der Boden abgetrocknet sein. Erst wenn die Marschringelblumen mit ihren goldenen Kelchen die Sumpfwiesen sprenkelten, dann war der letzte Rest des Winters vorbei.

Für die großen Jungen begann der Frühling schon vorher, mit dem Steigen der Forellen.

Das Eis hing noch mit morschen, brüchigen Rändern am Ufer, als Rehkalb schon Tag für Tag zum Eulenbach lief, um zu sehen, ob die Fische schon kämen. In Schwärmen wanderten sie nach der Schneeschmelze die Bäche hinauf, um hier zu laichen; doch in diesem Jahre schienen sie damit zu zögern. Dennoch traf Rehkalb seine Vorbereitungen. Von Tante Weißeiches Dachboden holte er zwei große tütenförmige Geflechte aus Weidenzweigen herunter.

»Die müssen wir haben zum Forellenfangen«, erklärte er Blauvogel und stellte den Vetter zum Ausflicken der Fischkörbe an.

Am nächsten Morgen nahm er ihn mit zum Eulenbach. An einer besonders schmalen Stelle sah Blauvogel eine Reihe Stöcke aus dem dahinschießenden Wasser ragen. Rehkalb meinte: »Das ist unsere Hecke, die wir ausbessern müssen.« Dann zeigte er, wie man neue Stäbe zwischen die alten steckte und das Ganze mit Birkenruten verflocht, um so eine dichte Wand quer durch die Strömung herzustellen. Nur in der Mitte blieb ein Loch offen.

Blauvogel zerbrach sich vergeblich den Kopf über den Zweck dieser Vorrichtung und fragte schließlich: »Habt ihr denn keine Angeln? Weißt du, das ist eine Schnur mit einem Haken dran, an dem die Fische anbeißen.«

»Ja, natürlich, Haken haben wir auch, meist nur aus Knochen geschnitzt. Die Händler verkaufen auch Haken mit zwei Spitzen aus Eisen. Also angeln könnten wir schon.

In dieser Zeit beißen die Forellen besonders gut. Aber in der Hecke fangen wir ja zehnmal soviel.« – »Ich sehe nur keinen. Hoffentlich kommen sie auch hierher ...?«

»Darauf kannst du dich verlassen. Eines Tages sind sie in dicken Schwärmen da, und dann braten alle Leute im Dorf von unserem Fang.«

Blauvogel sah den Vetter etwas mißtrauisch an; Rehkalb übertrieb gern.

Inzwischen war das Wehr fertig geworden, und das gehemmte Wasser rauschte und strudelte noch eiliger durch die Lücke in der Mitte. Rehkalb sprang wieder ans Ufer und setzte die beiden Körbe zusammen. Die offene Spitze des ersten steckte er fest in das Deckelloch des zweiten, und dann band er die beiden Geflechte unter Wasser an tief eingerammten Pfählen fest. Die breite Öffnung des ersten Korbes paßte genau auf das Loch im Wehr.

»Siehst du: Wenn jetzt die Forellen vom Biberfluß heraufsteigen, müssen sie hier durch das Loch in der Hecke, weil ja das übrige Bachbett abgesperrt ist. Sobald sie in dem ersten Korb sind, schwimmen sie durch das kleine Loch in der Spitze in die zweite Tüte. Hier geht's nicht mehr weiter, und zurück geht's auch nicht, weil der Ausgang viel zu eng ist. Außerdem kommen immer neue Fische herein, bis der ganze Korb gerammelt voll steckt.«

»Na hoffentlich kommen überhaupt welche.«

»Deswegen brauchst du keine Angst zu haben. Vielleicht fangen wir die ersten morgen schon.«

Die Jungen sprangen aus dem kalten Wasser, schüttelten die Tropfen ab, schlüpften in die Leggings und trabten nach Hause.

Blauvogel schlief kaum vor Aufregung. Das dumme Zeug, das Malia über die Hexen am Eulenbach geredet hatte, war vergessen. Es gab nichts Schöneres hier in Fruchtbare Erde als den Eulenbach.

Gleich nach dem Morgenessen rannten sie wieder zu ihrem Wehr. Rehkalb trug einen großen Korb. »Für die Forellen«, sagte er. Aber welche Enttäuschung! Die Geflechte schwammen so leer im Wasser, als wären sie eben erst ausgesteckt. »Heute nachtmittag gehen wir wieder her«, meinte Rehkalb etwas geknickt.

Zum Mittagessen fand sich auch, wie nun so oft, der Schielende Fuchs ein. Als er von der Fischhecke hörte, bat er: »Darf ich mitkommen?« Niemand hatte etwas dagegen. Blauvogels Abneigung gegen den Lenapejungen war seit der Krankheit verflogen.

»Ich laufe schnell noch einmal nach Hause und bin gleich wieder da«, sagte er und schoß zur Tür hinaus. Im Nu war er zurück und wies mit pfiffigem Lächeln ein Stück Stahl, Feuerstein und Zunder vor. »Gut, gut«, lobte Rehkalb. »Daran habe ich gar nicht gedacht.«

Einträchtig trabten sie zum Bache. Gespannt starrten sie ins Wasser. Der weidengeflochtene Korb hatte sich gesenkt. Zwischen seinen Stäben schimmerten dunkle, mit rosigen Flecken getüpfelte Fische.

Hastig flogen Mokassins und Leggings beiseite. Die Jungen spürten das kalte Wasser an ihren nackten Beinen nicht. Rehkalb gab aufgeregt Anweisungen. »Erst den Bast durchschneiden, mit dem der Korb festgebunden ist – nun ein Stück zurück – und jetzt hoch!«

Triefend tauchte das Geflecht aus dem Wasser, schwer wie ein Stein. Blauvogel wollte besser zupacken, griff aber daneben, und der Korb plumpste wieder in den Bach. »Du Waschbär, paß doch auf!« wütete Rehkalb und hielt schnell die Hände vor die Öffnung. Aber fünf oder sechs Fische waren schon entwischt. Wieder packten sie gemeinsam zu, und diesmal brachten sie ihre Beute glücklich ans Ufer.

Wie benommen starrte Blauvogel auf das zappelnde, schuppige Durcheinander zwischen den Weidenstäben. Er zitterte vor Jagdeifer. Jetzt hob Rehkalb die Korbspitze etwas an, und die Forellen rutschten aus der Öffnung ins Gras zwischen die alten, dürren Halme aus dem Vorjahr. Die Tiere schlugen mit den Schwänzen, hüpften und schnellten nach allen Seiten davon. Der Fuchs aber schien ganz in seinem Element. Er riß eine kleine Holzkeule aus dem Korb, kniete sich hin, packte eine Forelle zwischen den Flossen und gab ihr einen kurzen Schlag auf den Kopf.

Blauvogel wollte es nachtun, aber der nasse, schleimige Gefangene glitschte ihm durch die Hand wie ein Stück warm gewordener Bärenspeck und zappelte den Uferhang hinunter. Rehkalb kam zu Hilfe, ehe das Tier entwischte.

Endlich lagen alle acht Forellen regungslos im Gras. Blauvogel hob die Kiemendeckel und Flossen, tupfte auf die rosig gefleckten Rücken und sog den herrlichen, frischen Wassergeruch ein, der von der Beute aufstieg. Seine beiden Gefährten arbeiteten emsig fort; man sah, daß sie den Fischfang von Grund auf verstanden. Bald waren die Tiere sauber ausgeweidet.

Der Fuchs lief fort zu einer Uferstelle, wo altes, überjähriges Rohr stand. Er kam mit einem Büschel Binsen zurück, pinkte mit Stahl und Stein, aber der Funke zündete nicht. Wieder sprang er fort zum Schilf. Nach einer Weile erschien er mit einer Handvoll brennender Halme, fuhr damit unter die Binsen, die zuvor nicht brennen wollten, und entzündete ein lustiges Feuer.

Gleich danach brieten zwei Fische auf schräggestellten Weidenholzspießen am Rande der Flammen. Der Fuchs wußte wirklich mit allem Bescheid. Er hantierte mit Holzstücken, Messern und Keulen wie ein alter, erfahrener Fischer und grinste dazu über sein ganzes schmutziges Gesicht, auf dem Asche und Ruß mit den Resten einstiger Bemalung eine zweite dunkle Haut bildeten. Gierig sahen die Jungen die Forellen sich bräunen, alle drei spürten auf einmal einen gewaltigen Hunger.

Ein lautes Knacken und Prasseln ließ sie aufblicken. Blauvogel fuhr zusammen. Da brannte ja der Rohrbusch, aus dem der Schielende Fuchs soeben das Feuer geholt hatte. Eine schwere Qualmwolke wälzte sich über den Eulenbach zum Wald hin, und lange rote Feuerzungen zuckten unter dem Rauch.

»Was hast du denn da gemacht?« schrie er erschrocken den Fuchs an. Der schüttelte gleichmütig den Kopf. »Vielleicht ist ein Funken danebengesprungen, oder ich hab ein brennendes Blatt verloren.« Rehkalb brummte nur: »Wir sind ja weit genug von den Häusern. Es kann nichts passieren.«

Blauvogel unterdrückte nur mit Mühe seine Unruhe. Er fuhr von neuem zusammen, als plötzlich die tiefe Stimme Kleinbärs ertönte: »Darf man hier mitessen?«

Das hatte noch gefehlt: der Vater! Der Junge zog den Kopf ein. Es würde ein schönes Donnerwetter geben. Doch Kleinbär setzte sich behaglich.

»Ich dacht' es mir schon: Gerade zur rechten Zeit gekommen. Ihr habt ja ein mächtiges Feuer angesteckt«, sagte er und zwinkerte zu der prasselnden Lohe des Rohrbusches hinüber. Dann bewunderte er die Forellen, die ihm die Jungen abwechselnd hinreichten, aß ein kleines Stück von dem gebratenen Fisch und ging wieder. Blauvogel fiel ein Stein vom Herzen. Mit neuem Appetit blätterte er das weiße, zarte Fleisch von den Gräten. Es schmeckte ein wenig nach Rauch, und die Außenseite war etwas angekohlt, aber was ging schon über selbstgefangene und selbstgebratene Forellen?

»Sagt mal«, meinte er kauend, »bekommt ihr eigentlich keine Schläge?«

Die beiden anderen blickten ihn an, als redete er eine fremde Sprache. »Warum sollten wir Schläge bekommen?«

»Ich meine, wenn ihr mal was ausgefressen habt oder nicht gehorcht?«

»Prügel? Nein! Dann gibt es höchstens einen Tag lang nichts zu essen.«

Der Fuchs grinste; ganz unbekannt schien ihm das Thema nicht zu sein.

»Mein Vater taucht mich unter, wenn ich mal was getan habe«, erzählte er. »Das ist eklig, besonders im Winter. Im Sommer macht es nichts, da kannst du dich ruhig tauchen lassen; bei der Hitze trocknest du ja sofort wieder. Im Winter muß man schon eher gehorchen.«

Blauvogel überhörte die altklugen Lehren des Fuchses. Seine Gedanken blieben an der Tatsache hängen, daß es hier, bei den Indianern keine Schläge gab. Nein, er hatte niemals einen prügelnden Vater oder eine ohrfeigende Mutter gesehen, wohl ab und zu einen Jungen oder ein Mädchen mit geschwärztem Gesicht. »Die müssen fasten«, hieß es dann. Er hatte nie gefragt, warum die schwarzgesichtigen Kinder fasteten, doch jetzt verstand er es.

Einen Augenblick wirbelte in seinem Kopf alles durcheinander. Er dachte an die elterliche Blockhütte mit dem Lärm der Geschwister und den reichlichen Prügeln; er dachte an das Schildkrötenhaus, in dem dreimal soviel Kinder wohnten und in dem es doch ruhig herging – ohne Schläge.

Nachdenklich wanderte er mit den beiden Spielgefährten zum Dorf zurück. Seine Augen glitten über die langen braunen Rindendächer, als sähe er etwas Neues, etwas anderes, was vorher nicht da war.

Als sie heimkamen, saß Großvater Weißhaar vor der Tür. Er sah die Fische und lobte die Jungen.

»Das schickt sich für einen Mann und künftigen Jäger

besser als die Feldarbeit. In meiner Jugend arbeiteten auf dem Acker nur Frauen. Wenn man jetzt manchmal Männer mit der Haue sieht, so sind das die Sitten der Weißen, die bei uns überhandnehmen. Unsere Voreltern haben uns gelehrt, kein Mann solle Weiberwerk tun, und mein Großvater ...«

Wenn Weißhaar auf seinen Großvater kam, fand er so bald kein Ende. Rehkalb und der Fuchs drückten sich sachte zur Tür hinein und verschwanden, denn der Großvater sprach doch nur mit Blauvogel. Geduldig hörte der Junge zu; die Reden alter Leute galten viel.

Jetzt trat die Mutter aus der Tür, setzte ein Schüsselchen mit dampfendem Maisbrei auf die Matte und zog die Decke fester um die Schultern Weißhaars.

Der Alte ließ sich in seinen Ermahnungen nicht stören: »Und du, mein Enkel, mußt dir merken: Du bist an Stelle eines Mannes angenommen – es ist deiner unwürdig, mit den Frauen aufs Feld zu gehen.«

Der Junge blickte kläglich zur Mutter auf. Sie hatte ihm schon eine leichte Hacke geschenkt und versprochen, ihn mitzunehmen, sobald die lustige Arbeit auf den Maisäckern anfing. Aber da entdeckte er in den Augen und Mundwinkeln von Mittagsonne ein kleines, ganz winziges Lächeln, das all die ehrwürdigen Worte hinwegwischte.

Etwas verwirrt blickte er auf den Großvater: Er war gar nicht mehr Weißhaar mit seinem gefürchteten Tadel, sondern ein alter, zittriger Mann, der seinen Maisbrei löffelte. Der Großvater galt viel, aber die Eltern galten mehr, und am meisten galt die Mutter. Unwillkürlich hielt sich Blauvogel an ihrer langen gelben Hemdbluse fest, als er mit Mittagsonne ins Haus trat, genau wie damals, als er zum erstenmal hinter der Rundlichen Wolke in den dunklen Korridor stolperte. –

Am nächsten Morgen konnte Blauvogel nicht zur Fischhecke, denn er mußte bei der Südtür bleiben und auf den Großvater achten. Weißhaar saß auf seiner Matte in der Sonne und wärmte sich. Er brauchte mitunter etwas, ein wenig Tabak oder eine zweite Decke oder einen gestopften Hasenbalg für den Rücken, und dann hatte der Junge zu springen, um das Verlangte zu holen.

Mißmutig sah Blauvogel den Gefährten nach. Sie verloren sich zwischen den Häusern, tauchten weit draußen in den Feldern noch einmal auf und entschwanden dann endgültig über die Blaugraswiesen. Wieviel Forellen mochten heute wohl in dem Korb stecken? Zu ärgerlich, daß er gerade jetzt auf den Großvater aufpassen mußte. Konnten nicht die Kleinen dieses Amt übernehmen? Aber die machten zuviel Unsinn, nein, es ging nicht.

Da spielten sie wieder »Gekrümmten Pfad«. In langer Reihe trabten sie um den langen, dicken Mörserklotz, in dem Tante Rotauge gerade ihren Mais stieß. Jedes Kind hielt sich mit der linken Hand an dem Gürtel des nächsten fest und fing mit der rechten die herausspritzenden Körner auf. Endlos schwenkte die Schlange um den Mörser herum. »Yo he ha, yo he ha ...« Die Tante mußte ja schwindlig werden. Da: rums! Jetzt stieß sie den Stößel zurück und hob die Fäuste. Wie eine Schar Rebhühner stoben die Kleinen auseinander, verfolgt von dem laut bellenden Schnapp. Blauvogel lachte, Tante Rotauge konnte man doch zu leicht in Wut bringen.

Nun rumpelte die Tante ihren Mais zu Ende und verschwand im Hause. Die warme, weiche Stille des Frühlingstages hing wieder über dem Dorf, kaum gestört von dem Schnattern der wilden Enten im Flußschilf, dem gleichförmigen Knarren der Drosselrohrsänger und dem klagenden Ruf unendlich hoch ziehender Gänsegeschwader. Nur das leise Hüsteln des Großvaters erinnerte an die Gegenwart von Menschen.

Ein dumpfes, gleichmäßiges Pochen schwamm durch die Luft. Der Junge hob den Kopf: Da trommelten wieder die Lenape. Seit Tagen schon schlugen sie ihre Kriegspauken und tanzten um rotgestrichene Pfähle. Sie rüsteten zu einem Zug an die Grenze, in das Land jenseits der Berge, gegen die Langen Messer. Jeden Frühling brachen sie dorthin auf, unersättlich in ihrem Haß.

Zum Glück machten die Irokesen nicht mit. Die älteren und jüngeren Vettern faßten auch in diesem Jahr das Kriegsbeil nicht an. Doch die Lenape waren nicht zu halten. Vielleicht zogen sie morgen schon fort – eine lange, lautlose Schlange von Kriegern mit schwarzen Gesichtern und rotgetüpfelten Federn.

Die Gedanken des Jungen begannen umherzuirren. Er wußte, was dieses Trommeln bedeutete: wütende Schläge an Haustüren, Angstgeschrei von Kindern, Flammengeprassel in Schindeln und Sparren. Wohin mochten die Lenape ziehen? Vielleicht nach Raystown?

Ganz von selbst öffneten sich Blauvogels Lippen: »Kannst du mir sagen, Großvater, wohin der Kriegspfad der Lenape führt? Werden sie bald wiederkommen oder lange fortbleiben?« Er verstummte verlegen, und Weißhaar verharrte in mißbilligendem Schweigen. Endlich fing der Großvater an, und der Junge wußte schon, was nun kam.

»Mein Enkel, du bist noch sehr jung und mußt warten, bis du gefragt wirst. Es schickt sich nicht, alte Leute zuerst anzureden. Aber ich will's dir sagen: Die Lenape gehen auf Kriegspfad gegen die Langen Messer.«

Die kleinen, trüben Augen des Greises richteten sich merkwürdig lebendig auf den Jungen.

»Ich habe gehört, der Rand des Gebirges im Osten ist von den Weißen geräumt. Glaubst du, daß wir die Blaßgesichter ganz von unserer Insel verjagen werden?«

»Nein, niemals! Dazu sind es zu viele!«

Weißhaar versank in sich selbst. Endlich hob er wieder an, halb für sich: »Du sprichst die Wahrheit – es sind viele. Als der Vater meines Großvaters lebte, wohnten die Indianer im Osten am großen Wasser. Die Grasebenen wimmelten von Büffeln; Hirsche und Antilopen wanderten überall umher, und die Jäger hatten leichte Beute. Dort wohnten wir glücklich und zufrieden, bis die Langen Messer kamen und uns vertrieben. Zuletzt wohnten wir im Shawneetal.«

Dem Jungen fiel ein, daß Weißhaar ein Shawnee war, der als junger Mann von den Irokesen adoptiert wurde.

»Auch dort fühlten wir uns glücklich«, fuhr der Großvater fort. »An jedem Bach bauten die Biber; Bären und Hirsche gab es in Massen. Die Frauen hackten den wachsenden Mais, die Kinder spielten in der Sonne, und ihr Lachen mischte sich mit dem leisen Gesang der alten Männer und Frauen, die den Träumen ihrer Jugend nachhingen. Über die Hügel streifte der Medizinmann und suchte Kräuter, die stark genug waren, die Geister der Krankheit zu vertreiben. Aber auch dieses Land mußten wir verlassen, weil die Langen Messer kamen. Die Weißen nennen es jetzt das Juniatatal.«

Der Junge fuhr auf; der Name der alten Heimat verwandelte ihn. Plötzlich fühlte er sich wieder als Weißer und hatte alles vergessen: die neuen Eltern, das Schildkrötenhaus, die Spielgefährten, auch die Ehrfurcht vor dem Großvater. Er schrie fast: »Das ist doch *unser* Land! Was jenseits der Berge liegt, gehört den Engländern, den Rotröcken!«

Der Mißmut über die entgangenen Freuden am Forellenwehr, die geheime Drohung der Lenapetrommeln, die Sorge um die fernen Angehörigen – alles vereinigte sich in dem Schrei des Jungen: »Das ist doch unser Land!«

Aber der Tadel des alten Weißhaar blieb aus. Dennoch

fiel die leise Antwort des Großvaters wie ein Schlag auf den Erregten herab.

»Und wo liegt des *Indianers* Land?«

Wie betäubt starrte Blauvogel auf die welken, von tausend Runzeln umknitterten Lippen. »Hier«, wollte er rufen, aber das Wort blieb ihm in der Kehle stecken. Hier saßen die Franzosen und beanspruchten alles Land diesseits der Berge.

Das hatte auch Kleinbär gesagt; jenseits des Gebirges die englischen Rotröcke, diesseits die Franzosen, und mitten dazwischen der Rote Mann, ohne Heimat.

Die Reden des Vaters erwachten wieder in dem Grübelnden. Die Weißen hatten ja den Indianern das Land weggenommen, alles Land an der Juniata und an der großen Straße nach Philadelphia und noch hinter Philadelphia bis ans Meer. Hatte der Großvater nicht recht? Hatten die Lenape nicht recht? Wo lag des Indianers Land? –

Die Äcker der Frauen lagen in der weiten Dorfmark, zwischen Brennesseln und Grasflecken. Zwei Tage nach dem Aufbruch der Lenape gingen die Hausmütter zum erstenmal hinaus. Das Schneewasser war versickert; der Boden konnte für die neue Aussaat gelockert werden.
Blauvogel nahm seine schöne Hacke mit, aber er mußte sie zunächst beiseite legen, denn vorläufig brauchten die Kinder nur ihre Hände. Der Junge wunderte sich. Hier in Fruchtbare Erde kannte man weder Pflug noch Egge; wollten die Frauen die Clanäcker mit ihren kleinen Hacken bearbeiten? Die Hauen bestanden eigentlich nur aus einem handlichen Ahornstock, an dem im rechten Winkel das knöcherne Schulterblatt eines Hirsches festgezurrt war, die scharfe Breitseite nach unten. Mit solchen armseligen Werkzeugen müßte das Hacken mindestens einen Monat dauern.

Die Frauen von Fruchtbare Erde wählten in diesem

Frühling Strahlende Mittagsonne zum Oberhäuptling der Felder. Die Mutter teilte die gesamte Arbeit für das Säen ein, und unter ihren Weisungen ordnete sich alles von selbst.

Am nördlichen Ende der Clanäcker, zum Begräbnisplatz hin, lagen die Stücke der Lenape, armselige kleine Flekken, für die es sich kaum lohnte, eine Haue zu heben. Die Lenape bauten fast gar keinen Mais an, auch nur wenige Kürbisse und Bohnen. Es sah bei ihnen immer so aus, als wären sie nur vorübergehend da und als zögen sie morgen weiter, in ewiger Flucht vor den Langen Messern.

Gleich hinter den Lenapeäckern begannen die Felder der irokesischen Clans. Mittagsonne ordnete die Frauen in eine Linie nebeneinander. Singend und lachend begannen sie ihre Arbeit. Die Hauen lockerten den Boden, und die alten Maisstrünke flogen beiseite. Hinter den Frauen liefen die Kinder und sammelten das Wurzelwerk zu großen Haufen. Sobald die Sonne die Stapel getrocknet hatte, wurden sie angezündet. Weiße Rauchfahnen wehten über die Äkker zum Dorf und Fluß hinunter.

Der Junge staunte mit offenem Munde, als er merkte, wie rasch die Arbeit vorwärtsging. Allerdings bestand hier die ganze Flur aus tiefgründigem, gereinigtem Boden, anders als in Raystown, wo aus dem Acker noch die Stümpfe gefällter Bäume herausragten, um die der Vater herumpflügen mußte. Und dann arbeiteten die irokesischen Frauen zusammen; alle Hände regten sich gemeinsam für die Clanfelder, ohne Unterschied, ob die Äcker der Bären, Hirsche, Schnepfen oder Falken an der Reihe waren. So ging es viel schneller, als wenn jeder Clan sein Land für sich allein bestellt hätte.

Die Felder lagen gerade bereit zur Aufnahme der Saat, als Kleinbär mit zwölf Männern und fast sämtlichen Packpferden zur Handelsstation aufbrach. Der Handelsposten lag fünf Tagereisen weit nördlich am Eriesee und hieß Presque Ile. Die Franzosen unterhielten dort eine kleine Besatzung von zwanzig Soldaten.

Hier fanden sich in jedem Frühling und Herbst kanadische Händler ein, und hierher brachten alle Dörfer des oberen Alleghanygebietes die Ergebnisse ihrer Jagd, wenn die Wiesen unter dem Gold der Marschringelblumen flammten und wenn der Wald sich färbte. Dann packten die Männer zusammen, was sie an Biberfellen, Marderpelzen, Elchdecken erbeutet hatten, und tauschten es gegen Stoffballen, Äxte, Kessel und Pulver. Diese Handelsreisen waren wichtig, denn die roten Leute hatten sich an manche Dinge der Weißen gewöhnt, besonders an die eisernen Geräte.

Während der Vater mit den Männern nach Presque Ile wanderte, ging die Arbeit der Frauen ohne Unterbrechung weiter.

Mittagsonne ordente jetzt die Helferinnen in Gruppen zu zweien, die immer einen Schritt voneinander entfernt in geraden Linien vorrückten.

Blauvogel half der Mutter; neben ihnen arbeiteten Malia und Tante Rotauge, dann kam Rehkalb mit Tante Weißeiche und so Gruppe für Gruppe über die ganze, weite Dorfmark hinweg. Mittagsonne zeigte dem Jungen, wie man die Haue führen mußte.

»Du häufelst jetzt ein wenig Erde auf – nicht soviel – nur eine Hand hoch wie ein kleiner, flacher Maulwurfshügel. Ja, so ist es richtig. Nun machst du einen großen Schritt und scharrst wieder einen solchen Hügel zusammen. So geht es dann immer weiter vorwärts. Achte nur auf den richtigen Abstand nach rechts und links.«

Damit kniete die Mutter hin und öffnete die drei mitgebrachten Lederbeutel. Dem ersten entnahm sie sechs Maiskörner, drückte sie mit dem Daumen in die Erde des Hügelchens und strich die Krume glatt. Danach holte sie aus dem zweiten Beutel vier oder fünf Bohnen und versenkte sie innerhalb des Maiskörnerkreises in den Boden. Außen am Rande der gehäufelten Erde pflanzte die Mutter einige Kürbiskerne.

Warum tust du denn das?« wollte Blauvogel wissen.

»Wir stecken immer unsere Lebenserhalter zusammen in die Erde. Wenn die Maishalme heranwachsen, können die Bohnen daran emporklettern. Die Kürbisse ranken sich in die freien Vierecke zwischen den Hügeln und halten mit ihren breiten Blättern im Hochsommer die Feuchtigkeit fest, damit der Boden nicht so ausdörrt. So helfen sich unsere Lebenserhalter gegenseitig, und deshalb müssen sie immer zusammen auf einem Acker wachsen.«

Schritt für Schritt ging es nun vorwärts. Am nächsten Morgen konnte Blauvogel kaum ein Glied rühren. Er hätte fast aufgeschrien, als er sich zum erstenmal wieder bückte, so weh tat sein Rücken. Die Mutter meinte nur: »Das wird schon besser.« Sie behielt recht. Nach einiger Zeit verlor sich das Stechen und Ziehen, und die Arbeit ging ebenso leicht wie gestern.

In zwölf Tagen wurden die Clanäcker fertig. Danach hackten und pflanzten die Frauen ihre Gärtchen am Rande der Dorfmark. Auch Mittagsonne bestellte ihr Stück bei dem Pfahl, an dem jetzt das neugemalte Schild hing. Hierher lief der Junge immer mit.

Noch nie in seinem Leben hatte er den Zauber der ersten Morgenfrühe so erlebt wie hier draußen, weit fort von den Häusern. Meist war er mit der Mutter allein; Malia sorgte daheim für Feuer und Kessel.

Die Tautropfen blitzten noch in der Sonne, als die beiden Frühaufsteher an dem Pfahl mit der Schildkröte anlangten. Flach wie ein Teller dehnte sich die Flur bis zu den langen Dächern, hinter denen der Biberfluß wie ein blauer Strich leuchtete.

Dampfend stieg die Nachtkühle aus den Feldern. Ein Geruch von eben aufgebrochener Erdkrume und zartem Grün zog mit dem Wind herbei und strich leise durch den Morgen.

Da und dort tüpfelten die Hemdblusen anderer Frauen die Flur mit lustigen gelben Flecken wie Ringelblumen die Marschwiesen. Mitunter hallte ein Jauchzen von ferne; sonst gab es nichts als Stille und das Glück des Zusammenseins. Einmal sang Mittagsonne ein Lied, und niemals vergaß der Junge die Stimme der Mutter unter dem Blau des träumenden Himmels.

> Eh' die Sonne heraufrollt,
> steig ich auf den Hang,
> bestaune das Lichtgold
> und des Morgens Gesang.
> Wie der Dunst emporfliegt
> aus Wiese und Wald!
> Wie die Wolke dahinzieht,
> wie das Dunkel verhallt!

Mitunter redeten sie auch: von dem Vater, der diesmal so lange fortblieb; von Malia, die sicher wieder den Grieß anbrennen ließ; von dem Schielenden Fuchs, der sich so sehr geändert hatte. Nur von seinen weißen Verwandten, von Raystown, von der ganzen Vergangenheit redete Blauvogel nie. Er vermied das Gespräch darüber, als wenn jedes Wort über diese Dinge einen Mißklang in den funkelnden Morgen brächte. –

Der Vater kehrte sehr spät zurück. Ein Schatten lag über seinem Gesicht. Aber selbstverständlich fragte niemand, auch nicht, als die steife, wortkarge Begrüßung zu Ende war.

Langsam und allmählich kam Kleinbär ins Erzählen. Es

hatte in Presque Ile viel Ärger gegeben. Ob nun der Krieg die Preise erhöhte oder ob die Händler noch unverschämter wurden – jedenfalls verlangten die Kaufleute für die gewöhnlichen Waren das Doppelte in diesem Jahr; für Pulver sogar das Dreifache. In Kleinbärs Stimme schwang Erbitterung.

»In Kanada bekommen sie für die Biberfelle das Zwanzigfache dessen, was sie uns geben. Ich möchte nur wissen, was sie auf ihrer eigenen Insel erhalten, jenseits des großen Wassers.«

Besondere Mühe hatte der Verkauf eines prachtvollen Schwarzfuchses gemacht, der dem Jäger Stehender Hirsch aus dem Reiherclan in die Falle gegangen war. Das Fell wies nur an den Pfoten und der Schnauze ein paar silbergraue Haare auf, sonst glänzte es in gleichmäßigem Blauschwarz.

»Die Händler wollten wegen des Silbers an Pfoten und Schnauze nicht mehr dafür geben als für ein Biberfell. Darauf erklärte Stehender Hirsch, er verkaufe den Pelz überhaupt nicht, und packte ihn weg. Nun zogen die Weißen andere Saiten auf, luden Stehenden Hirsch ein und bewirteten ihn mit Feuerwasser. In seiner Trunkenheit willigte er in alles, was sie vorschlugen. Am nächsten Morgen kam der Betrogene zu mir und bat mich um Hilfe. Nun verlangte ich, die Weißen sollten den Kauf rückgängig machen. Sie lärmten und schrien, und erst, als ich drohte, den Handel abzubrechen, gaben sie nach, wenn auch unter allerlei unverständlichen Reden. Ich spreche ja nur etwas Französisch, aber sie schrien mich in einer anderen Sprache an, die ich wohl nicht verstehen sollte.«

Kleinbär schwieg. Dann fragte er unvermittelt: »Weiß mein Sohn, was ›You Indian dog‹ heißt?«

Eine purpurne Röte übergoß das Gesicht des Jungen. Kleinbär sprach die Worte zwar etwas durch die Nase, doch sie blieben trotz des seltsamen Klanges verständlich, nur zu gut verständlich. In tödlicher Verlegenheit suchte Blauvogel nach einem Ausweg, denn er konnte doch nicht übersetzen, was dieses gemeine Pack dem Vater zugeschrien hatte. Die Lippen des Jungen preßten sich aufeinander. Er warf einen flehentlichen Blick auf den Häuptling. Doch ehe ein weiteres Wort fiel, griff Malia ein. Sie war aufgesprungen und hatte ihre kleinen Hände geballt. »Das heißt ›Du indianischer Hund‹!« Erschrocken starrte der Junge auf die Schwester. Einen Augenblick flammte es in den Augen des Häuptlings auf, dann hatte er sich wieder in der Gewalt. »Ich dachte es mir«, meinte er gleichmütig.

Die Erzählung des Vaters ging weiter, doch der Junge hörte nicht mehr viel davon. Er schämte sich entsetzlich. Was diese Händler gerufen hatten, war in Raystown stehende Redensart; von den »indianischen Hunden« redeten die Geschwister, die Eltern, Tante Rahel, jeder beliebige Besucher, sobald das Gespräch auf die roten Leute kam. Wie oft hatte er früher selbst dieses Schimpfwort in den Mund genommen.

Plötzlich rückte die elterliche Blockhütte, ja ganz Raystown ein großes Stück fort; ein fremdes, kaltes, blaues Licht umfloß auf einmal die Vergangenheit. Blitzartig durchfuhr den Jungen der Gedanke, daß er mehr von den roten Menschen wußte, daß er sie besser kannte, daß seine weißen Angehörigen Unsinn redeten, wenn sie von den Indianern sprachen.

Ihm fiel der schwarzgekleidete Wanderprediger ein, der einmal eine Nacht in der Raystowner Blockhütte zugebracht hatte. Er wollte, wie er sagte, »den Heiden predigen«. Den ganzen Abend hindurch hatte damals der Vater auf den Mann eingeredet. »Damit erreicht Ihr nichts. Aus dem rothäutigen Mob werden keine brauchbaren Menschen. Diese indianischen Hunde leben nur von der Jagd und ziehen dauernd im Walde herum; von Ackerbau verstehen sie nichts. Wollt Ihr denn ständig mit ihnen umherwandern?« Ähnliche Reden führten alle Leute im Juniatatal, aber der Prediger hatte sich nicht halten lassen.

Blauvogel dachte an die Felder mit ihren langen Zeilen grüner Hälmchen und an die goldenen Maiszöpfe, die nach der Ernte unter dem Dach hingen und das Haus mit ihrem Duft erfüllten. Natürlich gingen die Indianer auf die Jagd, die Lenape noch mehr als die Irokesen, aber trotzdem – welcher Grenzer baute soviel Mais wie hier jeder einzelne Clan? Waren die roten Leute hier in Fruchtbare Erde Hunde?

Dem Jungen stand die fröhliche Mutter vor Augen, die den ganzen Tag die Hände rührte. Die Kehle wurde ihm eng. Er legte seine Arme um den dunkelbraunen Hals der Sitzenden. Nähe und Ferne, Heimat und Fremde, Wärme und Kälte hatten ihre Plätze gewechselt. Die Erinnerung, bisher so endlos weit hinter tausend Horizonten, war Gegenwart geworden.

Der Sommer ging seinen Gang. Der schwarze Walnußbaum trieb seine Blätter, der blühende Ahorn verströmte seinen Duft, die Stockenten schwammen mit ihren Jungen auf dem Fluß, und der Pfeilwurz streckte seine azurblauen Spieße. Aber nach dem Monat »Früchte bilden sich« blieben die Gewitter mit ihren Wolkenbrüchen aus; eine lange Dürre versengte die Felder und schmälerte die Ernte.

Schlimmer als in den anderen Sommern quälten die Mücken und Stechfliegen, die in Schwärmen vom Eulenbach und Biberfluß herbeitrieben. Jeden zweiten Tag mußten Gesicht und Hals mit Bärenfett eingerieben werden, das die Mutter mit pulverisierter Pokewurzel mischte. Diese rote Salbe schützte vor allen Stichen; ohne das Pokeschmalz der Mutter hätte man die heiße Zeit nicht überstanden, vor allem nicht die dumpfen Nächte mit ihrem Mückengesinge.

Sofort nach dem Maisschnitt zog der Vater mit den Erträgnissen der Sommerjagd zur Handelsstation. Es gab für die dünnen Felle nicht viel, aber der Vorrat an Pulver und Kugeln mußte ergänzt werden.

Auch die Mutter ließ zwei Packpferde mit Kesseln, Äxten und Lederbeuteln beladen. Die Frauen des Schildkrötenhauses wollten noch vor Einbruch der Kälte Salz sieden; es wurde Zeit, denn die Bisamratten bauten schon zwischen den Binsen der Marschwiesen ihre runden Wohnungen. Fünf Krieger begleiteten die Frauen als Schutz; der Vater bestand darauf, nachdem er zögernd die Erlaubnis gegeben hatte. »Der Salzbach fließt schon bei den ersten Siedlungen der Langen Messer«, sagte er. Er selbst konnte nicht mitgehen, weil der Einkauf neuen Pulvers in Presque Ile wichtiger war. Die Jagd hatte im kommenden Winter die Lücken der Ernte zu schließen.

Die Kinder ahnten nichts von den Sorgen der Erwachsenen. Sie freuten sich, weil sie mitgenommen wurden. Die Kleinsten machten die Reise auf dem Rücken der Mütter.

Blauvogel mußte an die Juniata denken, als die Kolonne aus dem flachwelligen Land des Biberflusses in die Vorberge der Alleghanies einrückte. Unter dem dunstigen Blau des Himmels schwebte der Herbst, mit gelben und roten Tupfen Ahorne und Kastanien färbend. Die Prärielichtungen verschwanden; unabsehbar herrschte über Berg und Tal der Wald der riesigen Weißeichen, Sykomoren, Buchen und Ulmen, überflammt vom sterbenden Laub des wilden Weins. Durch steile Schluchten schlängelten sich selten betretene Pfade, vorbei an hellen Sandsteinfelsen und kalten Bächen mit eisgrauem Wasser. Ostwärts dröhnte der Flügelschlag wandernder Taubenschwärme. Von keinem Gipfel aus war der Rauchfaden eines Feuers zu entdecken. Die Welt lebte hier wie zu Anfang der Schöpfung, als der große Geist sie aus der Hand legte.

Das linke Ufer des Salzbaches drängte sich an einen Felsabsturz, den düstere Tannen krönten. Am rechten Ufer dehnte sich ein Grasteppich, der sich allmählich im Unterholz eines Weißeichenwaldes verlor. Auf der Wiese schlug man Mattenhäuschen auf und trieb das Gestänge für die Sudkessel in den Boden. Die Pferde fanden genug zu fressen, und mit dem dürren Holz des Waldes hätte man ein Weltmeer kochen können. Das Wild trat den Jägern fast auf die Füße. Bären und Elche durchbrachen das Unterholz, Hirsche trabten auf den schmalen Wildwechseln, und jeder zweite Baum trug die Kratzspuren vom Schupp.

Satte Tage langsamer, gemächlicher Arbeit verflossen. Unablässig wehte der Rauch des Sudfeuers über dem Tal wie eine winkende Flagge, die etwas heranrief. Die Männer saßen pfeifeschmauchend in der Sonne. Die Kinder haschten nach Käfern, und die Frauen kratzten das gelbe Salz aus den Kesseln. Dämmerstunde des Jahres!

In Blauvogel zuckte und zerrte eine ständige Unruhe. Die alten Fluchtgedanken erwachten wieder, die Nähe der ersten weißen Siedlungen, die Kleinbär erwähnt hatte, zog mit geheimer Lockung. Der Junge begriff sich selbst nicht. Er ahnte nichts davon, daß er nur langsam aus dem Zwischenland von Vergangenheit und Zukunft herauskam und daß die alten Schatten sich immer noch in ihrem Grabe rührten.

Eine zänkische, mißmutige Laune überkam den Jungen. Rehkalb fand den alten Gefährten geradezu unleidlich. Nicht einmal das Klettern machte Freude, seitdem Blauvogel enttäuscht von dem ersten Baum herabgestiegen war.

»Man sieht ja gar nichts von hier.«

Nein, man sah nichts von den Wipfeln der Bäume in diesem tief eingesenkten Tal, eher schon von den Tannen oben auf der Felswand. Jeden Morgen nahm sich Blauvogel vor, dort hinaufzusteigen, aber dann lief der Tag hin wie immer.

Eines Morgens hatte der Junge Unglück; er verlor eine Pfeilspitze mit kunstvollen Widerhaken, das Abschiedsgeschenk des Rauchigen Tag. Den ganzen Vormittag suchte er mit Malia am Waldrand, im Unterholz und zwischen dem Grase, doch die Spitze blieb verschwunden.

Die verdrossene Stimmung, die schon seit Tagen in Blauvogel arbeitete, machte sich Luft. »So eine schöne Spitze hat kein anderer im Dorf!« schrie er die Schwester an, als ob sie den Verlust verschuldet hätte. Selbst der gute Schnapp, der eifrig mit gesucht hatte, erhielt einen Puff.

Schließlich kam sogar die Mutter. »Hast du sie gefunden?« Wieder stieg der Ärger in dem Zornigen hoch. »Nein, natürlich nicht, das kommt nur von eurer dummen Salzkocherei!«

Die großen Augen der Mutter verschleierten sich, wortlos wandte sie sich den Sudkesseln zu. Der Junge erschrak vor seinem Jähzorn und wollte der Davonschreitenden nachstürzen.

Aber da sah er über ihrem Kopf etwas Sonderbares: Gerade am Rande des jenseitigen Felsabsturzes, dicht unter der Tannenwand, blitzte eine Linie roter Punkte auf. Sie verlängerten sich zu langen, dünnen, scharlachfarbenen Feuerstrahlen, die in die friedliche Wiese hinunterzuckten wie ein Gitter flammender Lanzen. Das Knattern einer unregelmäßigen Salve schlug vom Waldrand zurück, prallte gegen die Sandsteinfelsen und dröhnte in den Ohren der Entsetzten. Verzweifelt sprang das Echo hinüber und herüber, ehe es über die Wipfel davonhüpfte.

Gellendes Todesgeschrei mischte sich in die Paukenschläge einzelner Schüsse. Dunkle Rauchballen wirbelten empor, ein Kessel ergoß seinen Inhalt in die Flammen. Wie eine breite Trauerfahne an einem unsichtbaren Flaggenmast stieg der Qualm in die Höhe.

Die Mutter war umgesunken, sie lag auf der Seite mit

dem Gesicht zum Waldrand. Ein roter Fleck färbte ihre Jacke und wurde langsam größer. Mit dem Verhallen der Schüsse schwand der lähmende Schrecken. Die Geschwister vermochten ihre Glieder wieder zu rühren, rannten zu der Gestürzten und warfen sich vor ihr nieder. »Lauft! Versteckt euch!« stieß Mittagsonne mühsam hervor.

Blauvogel richtete sich auf, doch ein Schlag gegen sein Bein schleuderte ihn zurück. Neue Schüsse übertönten das Jammern der Frauen und Kinder. Der Junge sah, wie Rehkalb die Mutter davonschleppte; er fühlte wie Malia auch ihn fortzerren wollte, aber er wehrte sich. Seine Augen starrten auf den schwarzen Tannenwald über den Felsklippen. Dort oben regte es sich.

Es kletterte, sprang und fiel den Abhang hinab; berockte Gestalten, Biberfellmützen, lange Gamaschen, mattschimmernde Gewehrläufe! Blauvogel zitterte. Das waren Weiße, Grenzer.

Mit dumpfem, jauchzendem Gebrüll warfen sie sich in den Bach, stürmten zum Ufer, schwangen Gewehrkolben und zogen lange Messer. Jetzt hörte der Junge auch, was sie brüllten. »Schlagt die indianischen Hunde tot! Schlagt die indianischen Hunde tot!«

Der ganze Talkessel geriet in kreisende Bewegung; Tannenwand, Wiese und Wald drehten sich wie ein Riesenrad, und auf dem Grunde des Trichters erblickte der Junge die Tante Rotauge. Neben ihr den kleinen Schneevogel, der verwundert in die verwandelte Welt starrte. Blauvogel sah noch, wie die Tante eine bittende Bewegung machte, gerade bevor die Kolben herabsausten. Dann riß ihn Malia fort, und er sah nichts mehr.

Mühsames Humpeln, zitternde Flucht, betäubtes Hokken im Gebüsch, bis das Gebrüll sich verlor und die Banditen davonzogen, irgendwelche Skalpjäger, die auf alles schossen, was rote Haut trug.

Niemand setzte ihnen nach. Drei Männer lagen tot, die übrigen verwundet. Die Mutter litt unter einer schweren Schulterverletzung und vermochte den linken Arm nicht zu bewegen. Bei Blauvogel hatte die Kugel nur die Beinmuskeln aufgerissen und den Knochen verschont.

Die Überlebenden höhlten ein Grab für die Toten und sicherten es mit Steinen gegen die Wölfe. Alles vollzog sich in schweigender Hast. Nicht der geringste überflüssige Laut verriet die Anwesenheit von Menschen. Sie hüllten die toten Körper in Ulmenrinde und legten Mokassins, Holzkämme, Messingkessel, Löffel und Eßschüssel dazu. Beim Aufbruch mußte die Hälfte des Gerätes zurückbleiben, ebenso das Salz, denn die Pferde hatten genug an den Verwundeten zu tragen.

Mechanisch und abwesend ließ Blauvogel über sich ergehen, was die Gefährten taten und die Mutter anordnete. Das Gemurmel der Gebete rauschte an seinem Ohr vorüber wie ein nichtiger Schall.

»Ihr, unsere Verwandten, habt den Anblick des Lichtes verlassen. Ihr seid fortgegangen von unserer Großmutter, der Erde, und seht nun nicht mehr, wie ihr Leib grün wird. Ihr wandert jetzt zum Lande des Westens...«

Dafür dröhnte immer noch das Gebrüll der Grenzer in seinen Ohren. Immer wieder erblickte er das berockte Gewimmel über der Felswand, hörte er das näher kommende Geschrei, sah er die bittende Bewegung der Tante...

Eine glühende Welle hob sich in dem Jungen und hüllte ihn in kochendes Rot. Bei diesen Banditen hätte auch sein Bruder Andres, hätte auch der Vater aus Raystown sein können. Der Gedanke tauchte so schnell unter, wie er kam, denn das Gehirn faßte ihn nicht. Dafür schnellte eine andere Vorstellung hoch, die immer wiederkehrte wie der Schwimmer einer Angel, an der ein Fisch reißt: Die Lenape hatten recht, sie vergalten nur, was sie zuerst tausendfach hinnehmen mußten. Die Weißen nahmen nicht nur das Land, sie mordeten auch. Er würde es ihnen heimzahlen, den weißen Mördern!

Tage schweren Rückmarsches folgten mit spärlichen, bald gelöschten Feuern. Erst als die langen Dächer von Fruchtbare Erde auftauchten, wurden die Gehetzten ruhig. Hier war Heimat und Sicherheit.

Blauvogel empfand nur wilde Befriedigung, als der Häuptling sofort nach seiner Rückkehr von der Handelsstation zu einem Rachezug an die Grenze aufbrach. Die letzten Fluchtgedanken zerstoben wie Nebel unter der Sonne. Die Kugeln der Grenzer hatten Wunden gerissen, die keine Zeit mehr schloß, weder das fallende noch das steigende Jahr.

Heilsaft nannte Mittagsonne die dunkelgrüne Flüssigkeit, die sie in jedem Frühling aus der Rinde des wilden Kirschbaumes und den Blättern des kriechenden Günsel kochte. Sie füllte den Absud in ein Fläschchen und barg dann das Glas in einem Beutel, der über ihrer Bettbank hing, immer griffbereit.

Die Mutter achtete sorgsam auf das Fläschchen. Gläserne Dinge galten unter den langen Dächern als Kostbarkeit, vor allem die wenigen Flaschen, die durch den Handel hierhergeraten waren. Doch die Mutter hütete den spannenlangen, etwas abgeflachten Behälter nicht, weil er aus unersetzbaren Glas bestand, sondern wegen des Heilsaftes, der darin schimmerte.

Wenn man draußen beim Laufen hinfiel und sich die Knie aufschlug, oder ein Messer in die Hand fuhr statt ins Holz, oder ein fallender Ast die Kopfhaut aufriß, dann tropfte die Mutter ein wenig von dem dunkelgrünen Saft auf die verletzte Stelle und tupfte mit einem sauberen Moosbusch ab. Das Blut hörte sogleich auf zu fließen; der Schmerz verschwand, und die Wunde heilte in wenigen Tagen.

Die Mutter kannte noch mehr solcher Mittel. Wenn der Vater an Zahnschmerzen litt – die einzige Gelegenheit, bei der Kleinbär ungeduldig wurde –, kochte sie Blätter vom Myrtenbaum und band die Packung, so heiß es ging, um die geschwollene Backe.

Wurde man gar von einer Schlange gebissen, so mußte man mit aller Kraft nach Hause laufen. Dann holte die Mutter ein Stück Schlangenwurzel aus dem Beutel. Es schmeckte abscheulich, trotzdem mußte die Wurzel gründlich gekaut und der bittere Saft geschluckt werden. Schließlich wurde das gekaute Stück noch auf die Wunde gelegt und mit Bast festgebunden. Das half sofort. Die Mittel der Mutter halfen immer.

Nur bei Blauvogel wollte der dunkelgrüne Saft diesmal nicht wirken; die Wunde schloß sich nicht, und die Ränder wurden schorfig.

»Wir müssen Onkel Maishalm holen«, sagte Mittagsonne, als der Saft zu Ende ging und Blauvogel immer noch lag und nur mühsam einige Schritte humpeln konnte. Der Junge blickte die Mutter dankbar an, denn Maishalm galt als der beste Medizinmann weit und breit, bei dem auch Kranke aus den Nachbardörfern Hilfe suchten.

Am Abend bereits kam der Gebetene. Blauvogel bemerkte sein Kommen nicht. Maishalm stand auf einmal am Feuer in seine große blaue Decke gehüllt, deren unterer Rand von Dreck starrte, weil sie meist am Boden schleifte. Nichts unterschied ihn von anderen Männern; er trug dieselben Mokassins und dasselbe Hemd, das wie ein langer Rock über die ledernen Leggings herabfiel. Nur die blaue Decke, die von den Schultern bis zu den Füßen reichte, zeigte etwas Besonderes: einen großen, roten, vierzipfeligen Stern, der mitten auf dem Rücken saß. In der Hand hielt der Medizinmann ein braunes Holzkästchen, das er sorgsam auf den Boden stellte. Dann legte er seine Decke ab und setzte sich behaglich zum Feuer.

Mittagsonne hatte eine junge Wildgans gekocht und löste jetzt das zarte Brustfleisch von den Knochen. Neugierig spähte der Junge von seinem Lager hinüber; er wußte von der Mutter, daß man einem Medizinmann nur weiße Speisen vorsetzen durfte. »Er ißt nur Weißes, Tiere mit weißen Federn oder hellem Fleisch.« Das hatte den Jungen sonderbar angerührt. Der Medizinmann wurde in seinen Gedanken zu einem merkwürdigen Wesen. Nun sah er zu seiner Enttäuschung, daß Maishalm eigentlich durch nichts auffiel, daß er wie andere Menschen aß, ja daß ihm offenbar auch die Gans der Mutter schmeckte, denn er schmatzte laut und vernehmlich.

Nach dem Essen schickte der Besucher Malia mit einem Kürbiskrug zum Flusse. »Geh etwas in das Wasser hinein und schöpfe mit der Strömung. Achte darauf, daß du keinen Sand aufwirbelst; das Wasser muß ganz sauber sein.«

Die Mutter stellte eine große, schön gemaserte Holzschüssel vor Blauvogels Bettbank, und Maishalm drückte die Wunden am Schenkel des Kranken aus. Die Kugel hatte das Fleisch glatt durchschlagen und zwei häßliche Löcher hinterlassen. Es tat weh, und der Junge preßte die Lippen aufeinander. Die Mutter tupfte die blutigen Stellen sorgsam ab, während Maishalm das von Malia geholte Wasser in die Schüssel goß.

Nun öffnete er das braune Kästchen, holte ein Päckchen heraus und wickelte eine Menge Lappen auseinander, bis schließlich ein Ledertäschchen zum Vorschein kam. Mit einem kleinen Hornlöffel entnahm Maishalm dem Täschchen eine winzige Menge bläulichen Pulvers und ließ drei Prisen davon in die Schüssel fallen.

Aufmerksam blickte der Medizinmann in das Wasser und nickte befriedigt, als das Pulver auf der Oberfläche schwamm und nicht versank. Das bedeutete baldige Genesung des Kranken. Sobald das Pulver sich verteilt hatte, wusch Maishalm die Wunden gründlich aus und legte einen neuen Verband aus Birkenbast an. »Morgen schwitzen«, murmelte Maishalm noch, ehe er sich erhob und mit lautlosen Schritten im dunklen Korridor untertauchte.

Am nächsten Tage ließen die Schmerzen nach. Rehkalb führte den Vetter zur Nordtür hinaus, bei der die Schwitzhütte stand, ein kleines, halbkugeliges Gestänge aus gebogenen, in die Erde gesteckten Stäben. Die Mutter und Malia belegten das Gestänge bis auf einen winzigen Einschlupf mit Decken und Matten. Dicht daneben brannte ein Feuer, dessen Wärme in dem kühlen Spätherbstmorgen wohltat.

Jetzt hob die Mutter mit einem Asthaken einen rotglühenden Stein aus den Flammen und legte ihn in die Schwitzhütte und dann noch einen und noch einen dritten. »Das ist genug. Krieche hinein, aber sei vorsichtig und verbrenne dich nicht an den Steinen«, sagte sie, streifte Blauvogel das Hemd ab und gab ihm eine Kürbisflasche mit klarem Wasser in die Hand.

Mühsam krabbelte der Junge in die dunkle Hütte, hockte sich hin und zog das verwundete Bein etwas an. Dann goß er Wasser auf die glühenden Steine. Zischend verprasselten die Tropfen und stiegen als Dampf in die Höhe. Es wurde ganz finster in dem winzigen Raum, denn die Mutter hängte jetzt auch den Eingang zu.

Erstickende Hitze legte sich auf den Jungen und stach mit tausend Nadeln. Er stöhnte und rang nach Luft. Die Mutter hob die Eingangsdecke und warf eine Handvoll kleingeschnittener nasser Kräuter hinein. Ein feiner aromatischer Duft mischte sich in den Dampf und erleicherte das Atmen.

Blauvogel merkte, wie ein Stechen und Jucken über die Haut lief und der Schweiß aus allen Poren brach. Von Zeit zu Zeit goß er noch etwas Wasser auf die Steine. Neuer Dampf wölkte empor. Plötzlich riß die Mutter den Einschlupf auf. »Komm heraus, es ist genug.«

Blauvogel kroch nach draußen und erhob sich mit Rehkalbs Hilfe.

Aber jetzt verging ihm von neuem der Atem, denn Malia überschüttete ihn aus einer großen Kürbisflasche mit kaltem Wasser. Er schnappte nach Luft, ächzte und prustete, doch die Schwester nahm keine Rücksicht und übergoß ihn immer wieder. Dann trocknete sie ihn mit einem großen Federbusch ab, zog ihm das Hemd über den Kopf und brachte ihn zurück auf die Bettbank.

Als Blauvogel gegen Mittag erwachte, kam er sich vor wie neugeboren; der Körper hatte alle Krankheitsstoffe ausgeschieden. Ob es nun das Pulver Maishalms war oder die Schwitzhütte oder beides zusammen, der Zustand der Wunde besserte sich jedenfalls rasch. –

Der Junge ging schon wieder ohne Hilfe umher, als Kleinbär von seinem Kriegszug gegen die Grenze zurückkehrte. Den Rachesuchenden war eine Proviantkolonne über den Weg gelaufen, die eines der Forts mit Nachschub versorgen sollte. In einem schweren Feuergefecht wurde die Begleitmannschaft auseinandergesprengt. Acht Packpferde fielen den Indianern in die Hand. Sehr befriedigt kamen sie mit der Beute zurück.

Bei der Verteilung erhielt das Schildkrötenhaus zwei Lasten Salz. Das erfreute besonders die Mutter, denn damit schwanden ihre Sorgen vor dem kommenden Winter, wenigstens was das Salz anging. Nach dem mißglückten Sieden fehlte das Gewürz an allen Ecken und Enden.

Und wie sollte man im Winter die Pferde vor dem Verwildern bewahren ohne die gelben Körnchen? Es gab in Fruchtbare Erde keine Ställe für die Tiere. Sie liefen während der kalten Jahreszeit im Wald umher, scharrten sich das lange, dürre Gras aus dem Schnee und wehrten sich gegen die Kälte mit ihrem dicken, zottigen Winterfell. Ab und zu erschienen sie im Dorf und holten sich ein wenig Salz, das man ihnen vor die Tür streute. Sie leckten es gierig und verloren durch dieses Lockmittel nie die Gewöhnung an Haus und Mensch.

Die Pferde kannten den Zeitpunkt, zu dem sie gebraucht wurden, genau. Kurz vor der Ahornzuckerernte stellten sich die meisten von selbst ein und nahmen das Gepäck auf den Rücken. Selten wurde ein Tier so wild, daß man es müde jagen oder gar durch einen Prellschuß unter die Mähne betäuben mußte, ehe es sich greifen ließ.

Nein, wenn man Salz streuen konnte, brauchte man sich um die Pferde nicht zu sorgen. Sie fanden auch im Winter genug zu fressen.

Viel schlimmer war der Mangel an Pulver, denn der Rachezug an die Grenze hatte den Schießbedarf arg geschmälert. Für die Jagd blieb nicht mehr viel, und die Jagd mußte doch in diesem Winter mehr einbringen als sonst, um die schlechte Maisernte zu ergänzen.

Bis zum Neujahr ging es leidlich mit immer schmaler werdenden Rationen. Als die Masken wieder auf dem Boden lagen, entschloß sich der Vater zu einem ungewöhnlichen Schritt.

»Ich werde nach Presque Ile gehen und einige Beutel Pulver leihen. Wir bezahlen sie im Frühjahr mit unseren Fellen. Die beiden Händler, die dort ständig wohnen, geben uns sicher etwas.«

Bevor der Vater mit drei Männern zur Handelsstation aufbrach, musterte er noch einmal sämtliche Vorräte. Nach Abzug der notwendigen Menge für die Reisenden entfiel auf jedes Haus noch Pulver für vier Schuß. Der Häuptling stellte dieses niederschmetternde Ergebnis mit sorgenvoller Miene fest; er sagte nichts, aber jeder wußte, wie sparsam die Jäger mit dem Rest der schwarzen Körnchen umgehen mußten. Es durfte nur auf sichere und lohnende Ziele geschossen werden.

Mit ungewohnter Eile machte sich Kleinbär auf den Weg, als könnte er die abgezehrten Gesichter der Zurückbleibenden nicht mehr sehen. Der Junge ahnte, was den Vater davontrieb: Die elende Krustenzeit stand vor der Tür.

Blauvogel entsann sich nur zu gut der bösen Tage aus dem vorigen Winter, die alle Mühe der Jäger vereitelt hatten. Meist begann die Krustenzeit einen Monat nach dem Neujahr mit strahlender Sonne. Die anhaltende Wärme schmolz die oberste Schneeschicht, aber der beißende Nachtfrost ließ das Schmelzwasser wieder gefrieren. Diese Decke war zu dünn, einen Menschen zu tragen; die Füße brachen knisternd und krachend ein, und das Wild stob ab, lange ehe die Jäger in Schußweite kamen.

Die hochbeinigen Tiere litten in dieser Zeit schwer. Hirschen und Rehen ging es ebenso wie den Menschen, denn auch sie brachen durch die splitternde Eisdecke und scheuerten sich dabei die Fesseln wund. Überall im Walde konnte man die Fährten mit den blutig gefärbten, scharfen Rändern sehen, und manchmal fand man auch die Reste eines gefallenen Tieres, das Gehörn, ein paar Knochen und einige Fetzen von Sehnen und Haut.

Wölfe und Füchse lebten jetzt gute Tage. Ihren breiten, haarigen Pfoten tat die Kruste nichts, sie hetzten jedes wundgescheuerte Reh zu Tode und füllten sich die Bäuche bis zum Platzen. In keinem Monat hatten sie so viel zu fressen wie jetzt. Jede Nacht schallte ihr heiseres Gebell und klagendes Geheul aus dem Walde.

Doch für Hirsche, Rehe und Menschen kam nun die Zeit der Not. Wenn die Ernte ausreichte, konnten sich wenigstens die Menschen helfen, aber wenn der Mais schlecht geriet, ging es den roten Leuten ebenso schlimm wie Hirsch und Reh.

In diesem Winter kam der böse Monat früher als sonst. Der Vater war kaum fort, als herrliche, helle Tage anbrachen. Die Sonne glitzerte fast unerträglich auf die blendende Decke, der Himmel leuchtete in klarem Blau, und nur der dunkle Waldhorizont rings um die leeren Felder trennte mit seinem Trauerband das stechende Weiß der Erde von dem eisigen Blau der wolkenlosen Höhe. Unermüdlich hallte der Trommelwirbel der Spechte, denen der Witterungsumschlag im Blut steckte. Selbst die zahllosen Krähen, die sich auf den Buchen zwischen den Häusern herumtrieben, wurden lebendiger.

Es war, als schmölze die Sonne auch die letzten Vorräte hinweg. Sechs Tage nach dem Aufbruch des Vaters kratzte die Mutter das letzte Schmalz aus den Stachelschweinbeuteln, und die letzten Maiskörner wanderten in den Mörser. Auch die kleinen Blockfallen, die auf den Wildwechseln des Waldes standen, brachten nichts ein, nicht einmal einen armseligen Hasen.

Mittagsonne zeigte ihr gewohntes, fröhliches Gesicht und sprach davon, morgen auf der anderen Seite des Flusses nach Hickorynüssen zu suchen. Doch am Abend sah der Junge von seiner Bettbank aus, wie die am Feuer arbeitende Mutter plötzlich innehielt und unbeweglich in die Flammen starrte. Und dann – der heimliche Beobachter hielt den Atem an – entstürzten ihren Augen Tränen. Die Tropfen fielen auf ihre Hände, glitzerten einen Herzschlag lang im Lichtschein und rollten von der braunen Haut in die Asche. Gleich danach erwachte die Mutter aus ihrer Erstarrung und arbeitete weiter.

Nicht nur der Hunger hielt den Jungen in der Nacht wach; er grübelte darüber nach, ob er selbst versuchen sollte, etwas zu erjagen. Bisher hatte ihn der Vater mitgenommen, um ihm die nötigen Kniffe zu zeigen. Konnte er nicht jetzt einmal allein sein Glück erproben?

Die beiden einzigen vollwertigen Jäger, die im Schildkrötenhaus zurückgeblieben waren, Rehkalbs Bruder Schwarzfuß und Schneller Fuß aus der letzten Stube an der Südtür, brauchten nur zwei Flinten. Und da hing doch noch in Tante Weißeiches Koje ein Gewehr an der Wand, nicht so schwerfällig wie die anderen Donnerrohre, sondern klein, fast zierlich – mochte der Himmel wissen, woher die Waffe stammte. Doch sie paßte für ihn, und sie war geladen. Wenn er dieses kleine Ding nähme und damit in den Wald liefe ...?

Blauvogel zögerte am Morgen, als die anderen über den zugefrorenen Fluß zu den Hickorybäumen gingen, um Bärennüsse zu sammeln. »Ich komme nach, ich komme sofort nach«, rief er und machte sich bei den Holzvorräten in der Südstube zu schaffen. Er sah hinter den Davonziehenden her, wie sie langsam, mit müden Schritten den Uferhang hinunterstiegen, auf dem Eis des Flusses kleiner wurden und endlich als winzige dunkle Flecke zwischen den Bäumen verschwanden.

Der Junge rannte in Tante Weißeiches Koje, nahm die Flinte vom Pflock, prüfte das Zündkraut auf der Pfanne und wickelte einen Lappen um das Schloß, damit keine Feuchtigkeit in die Ladung drang. Er pfiff Schnapp, doch der Hund blieb beim Feuer liegen. Blauvogel pfiff noch einmal und trat näher. Aber da hob sein Gefährte den Kopf und sah seinen Herrn so erbarmungswürdig an, daß Blauvogel keinen Versuch mehr machte, das halbverhungerte Tier auf die Beine zu bringen. Bis zur Tür verfolgte ihn das leise Winseln Schnapps; erst die zufallende Pforte schnitt den Jammerlaut ab.

Der kleine Jäger schlug den Weg an der Kornkrippe vorbei zum Walde ein. Das Stabgitter der Krippe unter dem Dächelchen starrte ihn an wie eine leere Heuraufe – ja, die Maiskolben, die einmal darin gelegen hatten, waren längst gegessen.

Die scharfe Winterluft besänftigte den nagenden Hunger etwas. Sie berauschte den Jungen geradezu. Die Sonne setzte den beschneiten Tannen goldene Hauben auf und untermalte die kahlen Eichen mit einem unendlichen Linienmuster blauer Schatten. Wenn Äste unter der Schneelast brachen, dröhnte ein Krachen durch die Stille, sonst stand der Wald stumm, wie gestorben.

Blauvogel ging nach Osten. Solange die Sonne schien konnte er sich nicht verlaufen wie im vergangenen Winter, als er in einem hohlem Baum übernachtete. Gegen Mittag kreuzte er eine Büffelspur. Der Junge verstand Fährten noch nicht so genau zu lesen wie Kleinbär oder Schwarzfuß oder auch Rehkalb und vermochte deshalb nicht zu sagen, wie viele Tiere hier vorbeigezogen waren. Er sah nur, daß mehrere Büffel ihre Spuren hinterlassen hatten.

Jagdfieber ergriff ihn. Er packte seine Flinte fester und schlug eine schnellere Gangart an. Wie weit voraus mochten die Tiere sein? Nach etwa hundert Schritten fand er einige Schnitzel Büffeldung. Sie waren hartgefroren und mußten schon am frühen Morgen gefallen sein. Aber trotzdem, die Schnitzel bewiesen, daß die tief eingestempelten Doppelklauen wirklich von Bisons stammten.

Der Vater gab auf solche Zeichen viel und pflegte ständig die Geschichte von den Catawba-Indianern zu erzählen: »Diese Erzfeinde der Irokesen erscheinen mitunter auch im Winter am oberen Alleghany. Einmal hatte sich eine solche Abteilung listig Büffelhufe unter die Füße gebunden und mit den Spuren einige irokesische Jäger in einen Hinterhalt gelockt. Deshalb also soll man auf die Schnitzel achten, denn die Catawba können wohl Büffelspuren machen, aber Büffeldung nicht.« – Nein, hier waren keine Catawba gelaufen!

Der Hunger begann wieder zu wühlen. Der Junge raffte seine Kräfte zusammen und folgte den Eindrücken. Manchmal blieb er stehen und überlegte, ob er nicht umkehren sollte, aber dann dachte er an die Tränen der Mutter und setzte sich wieder in Bewegung. Schließlich gingen seine Füße von selbst, und er dachte an gar nichts mehr.

Ein paar kugelgroße rote Bälle, die im Gestrüpp leuchteten, brachten ihn wieder zu sich. Das mußten Preiselbeeren sein, die vom Sommer her hingen, von den Vögeln übersehen. Gierig riß er die Früchte ab und stopfte zwei davon in den Mund, aber ebenso schnell spuckte er sie wieder aus, denn die steinhart gefrorenen, eiskalten Beeren waren nicht zu kauen.

Blauvogel blieb stehen. Wenn er doch Feuer hätte! Im Windschatten eines gestürzten Baumes dunkelte eine schneefreie Stelle. Ohne langes Überlegen schlug er mit seinem Tomahawk ein paar Äste ab, splitterte dürres Holz in feine Späne, entnahm seinem Beutel Feuerstein, Stahl und Zunder und schlug Funken. Bald prasselten die Flammen.

Hastig schob der Junge die gefrorenen Früchte ans Feuer und wartete ungeduldig, bis sie weich wurden. Doch kaum hatte er die heißen Beeren auf der Zunge, als er sie von neuem ausspuckte. Sie schmeckten unerträglich sauer.

Enttäuscht kuschelte er sich zusammen. Der Hunger wandelte sich in eine dumpfe, lähmende Mattigkeit und ließ dem Erschöpften kaum die Kraft, das Feuer zu versorgen. Unter Anspannung allen Willens taumelte Blauvogel hoch, hieb das erreichbare trockene Astwerk ab und türmte es neben seinem Lager auf. Dann löste er ein großes Stück Rinde von dem gestürzten Baum und streckte sich darunter zum Schlafen aus, möglichst dicht neben die Flammen.

Am Morgen glimmten die Holzstücke noch. Der Junge fühlte sich etwas frischer, nahm sein Gewehr und sah sich nach den Büffelspuren um. Doch er fand sie nicht mehr, soviel er auch suchte. Der kleine Jäger setzte sich und dachte nach. War er gestern schon in seiner halben Besinnungslosigkeit vom Büffelpfad abgekommen? Seine Gedanken verwirrten sich. Schwerfällig stand er auf. Ich habe kein Glück, ich muß wieder nach Hause, dachte er.

Blauvogel blickte zur Sonne und orientierte sich; sein Weg ging nach Westen und war nicht zu verfehlen. Nein, er kam viel zu früh in das Schildkrötenhaus – mit leeren Händen, nicht einmal mit einem Hasen oder Waschbären. Die Enttäuschung stieg ihm in der Kehle hoch. Lange dauerte es, ehe die Füße den gewohnten Rhythmus fanden.

Auf einmal machte er Halt: Vor ihm im Schnee standen Hirschfährten. Das Gehirn des Entkräfteten begann wieder zu arbeiten. Er bückte sich und fuhr mit dem Finger über die rotgefärbten Ränder der Eindrücke. Das Blut klebte noch; das Tier mit seinen wundgescheuerten Fesseln mußte also gerade vorbeigekommen sein.

Eine fast wölfische Gier erwachte in dem Jungen. Eilig

hetzte er durch den lichten Baumbestand den Hang hinunter, über die Talsohle mit dem vereisten Bach, am jenseitigen Hügelhang hinauf. Er beachtete nicht das Krachen und Splittern unter seinen Mokassins, er stierte nur auf die rote Spur. Ein Prasseln im Gebüsch schreckte ihn empor. Das Gesträuch öffnete sich. Ein stattlicher Hirsch stürmte heraus, überquerte in langen Sätzen die Lichtung und verschwand im Wald auf der flachen Hügelkuppe.

Der Junge starrte der entgangenen Beute nach. Das Tier besaß noch Kräfte genug, um sich jeder Verfolgung zu entziehen. Tränen rollten über die Wangen des Enttäuschten. Todmüde schleppte er sich weiter, ohne in Gedanken etwas anderes zu sehen als das Schildkrötenhaus und das schmale Gesicht der Mutter.

Unmittelbar vor dem Biberfluß brach er in eine schneeverwehte Grube ein. Mit den Armen und Füßen mußte er sich herausarbeiten. Erschöpft blieb der Junge am Rand der Grube liegen, um zu verschnaufen.

Es dauerte eine Weile, bis ihm zum Bewußtsein kam, daß ein warmer Luftstrom über sein Gesicht strich, geradewegs aus dem dunklen Loch herauf. Ein eigentümlicher tierischer Geruch stieg mit der Wärme nach oben. Blauvogel schnupperte und spähte in die Grube.

Plötzlich zuckte er zusammen: Er unterschied in dem Dunkel den Kopf eines großen braunen Bären. Ganz unbeweglich saß das Tier; es hielt sicher seinen Winterschlaf. Wie oft hatte der Vater davon erzählt! Die Bärenweibchen erkletterten dicke Stämme und verbrachten die kalte Jahreszeit hoch über der Erde in Baumlöchern, um ihre Jungen vor den Wölfen zu schützen; die Männchen dagegen verkrochen sich zwischen Wurzeln in Gruben und Vertiefungen, auf jeden Fall unten am Boden.

Auch dieser Bursche hatte sich einfach einschneien lassen, um hier warm und behaglich dem Frühling entgegenzuschlummern. Bis dahin zehrte er von dem Fett, das er sich im Herbst bei der guten Eichel- und Kastanienernte angemästet hatte.

Blauvogel spähte wieder nach unten. Das Tier saß noch immer ganz ruhig. Die Hände des kleinen Jägers zitterten, als er hinter sich griff und nach der Flinte tastete. Er wickelte den Lappen vom Schloß, zupfte an dem Zündkraut der Pfanne, setzte die Mündung zwischen die Augen des Bären und drückte ab.

Sobald sich der Pulverqualm verzogen hatte, brach er einen Zweig vom nächsten Strauch und stocherte damit in der Wunde, doch der braune Koloß rührte sich nicht mehr. Der Junge sprang in die Grube, erweiterte die Öffnung mit den Händen und versuchte die Beute herauszuzerren. Aber er hätte ebensogut an einem Felsblock ziehen können – der riesige Körper rückte keinen Fingerbreit von der Stelle.

Blauvogel kroch wieder heraus, steckte den Zweig neben die Grube, schob den Schnee zusammen und machte sich auf den Heimweg. In ihm jubelte es: Mein erster Bär! Mein erster Bär!

Die Erschöpfung war wie weggeblasen. Was würde die Mutter sagen, und erst der Vater? Im Gehen summte der Glückliche ein Lied, das im Schildkrötenhaus gesungen wurde, wenn die Männer aus dem Walde heimkehrten.

> Wenn die Tagesjagd endet,
> und ich suche mein Zelt,
> hat die Sonn' sich gewendet,
> scheint der Mond in die Welt.
> Und ich schleppe die Beute
> wie gern, oh, wie gern.
> Der Geist half mir heute,
> der wohnt in dem Stern!

Am Himmel standen lange weiße Wolkenbänke; zwischen ihnen blinzelten schmale Streifen Sonnengold hervor. Der Junge prüfte den Stand des Lichtes: Es war wenig über Mittag. Sie konnten noch heute den Bären holen; er lag ja nicht weit vom Dorfe.

Trübe Stille schlug ihm auf dem Korridor entgegen. Die Feuer glimmten niedrig, als wollten sie verlöschen. In Tante Weißeiches Koje lag alles auf der Bettbank; niemand beachtete ihn, als er leise eintrat und die Flinte wieder an die Wand hängte. Die Mutter saß auf der Kammerschwelle. Ihre großen Augen leuchteten dankbar auf, als Blauvogel sich mit einem kurzen »Da bin ich wieder« zum Feuer setzte.

»Wir merkten an der fehlenden Flinte, daß du auf Jagd gegangen warst. Du wolltest es selbst versuchen, lieber Sohn, aber nicht einmal Schneller Fuß und Schwarzhuf haben in den letzten Tagen etwas nach Hause gebracht. Und ich habe große Sorge um dich gehabt, denn in diesem Zustand kann auch dem Tüchtigsten ein Unglück zustoßen. Nun bin ich froh, dich wieder zu sehen. Ich habe einige Knochen gekocht, trinke von der Brühe. Danach bekommst du Bärennüsse.«

Der Junge tat gehorsam, was die Mutter sagte. Früher wäre er mit seiner Neuigkeit sogleich herausgeplatzt, aber jetzt wußte er, wie man sich im Schildkrötenhaus benehmen mußte: still, zurückhaltend, niemals aufdringlich. Die armselige Knochensuppe schmeckte ihm so gut wie noch nie. Nach einigen Schlücken jedoch konnte er nicht mehr an sich halten. Er trat an die Sitzende heran, legte seinen Arm um ihren Nacken und flüsterte: »Mutter, ich hab einen Bären geschossen.«

»Was sagst du da, mein Sohn?«

»Ich habe einen Bären geschossen.«

»Weißt du sicher, daß er tot ist?«

»Ja, er ist ganz sicher tot.«

Mittagsonne blickte den Jungen an, dann streichelte sie ihn zärtlich. In einzelnen abgerissenen Ausrufen machte sich ihre innere Bewegung Luft.

Im Nu breitete sich die Nachricht aus; Freudenrufe erfüllten den Korridor, die Kojen wurden lebendig, und alle Bewohner des Schildkrötenhauses sammelten sich vor der Stube der Mutter. Blauvogel mußte erzählen. Er tat es schnell, denn einmal drängte der Hunger, und dann verwirrten ihn die vielen strahlenden Augen, die ihn anblickten. Selbst der Großvater sparte nicht mit Lob: »Mein Enkel, du wirst ein tüchtiger Jäger werden, denn du hast heute gezeigt, daß dich die Frauenarbeit auf dem Felde nicht verdorben hat.«

Unter Blauvogels Führung machten sich die Kräftigsten auf, um den Bären zu holen: Tante Weißeiche, Schneller Fuß und seine Frau, Schwarzhuf und Rehkalb. Was dem Jungen unmöglich war, gelang so vielen Händen sofort. Das mächtige Tier wurde auf Zweige eines starken Eichenastes gewälzt und aus der Grube gezogen. Beim Heimweg diente der Ast als Schlitten, auf dem die Last leicht dahinglitt.

Vor der Nordtür schlugen sie den Bären aus dem Pelz. Er mochte gut dreimal soviel wiegen wie ein ausgewachsener Mann, und seine Fettschicht maß mehr, als eine Hand umspannen konnte. Es war ein ungewöhnlich großes und schweres Tier.

Eilig wurden für die Kessel dünne Fleischscheiben geschnitten. Lachen und Scherzworte flogen hin und her.

»Der hat nicht an Kastanien gespart, um recht fett zu werden!«

»Statt der schlechten Maisernte bekommen wir nun etwas von der guten Eichelmast!«

»Blauvogel ist in eine Vorratsgrube gefallen; wir müssen ihn öfter schicken, er hat Glücksfüße!«

Wenn die Tür aufklappte, strömte eine Wolke von Wärme und Fleischduft hinaus in den kalten Winterabend, viel schöner noch als der Geruch des Festessens zu Neujahr. Zum Glück machte das vollständige Abziehen und Zerlegen des Kolosses viel Mühe, denn ohne Arbeit hätte man das Garwerden des Essens gar nicht abwarten können.

Nur die Hunde warteten nicht; sie schnappten nach den Brocken, die ihnen zuflogen, bissen sich um die Stücke und benahmen sich wie toll. Auch Schnapp wußte nichts mehr von Müdigkeit.

Die Nachbarn holten sich große Schüsseln mit Fleisch; die anderen Familien durften nicht hungern, wenn die Schildkrötenleute zu essen hatten. Die Vaterschwestern aus dem Falkenhaus brachten die Nachricht mit, die Jäger des Hirschclans hätten vier Büffel erlegt, darunter zwei fette Kühe: »Die Tiere sind ihnen gerade in die Flinten gelaufen; sie brauchten keinen Schritt zu tun und konnten abwarten, bis sie nahe genug waren.«

»Vielleicht sind das die Büffel gewesen, denen Blauvogel so lange nachgerannt ist«, vermutete Rehkalb. Doch ehe sich jemand dazu äußerte, rief die Mutter zum Essen.

Mittagsonne teilte jedem vier oder fünf Scheiben zu. »Mehr gibt es heute nicht«, erklärte sie bestimmt. »Euer Magen ist überhungert.«

Blauvogel blickte verlangend nach dem Kessel, aber er merkte bald, wie ihn auch nach diesem bescheidenen Mahl eine wohlige Wärme durchpulste. Eine satte Stille legte sich über den Gang und die Kojen; man hörte nur das Knistern der Feuer und das Knacken der Knochen, mit denen sich die Hunde in ihren Winkeln beschäftigten.

Die Mutter wandte sich an den Jungen: »Den Pelz deines Bären bekommt der Großvater. Das Fell des ersten Tieres, das ein künftiger Jäger erlegt, geht immer an alte, hilflose Leute. Aber die Krallen gehören dir; daraus bekommst du ein Halsband. Die großen Eckzähne fädele ich mit auf. Das wird dich immer an deinen ersten Bären erinnern.«

Geschickt trennte die Mutter die langen, säbelförmigen Hornspitzen aus den Pfoten. Halb bewundernd, halb neidisch sah der Schielende Fuchs zu, wie das Häuflein der Krallen immer größer wurde. Er war sogleich mitgelaufen, als die Kolonne mit dem Astschlitten bei den Lenapewigwams vorbeikam, und blieb nun, um den ersten Bären des Spielgefährten mitzufeiern.

»Zwanzig Krallen«, meinte er nachdenklich. »Und dazu kommen noch die beiden Eckzähne. Du könntest mir eigentlich eine Kralle abgeben.«

Blauvogel bedachte sich nicht lange; heute konnte er niemand etwas abschlagen. Der Fuchs bedankte sich so freudig, daß auch die letzten Schatten der Vergangenheit davonflogen. Aus dem alten Widersacher war ein Freund geworden. Doch nun wollte auch Rehkalb eine Kralle haben, und dem Vetter durfte der erfolgreiche Jäger nicht versagen, was er dem Lenapejungen gewährte. So bestand dann das Bärenhalsband schließlich nur noch aus achtzehn Krallen, aber es nahm sich mit den beiden großen Hauern in der Mitte immer noch stattlich genug aus. Durch die Bohrlöcher in den dicken Enden lief ein Lederriemen, von dem die gelblichen Siegeszeichen auf Brust und Rücken herabfielen, weithin leuchtend auf dem roten Hemd. –

Der Vater bemerkte das Halsband sofort, als er zurückkam. Sein verschlossenes, finsteres Gesicht erhellte sich, er fragte und hörte Blauvogels Geschichte. Der Häuptling sagte nicht viel. »Ich bin dem Rauchigen Tag dankbar, ohne ihn wärst du nicht unter unser Dach gekommen.«

Der Junge wurde glühend rot, als hätte er eine Adlerfeder erhalten, eine von den langen Schwanzfedern, die nur besonders angesehene Krieger trugen.

Nach dem Essen rauchte Kleinbär. Gegen seine Gewohnheit begann er schon nach den ersten Zügen zu reden. »Ihr habt die letzten Schüsse gut angewandt, eine bessere Verwendung hätte ich auch nicht gefunden. Es ist nun wirklich unser letztes Pulver, denn die Händler haben mir nichts gegeben. Sie hätten selbst nicht genug, es kämen jeden Tag Indianer und bettelten um Schießbedarf, behaupteten sie. Schließlich überließen sie uns einen Beutel, verlangten aber, wir sollten ihn im Frühling mit dem fünffachen Preis bezahlen. Das lehnte ich ab.«

Kleinbär machte eine Pause und blickte Blauvogel an.

»Was die Händler dann noch sagten, brauchst du nicht zu übersetzen, denn ich habe es ohne Dolmetscher verstanden. Der weiße Mann hat ein Herz von Stein, ganz gleich, welche Zunge er spricht.«

Der Junge dachte an den Salzbach, an die langen roten Feuerstrahlen von der Tannenwand her, an das Gebrüll der Grenzer und fand die Worte des Vaters bestätigt.

Der Häuptling fing wieder an: »Wir haben bei der Rückkehr einen Umweg gemacht, aber in Mohing, dem Dorf weiter oberhalb am Biberfluß, stand es ebenso schlimm wie bei uns. Auch dort ist den Leuten die Ernte mißraten, doch sie haben uns ein Säckchen Pulver geschenkt. Wenn wir das ebensogut anwenden wie die letzten Schüsse, wird es uns nicht schlecht gehen.«

Kleinbär lächelte; das Jagdglück der vergangenen Tage verscheuchte seine Sorgen. Kalte Luft fegte in den Gang. Rehkalb, der Holz aus der Südstube holen sollte, riß die Tür weit auf. »Es schneit, es schneit!« Hastig drängten alle hinaus.

Große Flocken wirbelten in der Luft, tanzten auf und nieder und sanken schließlich zu Boden. Die Erwachsenen sagten nichts. Sie blickten zum Himmel und ließen die zarten Sternchen auf ihren Gesichtern zergehen. Die Kinder jubelten und haschten nach dem fallenden Weiß. Jeder wußte, was dies bedeutete. Es gab wieder Schnee – Neuschnee, Spürschnee, und die Jäger würden nicht mehr vergeblich hinausziehen. Die Krustenzeit war vorbei.

»Wir müssen nun sehen, wie wir mit möglichst wenig Pulver an Fleisch und Pelze kommen«, überlegte Kleinbär, als die Schildkrötenleute wieder fröhlich um ihre Feuer saßen. Das gab dem Großvater, der abends gern zur Mutter herüberkam, das Stichwort. Er wurde lebendig, und seine trüben Äuglein glänzten. »In meiner Jugend besaßen nur wenige Männer Flinten, und wir sind auch nicht verhungert. Aber da verstand sich auch jeder Jäger noch auf Aalstechen, Eisfischerei und Fallenstellen. Lanzen und Pfeile trafen ebensogut wie diese neuen Donnerrohre, machten aber nicht solch Getöse. Ohne so ein neumodisches Gewehr steht heute jeder Jäger da wie ein Kind. Der weiße Mann hat nichts Gutes gebracht.«

Endlos erging sich der Großvater in Schilderungen seiner Jugend, und andächtig lauschten seine Zuhörer. Es stimmte nicht ganz, was Weißhaar sagte, denn jeder Jäger betrieb auch jetzt noch seine Strecke Blockfallen, die er tagtäglich abschritt und sorgfältig instand hielt; auf jedem Dachboden lagen noch die langen Fischspeere mit und ohne Widerhaken, und jeder Junge mußte erst mit Pfeil und Bogen sicher treffen, ehe man ihm eine Flinte anvertraute. Aber niemand unterbrach den Alten – und welcher Großvater hätte nicht seine Jugend als bessere Zeit gepriesen?

»Wir werden morgen den See ohne Abfluß leer fischen«, beendete der Vater die Unterhaltung.

Blauvogel hob den Kopf, diesen See kannte er von den Wegen zum Ahornzuckerwäldchen. Jedesmal, wenn man an seinem Ufer entlangwanderte, wandte sich das Gespräch den Merkwürdigkeiten der Gegend zu, die ihresgleichen suchten. Vor dem inneren Auge des Jungen stieg das frühlingsfrische Bild dieser Landschaft auf: ein türkisblaues, eirundes Gewässer, ringsherum knospender Laubwald, hauchzart auf den zitternden Wellen widergespiegelt, nur an einer Stelle zurückgedrängt von einer großen Wiese. Unerreichbar in der Mitte ein mächtiger Haufen Reisig und Stöcke: eine Biberburg.

Der See besaß keinen sichtbaren Abfluß und blieb immer gleichmäßig hoch. Eine Strecke weit nach Osten brach eine starke Quelle aus dem Boden, und der Vater meinte, sie sei das Ende eines unterirdischen Baches. Rehkalb behauptete, er hätte einmal auf dem Weg zum Zuckerwäldchen ein Stück Fell auf das Ufereis des Sees geworfen und beim Rückweg dasselbe Fell in der Quelle wiedergefunden. Etwas Wahres mußte daran sein, denn es gab in dem See sogar Aale – und wie sollten Aale hierherkommen, wenn nicht irgendeine Verbindung zum nächsten Bach bestand? Ja, diese Gegend war sehr merkwürdig.

Aber warum fischten sie nicht zuerst auf dem Biberfluß?

Der Vater schien die Frage des Jungen zu erraten. »Auf dem See wird das Eis nicht so dick wie hier. Ich weiß nicht, woher das kommt – vielleicht sind dort warme Quellen. Jedenfalls erleichtert es unsere Arbeit.«

Obwohl sie beim Morgendämmern aufbrachen, erreichten sie ihr Ziel erst, als das grauverhangene Licht halbwegs zum Mittag stand. Es ging nicht so schnell wie sonst, denn die Männer steckten in dicken Bärenfelljacken und trugen Leggings aus Büffelfell. Auch für Blauvogel hatte die Mutter eine Elchhautjoppe mit Ärmeln und Kapuze hervorgesucht. »Sonst frierst du beim Eisfischen fest.«

Viel Gerät brauchten sie nicht zu schleppen, nur Körbe, Äxte und eine Menge Fischspeere aus starkem Rohr mit dreizinkigen Knochengabeln und haarscharfen Spitzen. Blauvogel hatte diese langen, dreizackigen Lanzen schon einmal in den Händen der Männer gesehen, zu Anfang seines ersten Winters in Fruchtbare Erde. Aber damals fühlte er sich noch fremd und wollte nicht fragen, obschon er gern gewußt hätte, wie sie damit fischten. Er erinnerte sich noch, daß die Fischer damals mitten auf dem Flußeis unter kleinen Zelten lagen, gegen die Kälte schwer in Pelze verpackt. Nun, heute und morgen würde er es richtig sehen.

Der See glich einer brettflachen, beschneiten Wiese, die sich lang und breit dahinzog. Die Jäger verteilten sich über die Fläche. Der Vater steuerte mit Schwarzfuß, Schnellem Fuß, Rehkalb und Blauvogel geradewegs auf den Biberbau zu. Niemand hätte in diesem wilden und unordentlichen Holzhaufen eine Biberwohnung vermutet; kreuz und quer lagen die Äste übereinander, so hoch, daß ein Erwachsener gerade darüber hinwegsehen konnte. Dicker Schnee deckte das Ganze zu, überall guckten die vereisten Enden der Holzprügel heraus. Blauvogel zerrte an einem, doch der Ast lag unbeweglich fest. Schwarzhuf und Schneller Fuß lachten. »So einfach geht das nicht.«

Nun teilte der Vater die Arbeit ein. »Zuerst werden Löcher in das Eis gehackt; jeder sucht sich eine Stelle aus, etwa zwölf Schritt vom Holzhaufen entfernt. Ihr beiden Jungen bleibt dabei zusammen.«

Sie griffen zu den Äxten und begannen die glitzernde Decke zu zertrümmern. Bald dunkelte schwarzes Wasser in der ellenbreiten Öffnung, an der Blauvogel und Rehkalb schafften. Der Vater behielt recht, das Eis maß kaum eine Spanne. Inzwischen erkletterte Kleinbär den Biberbau und hackte mit kräftigen Hieben die Spitze auf; Schnee und Äste flogen nach allen Seiten.

»Gleich werden die Tiere herauskommen«, sagte Rehkalb und zog den Vetter vom Eisloch fort.

»Aber wo denn? Es ist ja kein Ausgang in dem Holzhaufen zu sehen?«

»Die Ausfahrt liegt unter dem Eis. Siehst du, da drinnen in dem Reisighaufen haben die Biber einen trockenen Kessel. Aus dem führt eine Röhre ins Wasser, und durch dieses Rohr fliehen sie bei Gefahr in den See. Kleinbär hackt den Bau auf, damit die Biber ins Wasser rutschen.«

»Na, und? Dann sind sie doch fort?«

»Nein, das scheint nur so. Sie können es nicht lange unter dem Eis aushalten und müssen zu unseren Löchern kommen, um Luft zu schnappen. Die Fische brauchen das nicht, doch die Biber müssen ab und zu an die Oberfläche, sonst ersticken sie. Sobald sie in dem Loch auftauchen, werden sie mit den Fischspeeren harpuniert und herausgezogen.«

»Ach so ist das. Aber wenn man nun danebenstößt?«

»Ein guter Jäger trifft immer. Man kann sich auch ans Loch legen und die Biber mit den Händen herausholen, doch das ist gefährlich. Die Biester haben vorn so große Zähne. Ich habe selbst einmal erlebt, wie einem Mann dabei der Daumen abgebissen wurde. Es sah gräßlich aus.«

Ehe Blauvogel antworten konnte, trat geräuschlos der Vater heran, einen kurzen Fischspeer in der Hand.

»Ihr müßt jetzt ein paar Schritte zurücktreten und ganz still sein.«

Die Jungen taten es. Angestrengt blickten sie in das Wasserloch, wo der Biber zum Atmen auftauchen mußte. Die Zeit verging. Blauvogel kam es endlos vor, und er begann zu frieren.

Plötzlich hob der Vater den Speer und stieß zu. Ein wildes Plätschern, ein Sprühregen von Tropfen – und schon lag der Biber auf dem Eis. Der Vater gab ihm noch einen Schlag mit dem stumpfen Ende des Tomahawk, doch das war wohl nicht mehr nötig, denn die Zinken des Speers hatten sich in den Kopf gebohrt.

»Ihr müßt immer auf die Schnauze zielen, sonst durchlöchert ihr das wertvolle Fell am Körper.«

»Ich habe den Biber gar nicht kommen sehen«, gestand Blauvogel. Kleinbär lachte. »Das Tier taucht auch nicht auf, es steckt nur seine Nasenlöcher heraus. Man merkt seine Annäherung an einer leichten Bewegung des Wassers, das ist alles.«

Der Häuptling stellte sich wieder bereit, und diesmal sah der Junge, wie zitternde, winzige Wellen über den dunklen Spiegel liefen, ehe der Vater zustieß. Nach diesem zweiten Fang kam nichts mehr.

Ein leises Pfeifen rief die Jäger zusammen. Auch Schneller Fuß und Schwarzhuf hatten an ihren Löchern Erfolg gehabt. Sechs Tiere ergab der Bau, zwei voll ausgewachsene und vier kleinere, alle mit prachtvollen, wolligen Winterfellen. Die Beute wurde zum Ufer getragen und dort aufgestapelt.

»Nun werden wir sehen, was die anderen machen«, meinte Kleinbär zufrieden.

Die übrigen Männer hatte Blauvogel in seinem Jagdfieber gar nicht beachtet. Jetzt erblickte er wieder dasselbe Bild wie damals auf dem Eise des Biberflusses: rote und braune Tupfen über das Eis verstreut, kleine zeltartige Gestelle, mit einer Decke zugehängt. Überall lagen die Männer flach auf dem Bauch in diesen Hütten, nur vom Gürtel ab sichtbar. Was sie darin taten, konnte man nicht erkennen.

Als sie beim ersten Zelt anlangten, kroch der Fischer – Wolkennase aus dem Hirschclan – gerade heraus und lachte über das ganze Gesicht. Er schleppte seinen Speer hinter sich her. An den Zinken zappelte ein großer Barsch. Das Tier wurde von der Gabel gelöst und zu der übrigen Beute geworfen.

Das Zelt stand genau über einem Loch im Eis, und dicht dabei lag schon ein Haufen von sieben oder acht ellenlangen Fischen mit gelben Bäuchen, rosigen Flossen, dunkelgefleckten oder grünlichen Rücken. Ringsumher war der Schnee sauber fortgefegt.

»Versuche es auch einmal«, ermunterte der Vater den Jungen.

»Aber wie macht man das denn?«

«Du nimmst den Speer und schiebst ihn durch das Loch ins Wasser. Das Ende mußt du natürlich gut festhalten. Dann legst du dich mit dem Gesicht über die Öffnung. Die Zeltdecke hält das Tageslicht ab, so daß du alles sehen kannst, was im Wasser vorgeht. Sobald ein Fisch kommt, spießt du ihn auf und ziehst ihn heraus.«

Wolkennase gab dem Jungen gutmütig lächelnd den Speer. Eifrig schob Blauvogel die Lanze durch den Zeltschlitz in das Loch und kroch nach. Der lange Stab glitt schräg ins Wasser und stellte sich unter dem Gewicht der Spitze lotrecht. Der Junge lag jetzt über der Öffnung, das Ende des Speers in der Hand.

Atemlos starrte er in die Tiefe. Das Licht fiel durch das blankgefegte Eis außerhalb des Zelts und durchzog das Wasser mit einer märchenhaften grünblauen Helle, die mit wachsender Tiefe immer blauer wurde und schließlich in Schwarz überging. Zarte, wunderbare verschlungene Gebilde tauchten aus dem Grunde empor, wie Schlinggewächse, bald grün, bald gelb leuchtend. Dazwischen stand der Lanzenstab. Auch er schimmerte in wechselnden Tönen vom hellsten bis zum dunkelsten Blau. Der Junge bewegte die Lanze, und das herrliche Farbenband bewegte sich mit. Jetzt stieß es an die Algen, und die Algenfäden gerieten ins Schwanken, ein zitterndes, grünliches Tanzen in der blauen Tiefe.

Da der kleine Fischer selbst unter dem Zelt im Dunkeln lag, so konnte er genau beobachten, was in dem märchenhaften Wasser geschah. Es kam ihm vor, als hätte sich die Tür zu einer zweiten Welt geöffnet, als träte er in ein Zauberreich voller Geheimnisse und Wunder.

Jetzt tauchte von rechts ein längliches, gelbes Ding auf mit einem rotgestreiften Rücken. Langsam bewegte es zwei Flossen wie Paddeln.

Der Junge ließ vor Staunen fast den Speer los, denn so etwas hatte er noch nie gesehen. Die an Sommerabenden aus dem Fluß emporschnellenden Fische verschwanden ja wie der Blitz, aber dieser hier schwamm langsam und zum Greifen nahe. Jetzt wurde er grün, jetzt blau, jetzt purpurn, jetzt tat er einen Schwanzschlag und versank wieder.

Neue Fische erschienen. Der Beobachter kam aus seiner Verwunderung nicht heraus.

Unbeweglich hielt er den Speer, um das Leben in der farbigen Tiefe nicht zu stören.

Auf einmal ertönte Wolkennases Stimme: »Mein kleiner Bruder möge mich wieder hineinlassen, sonst fängt er mir alles fort.«

Blauvogel schob sich rückwärts aus dem Zelt und machte Wolkennase Platz, der auf dem Bauch an das Eisloch rutschte.

»Du hast ja nichts gefangen«, stellte Rehkalb fest. »Hast du denn keine Fische gesehen?«

»Doch, eine Menge sogar. Aber ich kam nicht dazu, den Speer zu gebrauchen.«

»Wieso? Du bist doch lange genug unter dem Zelt gewesen?«

»Es gab so viel zu sehen da unten. Ich fand gar keine Zeit zum Stechen.«

»Das verstehe ich nicht. Ich habe niemals etwas anderes gesehen als Fische und ein paar dumme Algen, die dem Speer im Wege sind.«

Unsicher blickte der Junge auf den Vetter; Rehkalb redete immer so überlegen. Doch dann fing er einen Blick des Vaters auf, ein zustimmendes Zwinkern der Augenlider und ein flüchtiges, ironisches Lächeln, das Rehkalb galt.

Plötzlich wußte der Junge, daß der Vater ihn verstand und die Worte des Vetters nicht für voll nahm. Ein nie gekanntes Gefühl der Überlegenheit durchströmte ihn. Er reckte sich. Es wollte ihm scheinen, als wäre er dem Vater ein Stück nähergerückt, noch näher als dem Vetter und Spielgefährten.

Kleinbär zwinkerte noch einmal. »Eisfischen will geübt sein. Das kann man nicht von heute auf morgen. Doch nun zurück zu unseren Löchern, die wollen wir selbst leer fangen.«

»Gibt es denn da noch Fische?« fragte Blauvogel.

»Sicher, warum auch nicht?«

»Die Biber haben sie doch längst aufgefressen.«

»Die Biber? Wie kommst du denn darauf?«

Der Junge spürte Erstaunen in der Stimme des Vaters, aber er spürte nichts von dem überlegenen Besserwissen Rehkalbs oder von dem Spott Malias, die gleich lachte, wenn er etwas Falsches sagte. Er fühlte zum erstenmal deutlich, daß der Vater ihn als Erwachsenen behandelte, nicht mehr als Neuling, dem die Kinder so lange »Dummkopf« nachgerufen hatten.

Diese Anerkennung hob ihn, und er dachte über die Frage Kleinbärs nach. Woher wußte er etwas von den Bibern? An der Juniata gab es diese Tiere kaum noch; er konnte sich eigentlich auf nichts besinnen als auf die Rede von ihrer Schädlichkeit. Schließlich begann er zögernd: »Bei meinen weißen Eltern hieß es immer, die Biber verwüsten den Fischbestand und müßten deshalb gefangen werden.«

»Das ist ein großer Irrtum. Die Tiere nähren sich von Weiden- und Rüsternrinde. Fisch und Fleisch rühren sie nicht an. Du mußt nachher einmal zu der großen Wiese da drüben am Südufer laufen, da siehst du genug Kegelstümpfe von Weiden, die von den scharfen Zähnen der Nager gefällt wurden, damit diese besser an die Zweige kommen. Wenn wir zu Hause die Beute ausnehmen, zeige ich dir die Magen; dann kannst du selbst sehen, was sie fressen.«

Aufmerksam hörte der Junge zu. Der Vater wußte so viel von Tieren, bestimmt mehr als alle Leute in Raystown zusammen.

Und richtig: Die drei Öffnungen am Biberbau brachten ebensoviel Fische wie die anderen Fanglöcher. Ganze Lasten mußten abends im Uferschnee vergraben werden, weil die Männer sie nicht tragen konnten. Nun, morgen war auch noch ein Tag.

Doch der folgende Tag brachte noch mehr Beute, denn nun durften die Jungen am Ufer des Sees Aale stechen. Dazu wurden vom Dachboden eine besondere Art von Fischlanzen hervorgeholt, lange Rohrstäbe mit fünf Zinken und kunstvollen Widerhaken. Damit stachen die Jungen durch Löcher im Ufereis, tief hinunter in den modrigen, weichen Seegrund, bald hierhin, bald dorthin. Zog man den Speer hoch, so wanden sich wie dünne Schlangen eine Menge Aale um die Spitzen.

Die Jungen arbeiteten emsig. Gegen Mittag wurden an prasselndem Reisig ein paar Fische für einen schnellen Imbiß gebraten. Dann saß man am Feuer und wärmte sich die Füße. Schwatzen und Lachen stieg in die frische Winterluft, und von ferne hallten die Rufe der Männer, die von den letzten Eislöchern dem Feuer zustrebten, beladen mit Barschen, Rotaugen, Büffelfischen, und was es sonst noch gab.

Es schmeckte noch einmal so gut in der fröhlichen Stimmung erfolgreicher Arbeit. Doch nichts ließ sich mit der Aalsuppe vergleichen, die Strahlende Mittagssonne in ihrem Kessel kochte, mit Fett und kleingeschnittenem Bibergeschlinge. Am Abend ging es gar nicht schnell genug nach Hause, trotz der schweren Körbe.

»Die Bären riechen die reifen Kastanien«, meinte der Vater jedesmal, wenn die Jungen zum Aufbruch drängten.

Sechs Tage dauerte es, bis der Fang auf dem Eis versiegte.

Der See ohne Abfluß spendete viel, und die Menschen in Fruchtbare Erde überstanden die kalten Monate leidlich. Zuerst hatte es so ausgesehen, als käme ein Hungerwinter, aber nach dem Zuckersieden meinten doch alle, es sei nur ein magerer, kein hungriger Winter gewesen.

Die Dorfleute waren um einige Erfahrungen reicher geworden. Der Vater wußte jetzt, daß die Händler in Presque Ile kein Herz für die Indianer hatten und auch in Notzeiten kein Mitleid kannten. Die Jäger sahen nicht mehr so geringschätzig auf die Fischspeere und kramten öfter als sonst unter dem alten Gerät auf dem Dachboden. Die Frauen beschlossen, in guten Erntejahren größere Vorräte zurückzulegen, damit der Mais nicht nur für einen, sondern für zwei Winter reichte.

Aber was bedeutete das alles gegen das Bärenhalsband? Blauvogel war am weitesten gekommen. In diesen Monaten lernte er endlich, den wilden Truthahn mit dem Truthahnruf zu locken und dann mit dem Pfeil vom Ast herunterzuholen. Es war schwer, mit dem kleinen Röhrenknochen genau das eigentümliche Zirpen der Vögel zu treffen, doch in diesem Winter gelang es ihm zum erstenmal fehlerlos, ebenso fehlerlos wie der Schuß, der das Tier in das Gebüsch fallen ließ.

Als die weißen Bänder des Hartriegels am Waldrand flatterten, ging Blauvogel mit den Spielgefährten auf die Erdeichhörnchenjagd wie einer von den alten Dorfjungen.

Er schoß nicht mehr daneben wie damals in Wiesenufer, als der rote Zielfleck auf der Hauswand stand und der Schielende Fuchs sich über den Neuling lustig machte.

Die Jahre zogen dahin. In jedem Herbst erschien der Rauchige Tag in Fruchtbare Erde, um hereinzusehen bei Schwester und Schwager, wie er sagte, doch in Wirklichkeit wegen der Kinder. Er hing an den Geschwistern, die einmal so lange in Wiesenufer gewesen waren. Vor allem hing er an Blauvogel, denn er hatte den Jungen ins Schildkrötenhaus gebracht, seine ersten Schritte unter den roten Leuten geleitet und ihn halb und halb als seinen eigenen Sohn angesehen. Er freute sich über das Heranwachsen der Kinder, erkundigte sich bei jedem Besuch genau nach ihren Fortschritten in Haushalt und Jagd und berichtete darüber nach seiner Heimkehr ausführlich der Rundlichen Wolke.

Malia und Blauvogel ahnten nicht, welche Rolle sie in den Gedanken von Tante und Onkel spielten; sie wußten nichts davon, daß die beiden Alten in Wiesenufer, selbst kinderlos, ihre ganze heimliche Liebe auf Nichte und Neffen übertrugen und sich beständig mit ihnen beschäftigten. Obwohl die Geschwister nichts davon merkten, warteten sie doch in jedem Jahr auf den Rauchigen Tag. Er kam nie ohne Geschenke und sparte nicht mit Lob, wenn man ihm eine neue Handfertigkeit vorführte.

Wie stolz war der Junge, als er dem Onkel nach dem mageren Winter das Bärenhalsband zeigte, und welche Augen machte der Rauchige Tag, als ihm Blauvogel ein Jahr später seine erste Fallenstrecke vorführte! Denn im zweiten Frühling nach dem mageren Winter vertraute der Vater dem Jungen fünf Fallen an, die fest eingebaut auf einem vielbegangenem Wildwechsel standen.

Es waren keine großen Kunstwerke, nur vier Pfähle aus Eichenholz mit einem schweren waagerechten Schlagbalken, den eine gespannte Schnur und ein Stützknüppel hochhielten. Sobald irgendein Tier – ein Nerz, eine Bisamratte, ein Waschbär oder ein Opossum – an die Schnur stieß, fiel der Balken herab und erschlug den unvorsichtigen Vierbeiner. Viele Winter standen diese Fallen schon, unverwüstlich und selten versagend. Jeden Tag mußte man sie abgehen, stellen, sobald sie zugeschlagen waren, und die Beute herausnehmen.

Gerade an dem Tag, als der Onkel Blauvogels Fallen bewunderte, lag ein Otter unter dem Balken. Der Onkel freute sich fast noch mehr als der Junge. Selbst der Großvater, mit dem der Rauchige Tag sich oft unterhielt, fand an Blauvogel weit weniger zu tadeln als an Rehkalb oder gar an dem Schielenden Fuchs, der ständig Mahnreden anhören mußte. Er schien sich aber nicht mehr daraus zu machen als aus dem Untertauchen im Sommer.

Mit dem Rauchigen Tag kamen auch Neuigkeiten in das einsame Dorf am Biberfluß. Mit solchen Nachrichten rückte der Onkel erst allmählich heraus, meist am zweiten oder dritten Tag seines Besuches, aber er wußte fast immer etwas, besonders über den Streit zwischen Engländern und Franzosen.

Der Krieg dauerte nun schon Jahre und erfüllte mit seiner Unruhe immer noch das Land. In die tiefen Wälder hier im Stromgebiet des oberen Alleghany war allerdings noch nie der Donner einer Kanone gedrungen, nur der Nachhall ferner, manchmal unverständlicher Nachrichten. Dauernd zogen die Weißen hin und her, bauten Forts, sprengten sie dann in die Luft und schossen sich gegenseitig tot. Es schien, als steckte ihre Unruhe die roten Menschen an, die mit ihnen in Berührung kamen. Man sah es bei den Lenape, die sich nirgends zu Hause fühlten, in jedem Frühling an die Grenze zogen und den Lärm noch vergrößerten.

Wenig von alledem drang in die abgelegenen Dörfer des Biberflusses. Was die Lenapekrieger erzählten, hörte sich an wie Geschichten von einer anderen Insel. Aber gerade in diesem Jahr, als Blauvogel seine Fallen bekam, berichtete der Onkel etwas, das den Schildkrötenleuten greifbarer erschien: Die französische Festung am Ohio war von den Engländern erobert worden. In diesem Fort hatte Blauvogel im Lazarett gelegen; von hier hatte ihn der Rauchige Tag abgeholt und nach Wiesenufer gebracht. Nun saßen nicht mehr die Franzosen dort, sondern die englischen Rotröcke.

Tief versunkene Bilder drängten sich wieder ins Bewußtsein des Jungen: die Pennsylvania-Miliz, Fort du Quesne, General Braddock, der Monongahela. Die Erinnerungen wären ins Dunkel zurückgetaucht, wenn nicht der Rauchige Tag noch einmal davon geredet hätte.

Das geschah auf einer Fackeljagd. Blauvogel wollte dem Onkel eine Probe seiner Treffkunst geben, und dazu eignete sich das nächtliche Feuertreiben besonders gut. Der Onkel war auch gleich einverstanden.

Am Abend, als das Rot der untergegangenen Sonne noch über dem Wald stand und die Baumschatten den Flußspiegel verdunkelten, paddelten sie stromauf. Jeder Ruderschlag hinterließ auf dem Wasser einen kleinen Bogen schimmernder Blasen, die auf der Flut glitzerten wie halbe silberne Armreifen. Beinah lautlos zog das Boot seine Bahn, hinter sich die Doppelreihe schnell versinkender Silberkringel.

Aus dem Uferschilf kam ein letztes verschlafenes Quarren der Enten; überall ertönte das vielstimmige Konzert der Frösche, und vom Walde drang das Knarren der Laubheuschrecken herüber. Das Singeln der Mücken und Schnaken blieb erträglich, weil der kühle Wasserhauch sie verscheuchte.

Der letzte Schimmer des Abendrots verdämmerte im Westen zur Nacht, als der Onkel flüsterte: »Hier fangen wir an.« Blauvogel wisperte zurück: »Wir müssen die rechte Flußseite nehmen, weil dort weniger Schilf wächst und wir dichter ans Ufer kommen.«

Während der Rauchige Tag das Boot quer über die Strömung hinübertrieb, entzündete Blauvogel eine Fackel aus Birkenrinde und steckte sie in das Loch eines kleinen Brettes vorn am Bug. Hinter der Leuchte stand senkrecht ein zweites größeres Brett und schirmte das Licht rückwärts ab wie eine Blendlaterne. Nasser Sand fing die Funken der Fackel auf, damit sie das Kanu nicht in Brand setzten.

Die Jäger hockten im Dunkeln, und die Lichtstrahlen durchdrangen die Finsternis vor dem Boot. Sobald die Fackel richtig brannte, wendete der Onkel das Kanu und ließ es dicht am Ufer flußabwärts treiben, lautlos wie der Schritt eines Kriegers auf dem Kriegspfad. Nur ab und zu gebrauchte der Rauchige Tag das Paddel, man hörte dabei nicht einmal das Fallen der Tropfen, die vom Ruderblatt herabrollten.

Blauvogel kauerte mit Pfeil und Bogen hinter der Laterne und beobachtete das vorübergleitende Ufer, das langsam, Stück für Stück, in den Lichtkreis rückte und hinter dem Kanu wieder ins Dunkel versank. Mitunter umfuhren sie einen Schilfbusch, sonst trat der schmale Wiesenstreifen zwischen Wald und Fluß bis ans Wasser heran.

Der Junge spürte plötzlich ein leichtes Schaukeln, das verabredete Signal für »Aufpassen«. Ein leises Stampfen und Schnauben ertönte vom Ufer herüber. Der Jäger zog den Bogen an – gerade zur richtigen Zeit, denn jetzt schob sich ein großer Hirsch in die langsam wandernde Fackelhelligkeit.

Mit erhobenem Kopf starrte das Tier herüber zu dem lautlosen Licht, das auf dem Fluß heranschwebte. Neugierig zog es noch etwas näher. Der Junge sah, wie die Strahlen der Leuchte sich in den Augen des überraschten Tieres spiegelten, dann ließ er den Pfeil von der straff gespannten Sehne springen. Es zischte, der Hirsch tat einen Satz und verschwand im Dunkel.

Der Onkel brummte ein anerkennendes »Ho-ho«, lenkte das Kanu zum Ufer und setzte es auf den Sand. Dann stieg er aus und schlich gebückt den Wiesenhang hinauf. Blauvogel folgte ihm etwas bänglich, denn er war seiner Sache nicht ganz sicher. Und was wollte der Onkel in dieser Finsternis überhaupt erkennen?

Aber kurz vor dem Waldrand blieb der Rauchige Tag stehen; da lag der Hirsch. Der Pfeil steckte ziemlich tief unter dem Halsansatz.

Sie trugen das Tier zum Ufer, und endlich sagte der Onkel: »Das war wirklich ein guter Schuß. Wenn es dir recht ist, bleiben wir eine Weile hier und braten Leber und Herz. Die Nacht dauert lange, und wir haben noch Zeit genug, uns nach einem zweiten Hirsch umzusehen.«

Überrascht stimmte der Junge zu. Der Rauchige Tag

hatte ihn bisher niemals um sein Einverständnis gefragt, er als Älterer brauchte das gegenüber dem Neffen auch nicht.

Die Fleischstücke prasselten bald am Feuer und bräunten sich. Der Junge erhielt das Herz. Der Pfeil hatte die untere Spitze getroffen; es war unbegreiflich, wie der Hirsch mit solcher Wunde noch bis zum Waldrand hatte flüchten können.

Behaglich aßen die beiden. Der Onkel machte beim Kauen immer noch die seitwärts mahlende Bewegung wie früher. Schließlich wischte er sein Messer an den Leggings ab, steckte es in die Lederscheide am Gürtel und begann zu reden.

»Mein Neffe, ich habe dich in den vergangenen Jahren beobachtet und gefunden, daß du das Herz eines Roten Mannes hast. Du bist jetzt über deinen Jagderfolg glücklich, und frohe Menschen sind eher geneigt als verdrießliche Leute, die Worte anderer zu hören. Ich möchte dir deshalb die Gedanken meines Herzens mitteilen, von denen ich weiß, daß sie wahr sind.«

Blauvogel lauschte gespannt. Der Onkel sprach gern ein wenig hochtrabend wie ein Häuptling in der Ratsversammlung.

»Du wohntest früher im Lande des Ostens und wußtest vielleicht nicht so, wie wir es wissen, daß unsere Heimat immer kleiner wird. Nun siehst du besser als früher, wie schnell der Rote Mann dem Pfad nach Sonnenuntergang folgt. Einst wohnten unsere Stämme am östlichen Meer, jetzt sitzen die Engländer schon am Ohio, in dem Fort, das du kennst. Hätten wir nicht damals am Monongahela General Braddock besiegt, so säßen sie schon seit vielen Wintern dort.«

Die Miene des Jungen verdüsterte sich. Da geisterte er wieder, der ständige Schatten, der das Leben der Indianer im ganzen Ohiolande verdunkelte. Blauvogel war alt genug, die Sorgen seiner roten Verwandten zu verstehen.

Wie oft sprach der Vater über das Vorrücken der Weißen: von der Küste zu den Flüssen, von den Flüssen zu den Vorbergen, von den Vorbergen zu den Alleghanies – immer weiter nach Westen, die ganze lange Straße von Philadelphia hinauf bis Raystown. Und nun waren die Engländer wieder ein Stück vorgerückt: vom Alleghanygebirge an den Ohio.

Die Stimme des Onkels erklang von neuem: »Mein Neffe, du hast nun lange Winter im Lande des Ostens gelebt und kennst es besser, als wir es kennen. Kannst du mir sagen, ob für den Roten Mann die Aussicht besteht, die Weißen von dieser Insel zu vertreiben und sie zu zwingen, in ihre alte Heimat zurückzukehren? Sag mir deine Gedanken darüber. Verbirg nichts und sprich frei und offen.«

Der Junge kämpfte mit einer großen Verwirrung. Eine solche Frage hatte er am allerwenigsten erwartet. Er dachte an das kanonenbewehrte Fort du Quesne, an die vielen Bewohner des Tieflandes und an die Riesenstadt Philadelphia. »Ich glaube nicht, mein Onkel, daß die Weißen wieder hinauszuwerfen sind. Ihre Zahl ist zu groß geworden. An der Grenze wohnen nur wenige, aber je weiter es nach Osten geht, um so dichter werden die Siedlungen. Es gibt da Dörfer, hundertmal so groß wie Fruchtbare Erde.«

Das Gesicht des Rauchigen Tag erlosch. Es wurde grau und faltig unter der verwischten, lange nicht erneuerten Malerei. Hinter der gefurchten Stirn aber arbeitete es.

»Die Lenape sagen, wir müßten uns mit den Franzosen zusammentun und gemeinsam mit ihnen die Engländer verjagen. Glaubst du, daß wir im Bunde mit den Franzosen die Rotröcke besiegen könnten?«

»Ich weiß nicht, mein Onkel. Aber der Vater meint, die Franzosen wären ebenso schlimm wie die anderen Weißen.«

»Die Lenape sagen, mit ihnen wäre besser auszukommen. Wenn wir mit ihrer Hilfe die Engländer vertrieben hätten, würde es für uns leichter werden.«

Hartnäckig kehrte der Rauchige Tag zu diesem Gedanken zurück; er klammerte sich an diese Vorstellung wie an eine letzte Hoffnung. Der Junge dachte an die Worte des Vaters: »Sie haben alle ein Herz aus Stein, welche Zunge sie auch benutzen«, doch er mochte dem Onkel nicht widersprechen und fühlte sich erleichtert, als der Rauchige Tag keine neuen Fragen stellte.

Sie luden den Hirsch ins Kanu und stießen wieder ab. Doch zu einem zweiten Schuß kam es in dieser Nacht nicht. Der Onkel lenkte das Kanu nicht mehr geräuschlos, er war wohl mit seinen Gedanken woanders. Als das erste fahle Licht am östlichen Horizont erschien, hingen sie den Hirsch neben der Tür des Schildkrötenhauses auf.

Der Rauchige Tag lobte die Treffsicherheit des Neffen, nur mit dem Gespräch am nächtlichen Feuer gab er sich nicht zufrieden, denn er fragte am Abend Kleinbär nach denselben Dingen, als könnte er nicht genug davon reden. Aufmerksam blickte der Junge herüber. Ob es dem Vater gelingen würde, den Onkel von seinem Lieblingsthema abzubringen?

Der Häuptling erhob sich von seiner Matte, winkte Blauvogel und half ihm zum Dachboden hinauf. Der Junge mußte eine alte, abgewetzte Ledertasche hervorkramen, die ziemlich weit hinten lag. Der Vater nahm die Tasche, setzte sich wieder zum Rauchigen Tag, öffnete die Klappe und holte eine Schere hervor. Dieses Gerät war irgendwann einmal hierhergeraten und auf den Boden gewandert, weil sich niemand an dieses sonderbare Klappmesser gewöhnen konnte.

Der Onkel hatte solch ein Ding überhaupt noch nicht gesehen und verbarg kaum sein Erstaunen. Mit beiden Händen öffnete der Vater die Schere. »Du siehst hier zwei Messer, die sich gegeneinander bewegen wie zwei Krieger.

Man glaubt zuerst, sie treffen aufeinander und vernichten sich gegenseitig, aber« – Kleinbär schloß die Schere – »sie reiben sich nur; dann gehen sie aneinander vorbei und tun sich gar nichts. Sobald man aber etwas dazwischensteckt, zerschneiden sie es in kleine Stücke.«

Der Vater legte ein Maisblatt zwischen die geöffneten Schneiden, klappte die Schere zu und ließ die getrennten Hälften in den Schoß des Onkels fallen. Der Rauchige Tag griff nach dem zerteilten Blatt, setzte es zusammen, nahm es wieder auseinander, prüfte die scharfen Schnittränder und schüttelte den Kopf. Er bat sich die Schere aus und zerschnitt die Blätterfetzen noch einmal. Stumm reichte er das Gerät zurück.

Da nahm der Vater wieder das Wort: »Die beiden Messer sind die Engländer und Franzosen. Sie wenden sich gegeneinander, doch sie vernichten sich nicht. Sie zerschneiden nur das Maisblatt, das zwischen sie gerät, und das Maisblatt sind wir, die roten Stämme. Wir werden zwischen den beiden Parteien der Weißen zerschnitten. Sollen wir dabei helfen und eine Seite unterstützen?«

Der Rauchige Tag sagte nichts mehr. Seine lange Geiernase wurde noch spitzer. Am folgenden Tag nahm er Abschied, einsilbiger als sonst.

Die Nachricht von der Eroberung Fort du Quesnes lief wie ein Präriefeuer durch das Ohioland. Die Lenape versanken in stumpfe Untätigkeit und blieben zum erstenmal seit langen Jahren zu Hause. Sie taten gut daran, denn im Herbst kamen neue Nachrichten, wie der ferne Donner eines verrollenden Gewitters; von großen Schlachten und von dem Fall Quebecs, der Hauptstadt Kanadas. Es ging umgekehrt, als der Rauchige Tag hoffte: Nicht die englischen Rotröcke, sondern die Franzosen, die Verbündeten der Lenape, wurden verjagt. Der Krieg ging zu Ende.

Diesmal spürten auch die Dörfer am Biberfluß den Wandel in der unruhigen weißen Welt da draußen. Denn als der Häuptling im Frühjahr von Presque Ile zurückkehrte, brachte er die kaum glaubliche Nachricht mit, daß dort ebenfalls Engländer säßen. Die französischen Händler und Soldaten wären verschwunden, und man höre nur englische Worte. Um Kleinbärs Mund zuckte es ironisch. »Wir merkten es nicht nur an den roten Röcken und der anderen Sprache, sondern vor allem an den Preisen. Die neuen Blaßgesichter sind noch teurer und unverschämter als die alten. Einer verlangte für eine Flinte einen Stapel Biberfelle, so hoch, wie das Gewehr lang war. Wenn das so weitergeht, behalten die Lenape am Ende doch recht mit ihrer Behauptung, die Franzosen wären erträglicher.«

Die Kriegsfackel verlosch allmählich. Nach und nach fielen alle Handelsstationen in englische Hand, sogar Detroit am Westende des Erie. Die Weißen waren wohl des Kämpfens müde geworden.

Doch nun schien ihre Unruhe auf die roten Leute überzuspringen. Gerüchte durchliefen die Dörfer: Unter den westlichen Stämmen sollten Gürtel aus schwarzen Wampumperlen und rote Tomahawks die Runde machen. Eine Erhebung gegen die Engländer sei geplant. Zusammen mit den Franzosen wollte man Kanada und sämtliche Handelsposten bis zum Ohio zurückerobern.

Aus dem Strudel des unsicheren Geredes tauchten immer häufiger der Name Pontiac auf. Wenig mußte man am Biberfluß von diesem indianischen Napoleon, dessen Boten alle Flüsse zwischen den kanadischen Wäldern und der Mississippimündung befuhren, der geduldig an dem Riesennetz knüpfte, das sich seit der Niederlage der Franzosen über den ahnungslosen Engländern zuzog. Es sollte ein Ottawahäuptling sein und weit im Westen am Ende des Eriesees wohnen.

Kam die Rede auf diesen Mann, so erklärte Kleinbär: »Höre nicht auf das Singen vorbeifliegender Vögel« oder: »Ich habe nichts vernommen.« Solange er nicht durch einen Boten, gewissermaßen amtlich, unterrichtet war, glaubte der Vatter nichts.

Doch tief im Winter, kurz vor Neujahr, erschien ein Abgesandter Pontiacs am Biberfluß und sprach an den Ratsfeuern der Dörfer. Er kam auch nach Fruchtbare Erde. Während er in der Gästekoje der Schildkrötenleute ruhte, schritt der Herold von Haus zu Haus und lud alle Männer auf den Abend zur Versammlung ein, »um das Wort Pontiacs zu hören.«

Als die Dämmerung über die schneebedeckten Dächer herabsank, füllte sich die große Halle. In der Mitte flammte ein gewaltiges Feuer: ringsherum hockten die Krieger in dichten Reihen. Da saß Kleinbär mit den beiden Häuptlingen der Lenape – die Lenape hatten ihre eigenen Häuptlinge ebenso wie die Irokesen –, dahinter kamen die älteren und dann die jüngeren Krieger und ganz hinten im Dunkeln die größeren Jungen.

Blauvogel saß mäuschenstill neben Rehkalb und blickte gespannt in die Runde. Das Flackern der Flammen huschte über die unbeweglichen Gesichter. Nur die Lippen sogen an den Pfeifen und bliesen weiße Wölkchen in die Höhe, wo sie mit dem blauen Rauch des Feuers zerflatterten. Wenn die Tür geöffnet wurde, fegte ein kalter Luftzug herein.

Endlich waren alle da, und der Bote Pontiacs erhob sich. Blauvogel staunte mit offenem Munde: Einen solchen Indianer hatte er noch nie gesehen. Der Mann maß fast zwei Meter. Statt Federn stand auf seinem Hinterkopf eine knallrote Bürste, das Ende eines Hirschschwanzes, und in seinen Ohren glänzten silberne Ringe. Die mächtigen Glieder umhüllte eine tiefblaue Decke, die innen ebenso rot gefärbt sein mußte, wie der Kopfschmuck, denn da, wo das Tuch sich über dem rechten Arm faltete, schimmerten die umgeschlagenen Ränder in grellem Scharlach. In der Hand hielt der Riese einen breiten Gürtel aus zahllosen geschliffenen Muschelröhrchen. Das kunstvolle Gewirke des Wampum verschmolz fast mit den Schatten des Raumes, da eine Menge schwarzer Figuren das breite Band durchzogen und die wenigen weißen Perlen beinahe verdrängten.

Eine Weile blickte der Gesandte schweigend auf die Versammelten, als wollte er jeden einzelnen mit seinen Augen durchdringen. Man hörte nur das Prasseln und Knattern des Feuers. Dann begann der Redner.

Langsam glitt der Gürtel durch die Finger des Sprechers; jedes Zeichen bedeutete etwas, und alle zusammen machten den Inhalt der Botschaft Pontiacs aus.

»Brüder – wir gehören alle zu einer Familie; wir sind alle Kinder des Großen Geistes; wir wandeln alle auf demselben Pfade und löschen unseren Durst aus derselben Quelle. Nun haben uns Angelegenheiten von größter Wichtigkeit bewogen, die Pfeife an demselben Ratsfeuer zu rauchen.

Brüder – als die Weißen zuerst den Fuß auf unseren Boden setzten, waren sie hungrig; sie hatten keinen Platz, ihre Decken auszubreiten oder ihre Feuer anzuzünden. Unsere Väter bedauerten ihre Not, und sie teilten mit ihnen freigebig, was der Große Geist seinen roten Kindern schenkte. Sie speisten die Fremden, wenn sie hungerten, gaben ihnen Medizin, wenn sie krank waren, breiteten ihnen Felle aus, wenn sie schlafen wollten, und schenkten ihnen Land, damit sie jagen und Mais pflanzen konnten.

Brüder – die Weißen gleichen giftigen Schlangen; vor Kälte erstarrt, sind sie schwach und unschädlich; aber wenn man sie erwärmt und belebt, so beißen sie ihre Wohltäter. Die Weißen waren schwach, als sie zu uns kamen, aber jetzt haben wir sie stark gemacht. Sie wollen uns töten oder zurückdrängen wie Wölfe und Panther.

Brüder – die weißen Menschen sind keine Freunde der Indianer. Sie forderten zuerst nur so viel Land, als genug wäre, eine Hütte darauf zu bauen. Jetzt aber wird sie nichts befriedigen als alle unsere Jagdgründe vom Aufgang bis zum Untergang der Sonne.

Brüder – vor vielen Wintern gab es kein Land, die Sonne ging nicht auf und nicht unter, alles lag in Finsternis. Da schuf der Große Geist die Erde. Er gab den weißen Menschen eine Heimat jenseits des Wassers. Diese unsere Insel hier versorgte er mit Wild und gab sie seinen roten Kindern. Er verlieh ihnen Stärke und Mut, ihr Land zu verteidigen.

Brüder – mein Volk wünscht Frieden; alle roten Menschen wollen Frieden, doch wo die Weißen sind, gibt es keinen Frieden für uns, es sei denn an dem Busen unserer Mutter, der Erde.

Brüder – ihr wißt, daß die Weißen aus zwei Völkern bestehen. Zuerst kamen die Franzosen. Mit ihnen lebten wir in Frieden, sie betrogen uns nicht und aßen mit uns aus derselben Schüssel. Dann erschienen die Rotröcke, die Engländer, und ihre Verwandten, die Langen Messer. Sie sind jetzt über die Berge gestiegen, haben hier ihr Fort gebaut und wollen auch hier unsere Jagdgründe stehlen. Sie haben die Franzosen verjagt und wollen auch uns vertreiben.

Brüder – wer sind die Weißen, daß wir sie fürchten sollen? Sie können nicht schnell laufen und sind gute Zielscheiben. Sie sind nur Menschen, und unsere Väter haben viele von ihnen getötet.

Brüder – wir müssen einig sein, wir müssen die gleiche Pfeife rauchen und einer des anderen Land schützen.

Brüder – ich wünsche, daß ihr mit uns den Tomahawk ergreift.«

Hier drehte der Redner den Wampumgürtel um, und die schwarzen Figuren der Rückseite traten ans Licht.

»Brüder – wenn wir einig sind, wird der Große Geist unsere Feinde vernichten und seine roten Kinder glücklich machen.«

Der rechte Arm des Sprechers tat eine kleine Bewegung nach vorn, und ein Tomahawk mit feuerrotem Griff fiel vor Kleinbär auf den Boden. Atemlos starrte Blauvogel über die Köpfe hinweg auf den Vater. Die Rede hatte den Jungen bis ins Innerste aufgewühlt. Natürlich mußte Kleinbär das Kriegsbeil sofort aufnehmen.

Doch der Häuptling blieb unbeweglich sitzen und rührte keinen Finger. Eine lange Stille entstand. Dann trat einer von den Lenape an den Redner heran, nahm den schwarzen Wampumgürtel und griff nach dem Tomahawk.

»Die Lenape haben das Wort Pontiacs gehört, sie werden ihm folgen.«

Ein lautes, kehliges »Hugh« bestätigte diese Zusage.

Nun erst erhob sich Kleinbär. Auch er blickte eine Weile über die Versammelten, ehe er zu sprechen begann.

»Brüder – wir haben die Worte Pontiacs vernommen. Ich sähe es lieber, wenn wir erst in zwei Tagen einen Beschluß faßten, aber unsere lenapischen Verwandten haben sich bereits entschieden.

Brüder – wir wollen die Lenape nicht hindern, dem Gedanken ihres Herzens zu folgen, doch die Söhne des Langen Hauses können es ihnen nicht gleichtun.

Brüder – unsere Voreltern haben vor vielen Wintern gesagt, ein Ungeheuer mit weißen Augen würde von Osten kommen und unser Land fressen. Wir müßten dereinst als Gnade erbetteln, unsere Felder zu bebauen, aus unseren Quellen zu trinken und unsere Knochen bei denen unserer Väter zu betten.

Brüder – es sieht so aus, als sollten unsere Voreltern

recht behalten. Ich bin eines Sinnes mit Pontiacs Botschaft, was den ersten Teil ihrer Worte betrifft. Aber dem zweiten Teil kann ich nicht beistimmen.

Brüder – ich habe noch nie vernommen, daß jenes Ungeheuer mit den weißen Augen zwei Köpfe besitzt und daß der eine Kopf uns, den roten Stämmen, wohlgesonnen ist. Wenn es heißt, die Franzosen hätten uns nicht betrogen und mit uns aus einer Schüssel gegessen, so können die Söhne des langen Hauses dem nicht beipflichten. Wir haben oft genug mit den Franzosen im Kriege gelegen und sind von ihnen ebenso schlecht behandelt worden wie von den anderen Weißen.

Brüder – wir können den Tomahawk nicht aufnehmen und mit euch auf seiten der Franzosen kämpfen. Denn das Blut der roten Männer wird fließen wie ein Bach, und am Ende haben wir nur den einen weißen Herren gegen einen anderen vertauscht.«

Die älteren irokesischen Männer bekräftigten die Worte ihres Häuptlings, die jüngeren und die Lenape verhielten sich schweigend. Andere angesehene Krieger ergriffen das Wort, doch alle folgenden Reden änderten das Ergebnis nicht, mit dem die Versammlung auseinanderging: die Langen Häuser lehnten den schwarzen Wampum ab. So wie Kleinbär entschieden auch die anderen irokesischen Häuptlinge im Gebiet des oberen Alleghany; sie blieben ebenfalls Pontiacs Krieg fern.

Als mit dem Frühling die geheime Unruhe im Lande stärker wurde, feierten die Langen Häuser ihren Ahorndank und Saattanz wie immer, während das Dröhnen der lenapischen Wasserpauken Tag und Nacht über den Wäldern hing. Die Irokesen kümmerten sich nicht um die geheimen Vorbereitungen, die ineinandergriffen wie das Gestänge einer Blockfalle; sie wußten nichts von den mündlichen Botschaften, die nach allen Seiten flogen und die Aufgebote der indianischen Stämme nach einem wohlüberlegten Plan lenkten.

Eines Tages lüftete sich der Schleier des Geheimnisses – wenigstens für die Schildkrötenleute; denn zu Beginn des Monats ›Sonne wandert alle Tage‹ erschien überraschend der Onkel, frischer und straffer als im Vorjahre. Er hatte es diesmal eilig und redete lange mit Kleinbär unter vier Augen. Dann wurde Blauvogel gerufen.

»Mein Sohn, du wirst den Onkel auf einer Reise nach Norden begleiten. Nimm ein zweites Paar Mokassins mit und dein Messer. Alles andere lasse hier, es hindert dich nur.«

»Ich habe gehört, mein Vater«, antwortete der Junge und zog sich sofort zurück. Das anschließende Gespräch zwischen Kleinbär und Strahlender Mittagsonne entging ihm.

»Dein Bruder möchte doch gar zu gern seinen prachtvollen Kopfschmuck um eine Adlerfeder bereichern und jagt überall hin, wo er einen Skalp erwischen könnte«, sagte der Vater zur Mutter. Doch Strahlende Mittagsonne meinte nur: »Hoffentlich achtet er auf unseren Sohn.«

»Er hat versprochen, ihn nur als Dolmetscher zu gebrauchen.«

Blauvogel tat vor Aufregung über die geheimnisvolle Reise in der Nacht kein Auge zu. Der Onkel rückte erst am zweiten Marschtage mit seinen Absichten heraus:

»Wir gehen nach dem Fort am See, wo jetzt die Rotrökke sitzen.«

»Was, nach Presque Ile? Das wird doch sicher von Pontiacs Kriegern angegriffen.«

»Du wirst es sehen.«

Am vierten Tage ihrer Wanderung rückten sie in ein großes Indianerlager ein. Blauvogel erblickte überall schwarz bemalte Gesichter und gefüllte Kugeltaschen. Er unterschied die großen Lederköcher der Odjibwä, den Hirschschwanzschmuck der Shawnee und die Federbüschel der Lenape. Nur die Ledermützchen der Irokesen waren kaum vertreten. Nirgendwo vernahm er eine Trommel; es ging sehr still und gedämpft zu.

Die Nebel lagen noch über der Wiese, als die Krieger am folgenden Morgen aufbrachen. Der halbe Vormittag mochte vorüber sein, da lichtete sich der Wald. Kriechend schob sich der Onkel einen sanften Hügelhang hinauf, Blauvogel hinter ihm her.

Oben auf der Kuppe, die in steilem Abfall sich nach vorne senkte, hätte der Junge fast aufgeschrien. Vor ihm brach sich mit leisem Rauschen die Brandung des Eriesees. Noch deckten die zerflatternden Nebelfetzen den gewaltigen blauen Spiegel, aber Wiese und Wald traten schon aus den Schleiern hervor. Und da, gleich am Strande, das mußte Presque Ile sein!

Auf einer Landzunge zwischen dem Seeufer und einem kleinen Bach erhob sich eine Reihe dunkelbrauner Blockhütten. Auf der äußersten Spitze stand wie eine Henne vor ihren Küken ein großes zweistöckiges Gebäude. Weit griff das obere Stockwerk über das untere hinweg. Schießscharten drohten aus den schweren Balkenwänden. Lange Planken liefen dicht unter dem First quer über das Schindeldach. Greifbar nahe lag das alles.

Zwischen den Häusern patrouillierte ein Posten. Der Junge sah ihn gähnen. Jetzt setzte sich der Mann auf einen Baumklotz und rekelte sich in den Strahlen der durchbrechenden Sonne. Sein roter Rock leuchtete wie ein Blutfleck. Rechts und links des Hügels, gedeckt durch Busch und Bäume, zog sich der Ring der Angreifer zusammen.

Blauvogel stockte der Atem – merkte der Soldat denn nichts? Sah er die befiederten Gestalten nicht, die im Unterholz herankrochen?

Jetzt mußte dem Posten etwas aufgefallen sein. Er hob den Kopf, starrte zu dem Gebüsch des Steilhanges empor, sprang plötzlich auf und stürzte zu dem nächsten kleinen Haus. Laut donnerte der Kolben an die Tür, und einen Augenblick später krachte der Alarmschuß.

Als Echo kam ein hundertstimmiges »Woo-up« vom Waldrand zurück. Indianertrupps brachen aus dem Unterholz und suchten in rasendem Lauf die Wiese zu überqueren. Sie hatten noch nicht den Bach erreicht, als lange, rote Feuerzungen aus den Schießlöchern der hölzernen Burg fuhren und die Angreifer zurückwarfen. Zu gleicher Zeit stürmte der Rest der Besatzung aus den kleineren Gebäuden heran, nur mit Hemd und Hose bekleidet, und warf sich in das große Blockhaus. Man hörte die schwere Pforte zukrachen – die Überraschung war mißlungen. Offenbar gaben die Engländer alle Bauten preis bis auf die starke Zitadelle vorn an der Landspitze.

Ein schwerer Knall dröhnte in Blauvogels Ohren. Der Rauchige Tag neben ihm hatte gefeuert, wie die meisten Indianer mit schlecht eingezogenem Kolben und ohne viel zu zielen. Die Antwort blieb nicht aus: Die Belagerten nahmen den Hügelrand aufs Korn, der ihre Stellung so bedrohlich überragte. Der Bleischauer zerfetzte die Büsche. Die Indianer mußten die Anhöhe verlassen und hinter dem Hang Schutz suchen.

Der befehligende Oberhäuptling hielt trotzdem den Hügel für den entscheidenden Punkt. Von hier aus konnte man, fast in gleicher Höhe mit dem Dach, das große Blockhaus bequem unter Feuer nehmen. Der schwere Fehler der ganzen Festungsanlage, die zweistöckige Zitadelle so nahe an den Hügelrand zu rücken, kam den Angreifern zugute.

Blauvogel sah, wie die Krieger Bäume fällten und die Anhöhe hinaufwälzten. Schnell türmte sich eine starke Barrikade, die das Feuer der Rotröcke abfing. Indianische

Scharfschützen krochen jetzt den Hügel hinauf und eröffneten die Beschießung von neuem.

Blauvogel schlich mit dem Onkel nach links zum Waldrand.

»Sieh mal«, sagte er und stieß den Rauchigen Tag aufgeregt an, »was wollen die denn mit den Reisigbündeln?«

Der Onkel antwortete nicht. Die Krieger packten die Bündel und rannten auf die Zitadelle zu. Schweres Gewehrfeuer vom Hügelrand hielt die Belagerten nieder, die Reisigträger kamen über die Wiese und durch den seichten Bach und warfen ihre Holzlast an der Wand des Untergeschosses ab. Einen Augenblick danach flammte es auf. Rote Zungen leckten an den zundertrockenen Balken hoch.

Doch gleich darauf erstickte das Feuer in schwarzem Qualm. In dem weitübergreifenden Rand des Obergeschosses öffneten sich Luken, durch die sich Ströme von Wasser auf das brennende Reisig ergossen.

Eine Weile verging in völliger Ruhe. Man hörte nichts als das Rauschen der Brandung. Dann fuhr ein leuchtendes Sternchen im Bogen auf das Haus zu und blieb zwischen den Schindeln des Daches stecken – und noch eins, und noch ein drittes. Der Junge zuckte zusammen: Brandpfeile! Das kannte er. Jetzt mußten die Rotröcke Wasser über das Dach gießen, Wasser und nochmals Wasser! Und gleichsam wie von seinen hastenden Gedanken geboren, rauschte ein schäumender Schwall über die brennenden Schindeln, gerade unter den Planken hervor, die auf dem First entlangliefen und als Kugelschutz dienten.

Der tief erregte Junge begriff: Da war ja genauso wie damals bei dem Überfall auf die Blockhütte bei Raystown ... auf dem finsteren Dachboden ... unter den knisternden Flammen ... als die Mutter ihm die Eimer heraufreichte ...

Der Bleihagel vom Hügelrand vermochte die Wassergüsse nicht aufzuhalten. Die Brandpfeile verloschen ebenso rasch, wie sie zündeten. Eine Weile noch ging der Kampf hin und her, dann blieben die leuchtenden Sternchen aus, die im Bogen vom Waldrand herüberkamen.

Die Sonne stand schon fast im Mittag, und die steigende Hitze, kaum gemildert durch die Wasserkühle des Sees, schläferte den Schwung der Angreifer ein. Unerträglich blitzte und glitzerte die unendliche, blausilbrige Fläche. Vom Strande klang der harte Schrei der Reiher und das Pfeifen der Austernfischer, die sich von den Paukenschlägen einzelner Schüsse nicht stören ließen.

Auf einmal begann der Feuerflug der Brandpfeile von neuem, doch jetzt fielen sie auf die Hütte dicht neben dem großen Blockhaus. Dieses kleine Gebäude war leer; keine Hand rührte sich zur Verteidigung. Die Schindeln bogen und krümmten sich. Feuerzungen leckten hin und her und vereinigten sich schließlich zu einer sausenden Flamme, die steil in die Luft schoß. Die Wand des großen Blockhauses, kaum vier Schritt entfernt, schmorte und kohlte an. Wassergüsse zischten aus den Öffnungen des Oberstocks und löschten die glutberstenden Balken immer wieder, doch es kam Blauvogel vor, als flösse das Naß spärlicher, als wartete die Besatzung bis zum letzten Augenblick, ehe sie die Eimer auskippte. Sicherlich hatten die Rotröcke innerhalb der Zitadelle nur ein einziges Brunnenloch, das allmählich leer wurde.

Doch aus den Schußluken flammten ununterbrochen die Musketen: Der Widerstand schien immer noch ungebrochen. Die Angreifer stoppten ihr Feuer, und eine neue Stille senkte sich über Wiese und Strand.

Von der indianischen Seite schallte eine Stimme. Blauvogel verstand den Sprecher nicht, so gespannt er auch lauschte. Doch dann stieg seine Aufregung auf den Höhepunkt: Aus einer Öffnung des Oberstocks kam Antwort. Der Junge mußte an sich halten, um nicht aufzuspringen – englische Laute schlugen an sein Ohr.

»Ist ein Dolmetscher da?«

»Was sagt er?« fragte der Rauchige Tag.

Der Junge übersetzte. Er übersah, daß der befehligende Oberhäuptling hinter dem Onkel herankroch.

»Gehe vor und antworte!«

Blauvogel stand auf und trat hinaus auf die Wiese. »Ich spreche englisch.«

»Frage, was mit uns geschieht, wenn wir uns ergeben.«

Blauvogel wandte sich halb um und rief seine Übersetzung zum Onkel hinüber.

Eine längere Pause entstand. Dann kam die Stimme des Rauchigen Tag zurück: »Sage, ihr Leben wird bei sofortiger Übergabe geschont, doch bei weiterem Widerstand werden sie alle getötet.«

»Können wir die Häuptlinge selber sprechen?«

Wieder verging eine Weile, ehe die Antwort kam: »Die Häuptlinge sind einverstanden. Sie werden den Weißen entgegenkommen bis zur Mitte zwischen Waldrand und Blockhaus und dort mit ihnen reden.«

Der Junge begleitete die indianischen Unterhändler. Aus dem belagerten Fort traten zwei Männer. Ihre Röcke waren zerrissen, und aus dem Handverband des einen sickerte Blut. Den Gesichtern sah man die Erschöpfung an.

Die Häuptlinge bestätigten noch einmal ihre Zusage.

»Es werden alle geschont, wenn ihr euch sogleich ergebt«, übersetzte Blauvogel und fügte selbst noch hinzu: »Es geschieht euch nichts.« Das hatte auch Malia zu ihm gesagt, damals bei dem Bad im Fluß.

War es nun der helle Klang der Knabenstimme oder der Anblick des vertrauten Blondhaares, das den Gedanken an Verrat verscheuchte? Die Engländer stimmten zu, und die Besatzung verließ das Haus.

Die Indianer hielten ihr Wort. Die Gefangenen wurden zum Seeufer geführt, wo eine Anzahl Boote lagen; man wollte sie in das Lager Pontiacs am Westende des Erie nach Detroit bringen.

Die verlassenen Gebäude wurden geplündert und angezündet, und das indianische Heer löste sich auf, soweit es nicht mit den Kanus nach Sonnenuntergang fuhr. Blauvogel wanderte mit dem Onkel wieder dem Biberfluß zu. Lange noch sah er eine dunkle Qualmwolke über dem Wald schweben.

Wie eine große Trauerfahne hing sie dort. Ja, Trauer: Nicht weil der Onkel seine Krähenfedern weiter tragen mußte – es hatte ja keine Skalpe gegeben –, sondern weil der entscheidende Schlag gegen Detroit, das Hauptlager der Engländer, mißlang. Hier kommandierte Pontiac selbst, und gerade ihm glückte die Überrumpelung nicht. Alle anderen Handelsposten gingen an die Indianer verloren, aber dieser eine hielt sich. Auch die monatelange Belagerung führte nicht zum Ziel. Noch ehe der Winter ins Land zog, mußte Pontiac sein Unternehmen aufgeben und das Kriegsbeil begraben.

Es kam so, wie der Vater gesagt hatte: Das Blut der roten Stämme floß umsonst, und die Engländer blieben. Sie waren wirklich ein großes Stück vorgerückt.

Wieder zitterten die Wälder unter einem neuen Sommer. Langsam schlich der Eulenbach dem Biberfluß zu, müde von dem weiten Weg durch Wälder und Blaugraswiesen. Zwischen den Feldern wurde er unter der glühenden Sonne zu einem kleinen Rinnsal; nur in den Biegungen schimmerten unter einzelnen Weiden und Haselnußbüschen tiefe Strudellöcher, die herrlichsten Verstecke und Badeplätze.

Wohlig dehnte sich Blauvogel in dem klaren, grün durchleuchteten Wasser. Bis zu den Schultern lag er in dem kühlen Naß und blickte in das Blätterdach mit den tanzenden Sonnenfunken über seinem Kopf. Er fühlte, wie die Elritzen an seinen Zehen knabberten. Wenn er den Kopf seitwärts drehte, dann sah er die Gelbfische aus der dunklen Tiefe heraufsteigen wie kleine Monde, die von der Strömung hochgeworfen wurden.

Der Junge blinzelte durch die Haselzweige zu den Weiden hinauf. In den alten Löchern der Bäume wohnten die Käuze, die man in den Frühlingsnächten jauchzen und stöhnen hörte. Aber jetzt war heller Tag und Sommer dazu, da schliefen die Käuze, und man hörte nichts von ihnen. Der Wind warf einen Schwall warmer Luft unter das kühle Blätterdach. Tief sog der Junge den Geruch von Minze und Weißklee ein, den die Blaugraswiesen herübersandten.

Ein langgezogener Ruf klang vom Dorf. »Blauvogel! Blauvogel!« Das war der Vater. Eilig kroch der Junge aus seinem Versteck, schüttelte die Tropfen ab und trabte durch die Uferwiesen dem Schildkrötenhaus zu.

Unter der großen Buche an der Südtür hielten fünf Packpferde; zwischen den Wurzeln lagen Sättel und Lasten.

Da stand auch der Vater; er hielt eine blaue Decke in der Hand und prüfte die rote Innenseite.

Den Jungen durchfuhr ein freudiger Schreck. Er sollte

genau die gleiche Decke bekommen, wie sie der Pontiacbote getragen hatte; vielleicht gehörten die Packpferde Händlern, vielleicht führten die Kaufleute neue Decken mit sich, und vielleicht ... Blauvogel lief noch schneller.

Es verhielt sich wirklich so. Zwei Engländer hatten im Dorf Rast gemacht und dem Häuptling gegen zwölf Biberfelle das blaurote Tuch verkauft. Jetzt lagen die Besucher in der Koje, die als Gästestube diente.

Der Junge legte sich den neuen Mantel um die Schultern und rannte eilig ins Haus, um der Mutter und Malia den Schatz zu zeigen.

Gegen Abend rappelten sich die Händler auf, ihr dröhnendes Schnarchen verstummte, man vernahm lautes Gähnen, Räuspern und Spucken. Dann erschienen die geräuschvollen Besucher am Feuer.

Zum erstenmal seit der Belagerung von Presque Ile erblickte Blauvogel wieder weiße Gesichter. Aber viel besser als die halbverbrannten Rotröcke sahen die Händler nicht aus; die wuscheligen, zerzausten Haare und die unsauberen Lederröcke stießen den Jungen ab.

Ohne einen Ton zu sagen, fielen die Fremden über das Essen her. Die Mutter gab sich besondere Mühe. Sie zerteilte Biber- und Hirschfleisch, bestrich warmes Maisbrot mit Fett und tischte frischen Zuckerpudding auf. Den Gästen schmeckte es; sie verschlangen jedes Gericht schon zuvor mit den Augen, und der Sagodakwus hätte allen Grund gehabt, einzugreifen. Nicht einmal »Sei bedankt« sagten sie, als sie ihre Pfeifen stopften.

Der Junge spähte in die Gesichter der Umsitzenden. Die Mutter blieb gleichmäßig freundlich wie immer, der Vater verzog keine Miene, aber es kam Blauvogel vor, als ob eine ironische Heiterkeit hinter seiner Ruhe spielte: Man konnte das bei Kleinbär nie wissen!

Jetzt stellten die Händler ihr Rülpsen und Kopfkratzen

ein; sie hatten Blauvogel entdeckt und begannen eifrig miteinander zu reden. Der Junge verstand nur einzelne Brokken ihres Geflüsters. Es wurde ihm ungemütlich, und er schlich hinaus zu den Pferden, bei denen die anderen Jungen bereits sachverständige Bemerkungen austauschten.

Die Sonne näherte sich schon den Bäumen, als der kleinere der beiden Händler heraustrat und die Fesseln der Tiere prüfte. Er bemerkte Blauvogel und winkte ihn zu sich. Zögernd kam der Junge heran, den ganzen Schwarm der Spielgefährten hinter sich.

»Du bist kein Indianer, woher kommst du?«

»Von Raystown.«

»Willst du mit uns gehen, weg von den indianischen Hunden?«

Der Gefragte fuhr zurück. »Nein«, würgte er heraus und drehte sich um. Aber im Fortlaufen erreichte ihn noch ein Ruf des Händlers: »Colonel Bouquet holt dich eines Tages doch!«

In der Nacht wälzte sich der Junge schlaflos auf seinem Fell. Das Schimpfwort peinigte ihn. Er sah die beiden Kerle ihr Essen herunterschlingen, ohne Dank für diese Gastfreundschaft, die jeder Fremde in jedem indianischen Hause empfing. Und dann gebrauchten sie solche Ausdrücke. Und was sollte das mit Colonel Bouquet bedeuten? Diesen Namen kannte er nicht; er wußte nur etwas von General Braddock und dann noch von Kapitän Christie, der im vorigen Sommer Presque Ile verteidigt hatte. Wer sollte dieser Bouquet sein, der ihn holen würde? Der konnte lange nach ihm suchen. An den tiefen Tümpeln des Eulenbaches unter den dichten Haselnußzweigen fand ihn kein Mensch. Das Versteck kannten höchstens die Käuze.

Am anderen Tag zogen die Händler weiter, doch Blauvogel kam es so vor, als ließen sie eine Wolke zurück, die wie eine Drohung über seinem Leben hing. Und dabei glühte doch der Sommer, die finsteren Gewitterstürme verschwanden gleich nach dem Herniederbrausen des Regens und überließen wieder dem tiefblauen Himmel das Feld ...

Der Junge scheute sich, die Eltern zu fragen, aber einmal ging ihm doch der Mund über.

Es war mitten in der Maisernte. Die Schnitterinnen bildeten eine lange Reihe und rückten allmählich durch die wogenden Halme vor. Die Kolben wurden einzeln abgetrennt und über die Schultern in Rückentragen geworfen. Die größeren Jungen schleppten die vollen Körbe zum Rain, wo sich die goldene Ernte zu hohen Bergen türmte.

Blauvogel nahm der Mutter die Last ab; er achtete darauf, daß sie sich nicht zuviel aufpackte. Zwischendurch raufte er die Halme mit den Bohnenranken aus. Malia trug mit den anderen Mädchen die Kürbisse fort. Leichte blaue Rauchschleier wehten über die Äcker, überall brieten die Kinder frische Kolben.

Von der Stirn perlte der Schweiß. Die Mutter hielt einen Augenblick inne und streifte den Jungen mit einem Blick. Sie fühlte, daß die gedrückte Stimmung Blauvogels nicht von der Hitze herkam.

»Hat mein Sohn einen schlechten Traum gehabt?«

Der Junge blickte zu ihr auf. Strahlende Mittagsonne merkte doch alles. Er griff nach ihrer Hand wie ein schutzsuchendes Kind und fragte ohne Einleitung: »Hat meine Mutter schon einmal etwas von Colonel Bouquet gehört?«

»Nein, ein solcher Name ist mir unbekannt. Wer soll das sein?«

»Die Händler von neulich sagten, Bouquet würde mich holen. Und nun denke ich immer, es ist einer der Rotrökke, die jetzt über die Berge gestiegen sind und in dem Fort am Ohio sitzen. Ob die bis zu uns kommen? Ob ich dann fort muß von hier?«

Die Mutter sah die Augen des Jungen unsicher und fragend auf sich gerichtet. »Du bist unser Sohn und durch Adoption Fleisch von unserem Fleisch und Blut von unserem Blut geworden. Dich holt niemand. Sieh mal«, die braune Hand deutete auf einen Berg mit sonderbar geneigtem Gipfel jenseits des Begräbnisplatzes, »aus jenem Hügel da sind im Anfang der Zeit unsere Voreltern gekommen. Seitdem haben die Leute des Langen Hauses hier am Biberfluß gewohnt, anders als die Lenape. Die sind ständig umhergewandert: vom Schildkrötenland zum Rottannenland, vom Rottannenland zum Schlangenland und von dort zur Küste des östlichen Meeres, wo sie dann von den Weißen vertrieben wurden. Wir dagegen haben nur dieses Land gehabt, und« – die weiche Stimme dämpfte sich, als ob sie ein Geheimnis verriete – »wir können auch nirgendwoanders leben. Wir sterben, wenn wir die Wälder rings um den großen Hügel verlassen. Und du gehörst nun auch zu den Leuten des großen Hügels. Nein, dich kann niemand wegholen.«

Der Junge blickte in die dunklen Augen, die so warm auf ihn herablächelten, und fühlte sich getröstet. Er verstand nicht recht, was die Mutter eigentlich meinte; er spürte nur, daß sich ein schützender Wall zwischen ihn und diesen Bouquet schob, ein Wall aus Bergen und Wald, undurchdringlich.

Erleichtert trabte er wieder mit dem vollen Korb zum Ackerrain. Über dem Staubdunst flatterten Gelächter, Rufe und Schreie. Jetzt jauchzte ein Mädchen und hielt einen krummgewachsenen Kolben hoch. Stimmenschwall brandete auf: »Ein Maisdieb! Ein Maisdieb!«

Blauvogel wischte sich den Schweiß ab. Vom Maisdieb hatte die Schwester erzählt: Eine solche krumme Ähre galt als Zeichen dafür, daß ein alter Mann heimlich das Feld plünderte. Horch, da sangen sie schon:

»Maisdieb, Maisdieb, stiehlst in der Nacht Ähren!«
Nun begann eine einzelne Stimme die Gegenstrophe. Der Junge erkannte sie sofort: Es war die Stimme der Mutter, die wie eine Möwe über den Wellen emporstieg.

> Er rupfet die Blätter,
> verrät sich dadurch,
> er kriecht auf dem Boden
> wie der Molch und der Lurch!
> Er schleppt seinen Beutel
> und keucht von der Last
> und bricht von den Kolben
> soviel, wie ihm paßt!

Wieder klang der Refrain, und der Junge summte mit: »Maisdieb, Maisdieb, stiehlst in der Nacht Ähren!«
Und wieder flog die strahlende Stimme über ihn hinweg:

> Er hat keine Rassel,
> die Trommel fehlt auch,
> und doch huscht er eilig
> nach Zauberers Brauch.
> Sieh nur, wie er stillsteht,
> die Kolben abreißt
> und ängstlich umherspäht,
> der garstige Geist!

Zum drittenmal setzte der Chor ein, und zum drittenmal wiegte ihn die Stimme der Mutter wie eine ferne Glanzwolke:

> Was zögerst du lange
> und blickst in die Ferne?
> Es sieht dich ja niemand
> als Himmel und Sterne.

> Nein, eile nur weiter,
> lauf hurtig und schnell,
> wie der Hirsch vor dem Jäger
> und Hundegebell!

So verloderte langsam der Tag. Die Schnitterinnen eilten zum Wasser, warfen die Kleider ab und stürzten sich in die Flut, um Staub und Hitze abzuspülen.

Der Junge zögerte. Er sah das Gewühl der dunklen Körper, hörte das Kreischen der entzückten Kinder und fühlte das Rieseln des zersprühenden Wassers. Seine Zehen bohrten sich in den Sand. Aber da drang ein jauchzender Zuruf an sein Ohr; seine Augen faßten eine Welle schwarzer Haare und eine braune winkende Hand. Ohne Besinnen riß er sein Tuch ab und warf sich in die Flut. Er gehörte ja auch hierher und war kein Fremder.

Wenn die Ernte zu Ende ging und der Herbst mit seinen Regengüssen herankam, dann zog der Sommer kurzerhand in die Häuser und behängte sie mit herrlichen, goldenen Tapeten: Unter dem Dach, an den Wänden, an jeder Stange baumelten die Maiszöpfe, zwanzig oder dreißig Kolben mit den Blättern ineinandergeflochten, wie dicke gelbe Troddeln. Die dunklen Wände und das rauchgeschwärzte Dach verschwanden völlig unter den goldenen Quasten. Das ganze Haus roch nach Stroh und frischem Brot.

Schöner noch als die neuen Stubentapeten waren die Ameisenabende. Da saß man halbe Nächte draußen und enthülste gemeinsam den Mais. Der Hülspflock wurde mit der Lederschlaufe über den Mittelfinger gestreift, mit der Spitze am oberen Ende des Kolbens angesetzt, kräftig nach unten gedrückt und dann in einem Zuge durch die goldgelben Furchen gestoßen, daß die Körner in den Korb auf dem Schoß prasselten. Mitten in der fleißigen Runde flammte ein helles Feuer, das die unteren Äste der Buche mit flackernden Lichtern übermalte. Vom Walde her wehte mit der Nachtkühle der kräftige Herbstgeruch der Fichten.

»Wer fleißig hilft, für den haben wir etwas Besonderes«, versprach die Mutter und erntete ein vergnügtes Brummen. Denn jeder wußte, daß Strahlende Mittagssonne vorzüglich kochte und im Hause ein großer Kessel über den Flammen hing. Das Lachen, Schwatzen und Singen zog auch die älteren Männer herbei. Sie taten zwar nicht viel, aber sie bekamen dennoch am Schluß eine Schüssel Bärenpudding. Zuerst saßen sie ernst und würdig da wie die Häuptlinge im Versammlungshaus, dann steckte die allgemeine Fröhlichkeit an, und sie begannen zu erzählen: Abenteuer, Jagdgeschichten, Märchen – was gerade jedem einfiel.

Einige hatten Rasseln und Trommeln mitgebracht und räusperten ihre Kehlen zum Singen. Denn wenn die Glieder vom Sitzen steif wurden, sprang man auf und tanzte einige Runden ums Feuer: die Hände in die Hüften gestützt, mit langsam wiegenden Schritten, erst den rechten Fuß vorgesetzt und mit dem Hacken aufgestoßen, dann den linken Fuß, ganz im Takt von Trommel und Rassel.

Beim Singen führte die Stimme der Mutter. Ohne die Mutter ging eigentlich nichts. Sie war auch die einzige, die den Häuptling zum Erzählen brachte. »Noch niemand hat die Geschichte von den zwei Bärenbrüdern gehört«, sagte sie dann wohl und lächelte selbst zu dieser übertriebenen Behauptung. Doch man hörte diese Geschichte immer wieder gern, weil Kleinbär wirklich zu erzählen verstand.

»Einmal gingen zwei Brüder nach verschiedenen Richtungen in den Wald auf die Jagd. Ein Unwetter zog herauf, und beiden fiel ein Zuckerhäuschen ein, das am Rande eines Ahornhaines stand und Schutz bieten konnte. Eilends trabten sie dorthin. Der ältere war zuerst da und machte es sich in der dunklen Hütte bequem. Bald darauf hörte er schwere, tapsende Schritte draußen und sah ein dunkles, undeutliches Etwas durch die Tür kommen. Ein Bär, dachte er entsetzt und drückte sich sinnlos vor Angst an die Wand. Der andere hörte es rascheln und entdeckte seinerseits ein schattenhaftes Ungetüm, das in der Ecke hockte. Ein Bär, fuhr es ihm durch den Kopf. Die Knie zitterten ihm, und er kroch in die entgegengesetzte Ecke. Als der ältere ihn kriechen sah, starb er fast vor Schrecken. Es ist wirklich ein Bär – und was für einer, vielleicht gar ein Grisly, ängstigte er sich. Er flehte seinen Traumgeist an und schloß mit dem Leben ab. Der jüngere Bruder erwartete inzwischen den Angriff des vermeintlichen Untiers, aber als es in der Ecke sitzenblieb, dachte er: Es ist vielleicht doch etwas anderes. Er wollte fragen: Bist du ein Mensch oder ein Bär? Aber seine Kehle war wie zugeschnürt, und er brachte nur ein Knurren und Rasseln hervor.

Der Ältere vernahm das Gebrumm, und seine Leggings wurden vor Angst naß. Seine Zähne schnatterten. Er krabbelte zur Tür, um davonzurennen, obgleich es draußen in Strömen goß. Der Jüngere glaubte, er käme, ihn zu fressen, und seine Leggings wurden ebenfalls naß. Doch als nun der Ältere in der Türe hockte, erkannte ihn der Jüngere bei einem besonders hellen Blitz. ›Ach, du bist es‹, rief er. Der andere traute seinen Ohren nicht. ›Was, du bist kein Bär?‹ schrie er erleichtert. Beide freuten sich, daß sie sich nicht gegenseitig gefressen hatten, doch die Leggings brauchten drei Tage, um trocken zu werden.«

Den Männern fiel fast die Pfeife aus dem Mund, auch die Frauen wußten sich vor Vergnügen nicht zu halten, aber Blauvogel lachte, bis ihm der Korb vom Schoß fiel und die Körner überall herumrollten. Darüber lachten nun wieder die anderen, und das Gelächter schallte von der Hauswand zurück, wiegte sich in der Buche und flog dann in das Nachtdunkel hinauf, aus dem die Rufe wandernder Gänsegeschwader herabklangen.

Mit der Gemütlichkeit der Ameisenabende ließen sich eigentlich nur die Jagdzüge vergleichen, die der Vater im Herbst unternahm, sobald der Indianersommer seine Fäden spann.

In den letzten Jahren hatte er die größeren Jungen mitgenommen, zuerst Rehkalb, dann Blauvogel. In diesem Herbst sollten sie beide mit. Der Häuptling gedachte bis zur Büffellecke im Südwesten zu jagen und dabei die Verwandten in Wiesenufer zu besuchen, den Rauchigen Tag und die Rundliche Wolke.

Als der Schielende Fuchs davon hörte, lag er dem Häuptling in den Ohren: Auch er wollte wieder einmal seine alte Heimat besuchen. Kleinbär willigte ein; und er bereute es nicht. Denn der Fuchs war auf der Wanderung ein angenehmer Gefährte, führte die Packpferde, versorgte das Lagerfeuer mit Holz und arbeitete fleißig mit an der Säuberung der Felle.

Blauvogel genoß den langsamen, gemächlichen Jagdzug mit seinen täglichen Freuden. Es war wie damals auf der ersten Wanderung mit Malia und dem Vater: Lange Fäden trieben in der sonnenklaren Luft, Taubenschwärme verdunkelten zuweilen den Himmel, und in die abendlichen Gespräche dröhnte der Hornstoß des Wapiti.

Kleinbär vermied den weiten, aber bequemen Umweg über die Küste des Eriesees und schlug einen Richtpfad ein, den auch die Händler benutzten und der an das obere Knie des Hirschaugenflusses führte. Dort lag das Dorf Tuscarawas. Von hier aus konnte man ohne besondere Eile in zwei Tagen Wiesenufer erreichen.

Die Umgebung von Tuscarawas fiel in dem Waldland auf: Der Hirschaugenfluß strömte hier durch weite Marsch- und Sumpfwiesen, auf denen Binsen wuchsen und Bisamratten ihre runden Häuser bauten.

»Sonderbar, wie still es ist«, wunderte sich Blauvogel.

Sonst schallte das Leben eines Indianerdorfes weit in die Felder hinaus, das Blaffen der Hunde, das Summen von Trommeln, das Rumpeln der Maismörser, der Hall einer Axt, Kindergeschrei. Doch hier in Tuscarawas hörte man nichts, nicht einmal Rauch wirbelte aus den Dachluken.

Fragend blickte der Junge den Vater an und merkte, daß Kleinbär, Rehkalb und Schielender Fuchs längst beobachteten, was ihm erst jetzt auffiel. Sie kniffen die Augen zusammen, und der Schielende Fuchs bewegte sogar die Ohren, um auch den leisesten Laut aufzufangen.

Blauvogel wollte reden und fragen, doch Kleinbär bedeutete ihm zu schweigen. Hinter einem Gebüsch, ließ der Häuptling die drei Jungen mit den Pferden zurück und glitt lautlos durch die Binsen auf das stille Dorf zu.

Die Zurückgebliebenen sahen ihn zwischen den Hütten verschwinden, wieder auftauchen und die rechte Hand rasch im Kreise über dem Kopf schwingen. »Schnell nachrücken«, bedeutete dies Zeichen.

Die Pferde trabten an, und die Jungen rannten nebenher.

»Die Wohnungen sind verlassen – ich weiß nicht, warum. Die Leute müssen Hals über Kopf geflüchtet sein. Hier dürfen wir nicht bleiben; wir laufen durch das Dorf zum Waldrand und schlagen dort unser Lager auf. Von da können wir beobachten, was hier vorgeht.«

Blauvogel war froh, als die Hütten hinter ihnen lagen. Das verlassene Tuscarawas strömte etwas Unheimliches aus, einen Hauch von Drohung und Gefahr. Unter den ersten Bäumen führte der Vater die Pferde ins Unterholz und fesselte ihre Vorderbeine durch einen kurzen Strick, um die Tiere am Fortlaufen zu hindern.

»Dürfen wir Feuer machen?«

»Nein, wir essen heute kalt. Es ist ja noch gebratenes Fleisch da. Aber ihr müßt ins Gebüsch kriechen, denn vom Dorf her darf euch niemand sehen.«

Einen Augenblick später lag der Waldrand wieder einsam da. Auch nicht der schärfste Blick hätte dicht am Boden zwischen Kraut und Gebüsch eine Reihe dunkler Gesichter erkannt; sie verschwanden ganz im Schattenspiel der Blätter. Kaum vermochte der Häuptling, die aufgeregten Jungen zum Essen zu bringen.

»Eine Wache genügt. Wir merken schon, wenn etwas geschieht.«

Es geschah aber nichts. Die lange Reihe der Häuser dämmerte in den Nachmittag hinein, wie von dem ständigen Zirpen der Grillen in Schlaf gewiegt. Blauvogels Aufregung schwand dahin; er wurde müde, und sein Kopf sank ins Gras hinab. Eine Zeitlang sah er einem goldgepanzerten Käfer zu, der zwischen den Halmen herumkletterte, aber immer wieder abrutschte. Dem Jungen wurden die Augen schwer, und seine Lider schlossen sich. Nur die feine Musik des Spätsommertages rauschte in seinen Ohren, das Summen der Fliegen, Hummeln und Mücken.

Jetzt wurde das Brummen lauter. Halb im Schlaf lauschte Blauvogel, dann richtete er sich auf. Da war doch die unsichtbare Trommel wieder, die er bei seiner Flucht gehört hatte. Nicht ebenso laut, aber deutlich genug klang in der Ferne ihr taktmäßiger Wirbel, dumpf und anhaltend. Die Paukenschläge wurden nicht lauter und leiser wie damals, sondern erschütterten die Luft mit einem gleichmäßigen Dröhnen: rum-tum-tum, rum-tum-tum.

Ein kaum merkliches Beben der Zweige verriet dem Jungen, daß sich der Vater und die Gefährten zum Rand des Gebüsches vorschoben. Er träumte also nicht, denn die anderen hörten das Trommeln auch. Der Schall drang vom gegenüberliegenden Waldrand herüber, der weit hinter Stoppeläckern und Marschwiesen blaute. Das Summen schien allmählich näher zu kommen. Eine schwache Dunstwolke stieg aus dem Tal empor, aber es dauerte lange, ehe die Beobachter in dem Staub das Funkeln von Waffen unterschieden.

Aus der Dunstwolke löste sich ein Trupp Männer, der über die abgeernteten Äcker dem Dorf zueilte und in die Häuser eindrang. Blauvogel zitterte; diese Biberfellmützen und langen Gamaschen hatte er schon einmal gesehen: damals am Salzbach, als sie überfallen wurden.

Auf die Vorhut der Grenzer folgten lange Reihen regulärer Truppen. Die scharlachroten Röcke leuchteten in der Sonne, ein paar Offiziere mit bunten Schärpen ritten in der Mitte. Neue Grenzerabteilungen tauchten auf, Herden von Rindern und Schweinen, ochsenbespannte Wagen – es nahm kein Ende. Als die Rotröcke das Dorf erreichten, brach der Trommelwirbel ab, die vordersten machten halt, und die Kolonne rückte rasch auf.

Der Junge starrte. Die alten Bilder aus den Tagen von Fort du Quesne erschienen wieder vor ihm; er sah Gewehre zusammensetzen, Feuer flammen, Posten aufziehen. Wie eine Woge drang der verworrene Lärm des Lagers zu ihm herüber.

Jetzt verteilten sich kleine Trupps von Spähern nach allen Richtungen, auch über den Hang kamen zwei fast genau auf ihr Versteck zu. Aha, die wollten den Wald nach verdächtigen Spuren absuchen. Auf einen Wink des Häuptlings rutschten die Jungen ins Gebüsch, standen auf, bepackten schnell die Pferde und glitten dann tiefer in das grüne Dunkel hinein, die Tiere hinter sich herziehend.

»Wir können doch unsere Gewehre gebrauchen«, flüsterte Rehkalb. Kleinbär aber schüttelte den Kopf. »Dann kriegen wir das ganze Lager auf den Hals. Es sind wenigstens eintausendfünfhundert Mann, und zum Singen und Tanzen haben sie den weiten Marsch bestimmt nicht gemacht.«

»Woher kommen sie denn?«

»Ich glaube, von der Palisade am Ohio, denn dort sitzen ja jetzt die Rotröcke. Die Leute hier in Tuscarawas haben ihre Annäherung längst gemerkt, die Weißen machen ja einen Lärm wie eine galoppierende Büffelherde.«

»Und was wollen denn die Rotröcke eigentlich?«

»Das gilt allen Stämmen hier im Lande, den Lenape und Shawnee besonders. Es ist die Vergeltung für Pontiacs Krieg.«

Nach einem hastigen Marsch lenkte der Häuptling zu einem schmalen Wasser hinunter.

»Ihr geht jetzt mit den Pferden im Bachbett stromauf, so schnell ihr könnt. Ich bleibe zurück. Vor Dunkelwerden bin ich wieder da.« Ein ironisches Lächeln zuckte um Kleinbärs Mundwinkel. »Vielleicht bekommen wir Besuch, und ich möchte unseren Gästen längere Wege ersparen.«

Ein ungewisses, banges Gefühl beschlich die Jungen, als sie in der engen Laubschlucht weiterzogen, auf deren Grund der Bach plätscherte. Eine kühle, feuchte, glitschige Nässe triefte hier unten, sickerte aus den schleimigen Moosen, überzog die grünbewachsenen Steine am Ufer und faulte in einzelnen riesigen gestürzten Stämmen. Nur hoch oben auf den Wipfeln der dunklen Baumwände lag ein Abglanz der sinkenden Sonne.

»Wir wollen doch haltmachen«, bemerkte der Schielende Fuchs schließlich halblaut. Erleichtert stimmten die beiden anderen zu. Die Pferde prusteten und begannen sofort an Halmen und Blättern zu rupfen.

Da fiel ein Schuß und gleich darauf noch einer. Leise, wie aus unendlicher Ferne, flog der Schall die Bachschlucht herauf. Aufgeregt redeten die Jungen durcheinander; Blauvogel wollte zurück, dem Vater entgegen, Rehkalb und der Schielende Fuchs rieten jedoch zum Abwarten. Sie sprachen immer lauter, und der Schielende Fuchs schrie schließlich fast.

Doch er schwieg wie auf den Mund geschlagen, als plötzlich ein Indianer aus dem Gebüsch auftauchte. Der Mann machte mit der rechten Hand das Friedenszeichen. Sie erkannten sofort einen Lenape, denn er trug nicht die irokesische Lederkappe, sondern einen Haarknoten.

Welch Glück, daß der Schielende Fuchs bei ihnen war. Blauvogel und Rehkalb radebrechten nur mühsam einige lenapische Brocken, denn im Schildkrötenhaus wurde ja irokesisch gesprochen. Krampfhaft versuchten sie dem Gespräch zu folgen, verstanden aber nichts.

Auf einmal stand Kleinbär neben ihnen; sie hatten in ihrer Aufregung sein Kommen überhört. Der Vater wandte sich sofort an den Fremden, redete lange mit ihm und erklärte dann: »Dieser Lenape ist ein Späher der Leute von Tuscarawas. Er führt uns zu ihrem Lager, und von dort werden wir morgen früh nach Hause aufbrechen. Zur Büffelecke kommen wir in diesem Jahre doch nicht mehr.«

Die kleine Kolonne setzte sich in Bewegung. Halblaute Bemerkungen gingen zwischen dem Häuptling und dem fremden Krieger hin und her. Plötzlich blieb ein Wort in den Ohren Blauvogels hängen, einmal und noch einmal. Der Junge drängte sich erregt an den Vater. »Was sagt der Mann? Wie heißt der Häuptling der Rotröcke?«

»Bouquet.«

»Nicht Braddock?«

»Nein, Bouquet, Colonel Bouquet.«

Wie ein fressendes Präriefeuer lief der Name des feindlichen Anführeres über das Land. Noch ehe Kleinbär mit den Jungen den Biberfluß erreichte, trugen die Boten der südlichen Dörfer die Schreckenskunde von dem Einfall der Engländer hinauf an den Eriesee. An Widerstand war nicht zu denken, weil der Gegner doppelt so viele Krieger zählte als alle Stämme bis in den fernen Westen zusammengenommen.

Nicht einmal die Flucht in den Wald nutzte etwas. Bouquet hat ein befestigtes Lager am Hirschaugenfluß bezogen und droht, alle Dörfer zu verbrennen, die Maisvorräte zu vernichten und die Pflaumenbäume abzuhacken, wenn die Häuptlinge nicht zu Verhandlungen erschienen, ging das Gerücht herum.

Die Frauen faßte Entsetzen. Wenn die Rotröcke wirklich Feuer in die Häuser und Vorratsgruben warfen, dann mußten die Indianer verhungern. Der Winter stand vor der Tür, und die Jagd allein ernährte kein Dorf. In dumpfem Schrecken warteten alle auf weitere Nachrichten. Sie kamen bald mit dem Rauchigen Tag.

Blauvogels Beklemmung verstärkte sich, als das schmale Geiergesicht des Onkels auftauchte; er ahnte Schlimmes. Noch niemals hatte er mit solcher bebender Ungeduld das Ende der umständlichen Begrüßungszeremonie herbeigesehnt. Die Eltern, die Tanten, das ganze Dorf verlangte nach den Mitteilungen des Gastes, aber kein Mensch ließ sich etwas anmerken.

Zuerst wurde die Pfeife gestopft und dem Gast angeboten – nicht einmal das Stück geräucherten Biberspeck vergaß der Vater auf den Tabak zu legen. Dann trug die Mutter auf, was in den Kesseln kochte. Der Rauchige Tag begann zu essen, langsam und bedächtig, denn die wenigen Zähne brauchten Zeit. Immer wieder schob der Onkel einen neuen Bissen in den Mund, die eilige Reise hatte ihn wohl hungrig gemacht. Und während er gemächlich kaute, saßen die Leute des Schildkrötenhauses auf ihren Matten, ohne eine Miene zu verziehen, als ob es in der Welt keine Neuigkeiten gäbe.

Endlich, endlich wischte der Onkel das Messer an seinen Leggings ab; ähnlich wie die Tante ihre Hände an den Hundepelzen. Dann öffnete er den Mund, und Blauvogel riß ihm jedes Wort von den Lippen.

»Ja, der Tante geht es gut, und auch den Schwestern der Tante, bis auf die älteste, die sich neulich den Fuß verrenkt hat. Bis jetzt will keine Medizin helfen, es ist geradezu, als hätten die Hexen auf die Kräuter gespuckt. Gewiß findet sich hier in Fruchtbare Erde noch ein wirksames Heilmittel.«

Ein schwaches »Ho-ho« der Zuhörer bekräftigte diese Hoffnung; sicher würde sich eine Medizin für den kranken Fuß der ältesten Tantenschwester finden.

Blauvogel fuhr fast aus der Haut vor Ungeduld: Der Rauchige Tag kam doch nicht wegen der Medizin. Aber jetzt stand der Onkel auch noch auf und machte vor, wie die Kranke sich den Fuß verrenkt hatte. Es war ein böser Zufall, daß mitten auf dem Holzweg eine Wühlmaus ihr Loch gescharrt hatte und daß dann die Tantenschwester hineintrat ... Der Sagodakwus sollte alle Wühlmäuse und Tantenschwestern holen! Wenn der Rauchige Tag so weitererzählte, erfuhr man heute nichts mehr. Endlich war der Kreis der Verwandten durchgesprochen, und der Onkel lenkte seine bedächtige Rede auf die neuesten Ereignisse.

»Ihr werdet schon erfahren haben, daß eine schwarze Wolke aufgestiegen und von Osten her über unser Land gezogen ist. Die Rotröcke haben einen Tagesmarsch südlich von Wiesenufer auf der rechten Flußseite eine große Palisade gebaut und dort ein Ratsfeuer angezündet. Als die Häuptlinge der Lenape und Shawnee kamen, hatte Colonel Bouquet alle seine Krieger antreten lassen, und die Dolche auf ihren Flinten standen dicht wie die Binsen am Ufer, so viele waren es. Die Häuptlinge wollten das Feuer nicht auslöschen und haben die Bedingungen der Weißen angenommen. Das Kriegsbeil soll tief unter den Wurzeln des Friedensbaumes begraben werden, und die Rotröcke wollen auf demselben Weg fortgehen, auf dem sie gekommen sind, aber dafür müssen wir«, der Onkel hielt einen Augenblick inne und hüstelte, »alle Gefangenen – auch die adoptierten – ausliefern.«

Blauvogel brauste es in den Ohren: Da war es, was ihn seit dem Besuch der Händler verfolgt hatte, das drohende Wort: »Colonel Bouquet wird dich holen!« Die Kaufleute mußten schon im Spätsommer von den Vorbereitungen der Engländer zu diesem Kriegszug gehört haben.

Der Blick des Jungen hing an dem Vater. Wie ein Ertrinkender nach einem Holzstück, so haschte er nach den Worten des Häuptlings, der ruhig die Nichtigkeit solcher Vereinbarungen auseinandersetzte.

»Die Söhne des Langen Hauses haben das Kriegsbeil gegen die Rotröcke nicht aufgenommen, sie können ihre Ohren verstopfen gegen solche Reden.«

»Das ist wohl richtig«, antwortete der Rauchige Tag, »doch Bouquet hat ausdrücklich alle ehemaligen Weißen verlangt, auch die unter den Langen Dächern.«

Viel wurde noch hin und her verhandelt. Schließlich einigten sich die Männer. Der Onkel sollte den Jungen mit nach Wiesenufer nehmen, während Kleinbär im feindlichen Lager Erkundigungen einziehen würde.

Halb betäubt hing der Junge am nächsten Morgen in den Armen der Mutter. Er versuchte die Tränen zurückzuhalten, doch es gelang nur halb. Malia weinte laut. Die Mutter dagegen war ganz ruhig und half ihm in neue Wintersachen. Leise murmelte ihre weiche Stimme: »Du wirst wiederkommen, ich weiß es. Du gehörst zu dem großen Hügel, und wir werden auf dich warten.«

Willenlos trieb der Junge in der wortkargen Hast der nächsten Reisetage. Da war der breite Spiegel des Hirschaugenflusses wieder, das alte Schildkrötenhaus und der Pflaumengarten. Und da stand auch die Rundliche Wolke, noch etwas schmutziger als früher, aber sonst die alte, gutmütige Tante. Sie verbarg ihre Aufregung hinter endlosem Kochen, doch Blauvogel bekam nicht die Hälfte von dem herunter, was sie auftrug. Seine Gedanken begleiteten den Vater flußabwärts zum englischen Lager.

Doch statt des Vaters kam ein Bote zurück mit der Meldung: »Die Rotröcke haben Häuptling Kleinbär festgehalten und lassen ihn erst frei, wenn der weiße Junge gebracht wird.« So verglomm auch das letzte Fünkchen Hoffnung.

Der Rauchige Tag fuhr selbst mit Blauvogel im Kanu zum Standort der Engländer. Schon von weitem erkannte man den Platz: Auf den Wiesen am Flusse weideten Rinder, Zelte bedeckten die Hänge, Feuer schickten ihre Rauchfahnen in die stille Luft, und oben am Waldrand thronte eine große Palisade, roh und schnell aufgestellt, aber hoch und fest genug gegen jeden Angriff. Der Lagerlärm schwebte als ununterbrochenes Getöse über dem Tal. Rufen, Schreien, Räderknarren, Peitschenknallen und Axtschläge mischten sich zu einem lauten Summen und Brummen, das einzelne Schüsse mit hellem Knattern übertönten.

Die beiden Ankömmlinge sahen sich sofort von Soldaten umringt; der Junge mit dem dunkelblonden Haar und den blauen Augen wurde fortgeführt, während der Rauchige Tag, grob zurückgestoßen, traurig am Ufer blieb. Als Blauvogel seinen Blick hob, stand er unter einem halb geöffneten Zelt vor einem Mann mit goldbordiertem Dreispitz. Der Offizier saß auf einem plumpen Schemel, sein Rock war aufgeknöpft, und die Schöße hingen lang zu beiden Seiten herunter. Er sah den Jungen freundlich an und stellte einige Fragen.

Blauvogel antwortete nicht. Er wußte ohne Erklärung, wer da vor ihm saß: Colonel Bouquet. Das war also der Mann, der ihn aus dem Schildkrötenhaus herausriß, fort von den Eltern, von Malia, von Rehkalb und vom Biberfluß.

Dem Offizier schien solcher Widerstand nichts Ungewohntes. Er ließ den Jungen in die Palisade zu den anderen ausgelieferten Weißen führen und Kleinbär sogleich auf freien Fuß setzen.

Die Männer rannten herbei, als der Junge durch das Lager geführt wurde, und starrten ihn an. Blauvogel kam sich vor wie ein gefangenes wildes Tier, das man bestaunte, und blickte feindselig auf die Neugierigen. Er verabscheute die blassen Gesichter mit den struppigen Bärten und den niedrigen Stirnen unter den Biberfellmützen; er verabscheute sie schon vom Salzbach her, aber jetzt haßte er sie. Diese Weißen da schoben sich mit ihren breiten Rücken zwischen ihn und den Biberfluß und deckten das ganze Schildkrötenhaus zu.

Blauvogel ahnte nicht, daß viele Angehörige der Grenzermiliz nach ihren von den Indianern geraubten Kindern suchten, daß jeder eintreffende Gefangene von den Männern gemustert wurde und mehr als einer schon Schwester, Bruder, Tochter oder Sohn wiedergefunden hatte. Der Junge sah sich nur einer fremden, übermächtigen Gewalt ausgeliefert, gegen die nicht einmal der Vater ankam.

In der Palisade spielten sich die widersprechendsten Szenen ab. Den Erwachsenen strahlte die Freude über die Befreiung aus den Augen, während die Kinder nach ihren Adoptiveltern schrien und weinten. Die meisten hatten wie Blauvogel jahrelang in den Dörfern der Indianer gelebt, bei den Wyandots an der Wildvogelbai, bei den Shawnee am Scioto, bei den Lenape am Hirschaugenfluß, und ihre alte Heimat vergessen. Die Erinnerung an das erste Elternhaus war zu undeutlichen Schatten verdämmert, die Liebe der neuen Angehörigen hatte die Adoptierten zu Indianern gemacht und der Welt der Weißen entfremdet.

Nun hockten sie hier, herausgerissen aus den gewohnten und vertrauten Bindungen. Die Wache hatte zu tun, sie am

Weglaufen zu hindern. Sie lauerten am Ausgang und versuchten hinauszukommen, wenn das schwere Balkentor sich auch nur einen Spalt weit öffnete.

Auch die indianischen Eltern bemühten sich, zu ihren Adoptivkindern vorzudringen. Ständig erschienen sie mit Wild und Geflügel und wollten es ihren weißen Söhnen und Töchtern zustecken. Dauernd kam es zu heftigen Auftritten, wenn die Wache den Zugang verwehrte.

Nur ein einziges Mal gelang es Blauvogel, durch eine Ritze der Palisade den Vater zu erspähen, aber Kleinbärs Blick suchte in einer anderen Richtung, und der Ruf des Jungen erreichte ihn nicht.

Viele der roten Eltern beabsichtigten, den Zug bis zum Ohio zu begleiten. Colonel Bouquet willigte schließlich ein, zumal die Indianer versprachen, für ihre weißen Kinder zu jagen und sie mit Fleisch zu versorgen. Auch Kleinbär nutzte diese Erlaubnis, um die endgültige Trennung soweit als möglich hinauszuschieben.

Der Wald hüllte sich schon in flammend gelbe und rote Gewänder, als die kleine Armee aufbrach. Die regulären Truppen marschierten voraus, danach folgte die gesamte Pennsylvania-Miliz mit ihren langen, schweren Flinten, in der Mitte die befreiten Gefangenen. Die kleineren Kinder fuhren auf zwei ochsenbespannten Wagen, die größeren mußten laufen. Mit Rücksicht auf den Troß ging es in kleinen Tagesmärschen zurück nach Ohio – für die Soldaten und die Milizmänner nach Hause, für die Kinder in die Fremde...

Spät an jedem Morgen erklang das Signal zum Aufbruch, früh am Nachmittag wurde haltgemacht und das Lager aufgeschlagen. Dann erschienen die Indianer und brachten, was sie den Tag über erlegt hatten: Truthähne, Waschbären, Hasen. Die Wachen ließen sie nicht zu den Kindern; den Getrennten blieben nur Blicke und Rufe.

Wie aus dumpfer Ferne schlug der Lärm des Marsches an Blauvogels Ohr. Sehnsüchtig wartete er auf den Nachmittag, wo das Lager aufgeschlagen wurde und der Vater auftauchte. Kleinbär kam so nahe heran, wie es die Posten erlaubten. Es war weit genug, doch der Junge lebte eigentlich nur in der Stunde, die ihm wenigstens in der Ferne die vertrauten Züge zeigte.

Die einzige Verbindung zwischen ihnen blieb der treue Schnapp, der den Tag hindurch mit dem Vater jagte und nachts bei dem Jungen schlief. Blauvogel verkroch sich halb im Pelz des Gefährten, als wollte er mit diesem letzten Stück Heimat verwachsen. Wenn Schnapps Zunge über sein Gesicht fuhr, schlang er den Arm um den Nacken des Tieres und flüsterte lange mit ihm. Und Schnapp brummte so beruhigend, als wanderten sie von einem Jagdzug geradewegs zurück zum Schildkrötenhaus.

Auch der Hirschaugenfluß blieb dem Jungen treu und trieb an seiner Seite dahin. Wiesenufer tauchte am dritten Marschtag auf, Tuscarawas erschien und verschwand, bis endlich die Kolonne durch Wald und Sumpf gerade nach Osten zum Ohio abbog.

Tage langsamen Marsches vergingen – viel zu schnell für den Jungen, der am liebsten die letzten Augenblicke bis ins Unendliche verlängert hätte. Er wußte, daß spätestens am Fort du Quesne die indianischen Eltern – auch Kleinbär – umkehren mußten.

Am siebzehnten Tag kam die Festung in Sicht. Sie hieß jetzt Fort Pitt. Häuser drängten sich unter ihren Wällen, und Äcker zogen sich an den Hügelhängen hinauf. Der Junge sah nichts davon, weil Tränenschleier vor seinen Augen hingen.

Der Vater blieb bis zum Dunkelwerden, und seine Züge verloschen allmählich in der sinkenden Finsternis. Noch lange tönte das Klagegeschrei der indianischen Mütter herüber, die aus der Ferne von ihren weißen Kindern Abschied nahmen.

Fester noch klammerte sich der Junge an Schnapp, der am Abend wie immer zu ihm kroch und ihn mit seinem Pelz zudeckte. Erst als auch dieser Gefährte am anderen Morgen davonlief, brach der Verlassene zusammen.

Das Tier winselte und kehrte zurück. Es begriff nicht, warum der Häuptling dem Zug nicht länger folgte. Ein paarmal lief der Hund noch zwischen dem Jungen und dem zurückgebliebenen Vater hin und her, immer verwirrter über die größer und größer werdende Strecke, bis ihn schließlich ein Milizmann mit einigen Fußtritten davonjagte.

Weiter und weiter marschierte der Zug auf der Straße nach Raystown. Tief ausgefahrene Wagenspuren wechselten mit Knüppeldämmen, vermoderte Baumstümpfe mit reisiggefüllten Löchern. Bergauf und bergab schwang sich diese Schneise zwischen den grünen Waldmauern an Fort Ligonier vorbei über die Alleghanyfront ins Juniatatal hinunter.

Eine wahre Angst vor der Zukunft überfiel den Jungen. Krampfhaft versuchte er, aus den tiefsten Schächten der Erinnerung die Bilder seiner weißen Eltern und Geschwister heraufzuholen, der Tante in Raystown und der alten Blockhütte. Da war der Vater. »John«, sagte die Mutter immer zu ihm, aber damit erschöpfte sich bereits das Gedächtnis des Grübelnden. Er entsann sich noch, daß er einmal, von der Türe aus, dem Vater beim Pflügen zugesehen hatte. Doch mehr gab sein Gedächtnis nicht her; immer wieder aber sah er die hohe Gestalt mit den im Winde wehenden Haaren hinter den Pferden herschreiten und das Gespann mühsam um die Baumstümpfe des frisch gerodeten Feldes herumlenken.

Die Mutter lebte eigentlich nur in den Bildern der letzten

Nacht, wie sie auf der Leiter stand und die Eimer heraufreichte. Die beiden Schwestern, der kleine Peter und der Bruder Andres blieben schwache Schemen ohne jeden Umriß – bis auf die Schläge, die er für den Jüngsten bekommen hatte. Wenn seine Erinnerung nach diesen Schattengestalten griff, dann wichen sie zurück in unbekannte Tiefen.

Wie ein eisiger Guß strömte es über ihn hinweg, als ihm eines Tages irgend jemand sagt: »Morgen werden wir in Bedford sein.«

»Bedford, was ist das?«

»Dorf an der Juniata, hieß früher Raystown.«

Wie ein Schlag fiel diese Namensänderung auf den Jungen herab; es war ihm, als kenterte die Erde und drehte eine ganz neue Seite nach oben. Die Welt hatte sich verändert; statt Fort du Quesne stand Ford Pitt am Ohio, mitten auf dem Weg zur Juniata lag das neue Ligonier, und jetzt war auch das alte Raystown verschwunden. Denn es schien dem Jungen, als hätte sich mit dem Namen auch der Ort gewandelt, die hohen Palisaden, die langen Kasernendächer und die Wohnhäuser ringsherum.

Trotzdem zeichnete sich am nächsten Nachmittag auf der hohen Klippe über der Juniata das frühere Bild ab. Immer noch lief der sonderbare, gedeckte Balkengang vom Wall hinab zum Ufer, durch den die Soldaten Wasser holten, immer noch stießen die vielen Schlote ihre Rauchfahnen in den Himmel und drängten sich die Häuser hinter der Befestigung. Freilich, die Palisaden waren niedriger geworden – oder schien es dem Jungen nur so? Und wo steckten nur die vielen Enten – oder verwechselte er das mit dem Biberfluß?

Hinter der unteren Juniatafurt wurden die Wagen abgeschirrt. Eine Menge Leute warteten schon auf ihre befreiten Angehörigen. Die Ungeduldigen schrien und riefen, die ehemaligen Indianerkinder – fast alle noch in Mokassins, Leggings und Decken – ließen den Begrüßungssturm über sich ergehen. Verwirrt stand Blauvogel in dem Durcheinander, blickte in hundert unbekannte Gesichter und sah dann auf einmal einen stattlichen jungen Mann vor sich. Nur langsam begriff er, daß dies Andres sein sollte.

Ein Milizmann hatte den Bruder hergeführt. »Das ist Georg Ruster«, dröhnte es zweimal, und Andres nickte mechanisch, als müßte er etwas glauben, was unfaßbar blieb. Der junge Mann musterte den Zurückgekehrten: die dunkle Haut des Gesichts, die von dem roten Bärenfett allmählich eine kupferne Bräune angenommen hatte, den Scheitelknoten auf dem kurzen Haar, das Bärenhalsband über dem roten Hemd, die ledernen, befransten Leggings und die blaue Decke.

Ebenso linkisch stand Blauvogel vor dem Bruder. Auch er sah einen neuen, unbekannten, nie erblickten Menschen vor sich – einen Menschen, der sich von dem letzten schwachen Schimmer der Erinnerung völlig unterschied.

Zögernd kam ein Gespräch in Gang, für Blauvogel mühsam genug durch den Sprachklang des ungewohnten Englisch. Aber er verstand doch, daß die Eltern auf dem Friedhof schliefen. Der Vater war beim Baumfällen verunglückt, und die Mutter hatte der Kummer ins Grab gebracht. Die beiden Schwestern führten jetzt den Haushalt, und Peter half schon tüchtig in der Wirtschaft mit. Sie wohnten wieder im eigenen Haus. Vor drei Sommern waren sie hinausgezogen, denn seit der Besetzung von Fort Pitt durch die Engländer kamen die Indianer nicht mehr.

Die beiden Brüder gingen zu Tante Rahel. Andres erklärte unterwegs wortreich das neue Bedford. Er wollte wohl die Verlegenheit, die zwischen den Fremdgewordenen stand, beiseite reden. »Die Stadt ist doppelt so groß geworden in den letzten Jahren«, meinte er, und tatsächlich sah man auch neben Tante Rahels Haus ein neues Dach und gegenüber sogar ein Anwesen mit steinernem Unterbau. Das war für Grenzersiedlungen etwas Unerhörtes. Über der Tür sprang an einem langen Eisenarm ein Pferd in die Luft. »Das ist der Ausspann von Dunker; hier halten immer die Wagen, die nach Fort Pitt fahren.«

Aber zwischen Dunker und Tante Rahel lief immer noch die alte, schmutzige, ungepflasterte Straße mit ihrer tiefen Räderspur, die sich bei jedem Gewitter in einen See verwandelte; immer noch hingen neben den kleinen Fenstern die schweren Holzläden, die abends zugeschlagen wurden; immer noch spielten da die Kinder in dem grasbewachsenen Graben unter den Palisaden Verstecken.

Die Tante empfing den Heimgekehrten mit lauten Freudenrufen und umarmte ihn unter einem Strom von Tränen. »Mein armer Georg, mein armer Georg«, schluchzte sie. Wieder vernahm der Junge den Namen. Sollte er wirklich selbst dieser Georg sein? Aber sie riefen ihn ja alle so.

Blauvogel fühlte sich auf eine Bank gedrückt, die ihm sehr unbequem vorkam; er war diese hohe Sitzgelegenheit nicht mehr gewohnt. Die Tante kümmerte sich nicht darum, sie beachtete auch die indianischen Kleider nicht und strahlte nur vor Glück, den Neffen wiederzusehen. »Wie du der Mutter ähnlich siehst. Nein, du bist der Mutter gerade wie aus dem Gesicht geschnitten«, rief sie immer wieder, während sie mit der Pfanne klapperte und Speck briet.

Der Junge fühlte die Liebe der alten Frau, trotzdem brachte er das Essen kaum herunter. Es schmeckte so alt, ganz anders als im Schildkrötenhaus, und dazu war der Hals wie zugeschnürt.

Er erhob sich rasch, als Andres aufbrach. »Du mußt mich bald besuchen und erzählen«, bat die Tante, und Blauvogel versprach es. »Wir müssen laufen, denn wir haben die Pferde abgeschafft und dafür Ochsen gekauft«, berichtete Andres auf der Straße. »Die Ochsen ziehen besser beim Bäumeroden.«

Der Weg hatte sich nicht geändert. Zuerst ging es ein Stück an der Juniata entlang, zwischen dem Ufergebüsch und den Bedforder Äckern, dann durch den Wald, wo in tiefen Wagenspuren modriges Wasser dunkelte. Mitten im Wald kam man über die große, brombeerbestandene Lichtung, auf der sich viele Rotschwingenamseln herumtrieben. Nach der Lichtung wurde der Weg ganz eng, beinahe eine schmale, lange Höhle, weil die Äste von beiden Seiten fast aneinanderstießen. Und schließlich öffnete sich der Wald wieder. Die tiefen Räderspuren des Wagens durchschnitten eine Wiese und führten an Rusters Haus vorbei durch die Maisfelder und den Bach bis zum nächsten Waldrand, um dort in der grünen Dickung zu verschwinden. Blauvogel schritt hinter dem Bruder her. Wie aus einem unermeßlich tiefen Brunnen tauchte die Erinnerung empor und verschmolz mit dem, was an den Augen vorüberzog. Als sie aus dem Wald traten und das Haus erblickten, stutzte der Junge. Die Pappel ragte wie früher an der Giebelseite, doch die große Buche, der Tummelplatz der gelben Sperlinge, stand nicht mehr. »Sie saugt den Boden aus, deshalb habe ich sie umgeschlagen«, meinte Andres.

Blauvogel dachte an die Buche in Fruchtbare Erde. »Sie schützt vor Blitz«, sagte Mittagsonne immer und band nach jedem Gewitter ein Päckchen Tabak an die Äste als Dank für den Baum. Eine unbestimmte Traurigkeit wehte den Jungen von der leeren Stelle an, wo früher die Hausbuche ihre Krone gebreitet hatte, in der er so oft herumgeklettert war.

Andres fing wieder an zu erzählen: »Die alte Blockhütte habe ich abgerissen. Das neue Haus enthält drei Stuben. Das lange Dach daneben ist Stall und Scheune, und sieh mal da!« Andres' Finger wies an der neuen Wohnstatt vorbei über das Feld. »Den ganzen vorigen Winter hindurch haben wir Wald gerodet, mindestens fünf Äcker! Seit ein paar Tagen haben wir wieder damit angefangen, du kommst gerade recht zur Hilfe.« Dabei musterte er den Bruder mit sichtlichem Wohlgefallen. »So ein großer, kräftiger Junge wie du kann ja schon tüchtig zupacken.«

Blauvogel sah jenseits der leeren Felder das haushohe dürre Gezweig der gestürzten Waldriesen. Vor dem Holzwall hatte der Wind einen bunten Teppich von Herbstlaub zusammengefegt, es schien, als lägen die Gefällten auf einer purpurroten Decke. Doch der Junge konnte seinen Gedanken nicht länger nachhängen. Am Gartenzaun warteten die Geschwister, zwei hoch aufgeschossene Mädchen und ein langer schlaksiger Junge. Scheu begrüßten sich die Wiedervereinigten. Allmählich fanden sie die Sprache wieder, die Schwestern zuerst. Sie schüttelten sich aus vor Lachen über die komische Redeweise des Bruders, über seinen Scheitelknoten, über seine indianischen Kleider. »Was sind denn das für Dinger?« fragten sie und griffen nach dem Bärenhalsband. »Mit solchen Krallen kannst du hier nicht herumlaufen.«

Der Junge erklärte, doch die Schwestern beachteten seine Worte nicht. »Du siehst ja aus wie ein Wilder. Du mußt dich gleich umziehen.« Sie brachten eine alte Hose und eine Jacke von Andres und ruhten nicht eher, als bis er in den abgelegten Sachen des Bruders steckte. Der Scheitelknoten fiel einer Schere zum Opfer.

Eine Menge Fragen prasselten auf den Zurückgekehrten herein, doch die Geschwister schienen keine Antwort zu erwarten, denn sie wollten schon etwas Neues wissen, noch ehe das Alte besprochen war. Den Jungen machte das hastige, überstürzte Fragen verwirrt; im Schildkrötenhaus fiel niemand dem anderen in die Rede, jeder sprach erst zu Ende, ehe der nächste das Wort nahm.

Blauvogel fing an vom Biberfluß zu erzählen, von den indianischen Eltern, von Malia und Rehkalb. Das Sprechen hätte ihn etwas erleichtert, aber das ständige Dazwischenreden ließ ihn nicht zum Erzählen kommen.

Schließlich beendete Andres die quälende Unterhaltung. »Nun bist du froh, von dem indianischen Pack fort zu sein. Morgen fangen wir an, zwei neue Äcker zu roden.« Der Junge blickte den Bruder an; die wegwerfende Redensart hatte ihn im Innersten getroffen. Krank vor Heimweh, weinte er sich abends unter seiner Decke in den Schlaf.

Am nächsten Morgen wurde er früh wachgerüttelt. »Wir müssen uns dranhalten, sonst schaffen wir nichts«, hieß es. Noch halb schlafend, folgte der Junge dem Bruder zum Waldrand. Den fremden Mann, den Andres sich zur Hilfe genommen hatte, bemerkte er kaum, denn ihm lag noch die Strapaze des wochenlangen Marsches in den Knochen.

Zu dritt machten sie sich an die Arbeit. Die vorderste Linie der Bäume, die sich wie eine Reihe Säulen reckte, war bereits hüfthoch über dem Boden angehackt. Tiefe Kerben blitzten in dem dunklen Braun der Stämme. »Heute hauen wir den Sturzbaum«, sagte Andres und deutete auf eine mächtige Buche, die drei Mann nicht umspannen konnten. »Wir müssen sie so fällen, daß sie alle anderen mitreißt.«

Bald klopften die Äxte ihren regelmäßigen Takt. Aber der Junge vermochte nicht mitzuhalten. Er kannte solche schwere Arbeit nicht; das Hauen der dürren Feueräste war ein Kinderspiel gegen dieses Schlagen von lebendigem, zähen Stammholz. Dazu lag der Stiel der Axt nicht richtig in seiner Hand und zerriß ihm fast den Handteller. In Fruchtbare Erde schnitzte jeder seinen Axtstiel so lange, bis er im Griff genau paßte.

Ermahnungen hagelten auf den Jungen hernieder. »Du mußt besser zuhauen«, »Du faßt den Stiel nicht richtig«, »Du stellst dich aber ungeschickt an«. Andres machte ein unzufriedenes Gesicht und brummte einige Male: »Du hast ja gar nichts gelernt; ein Grenzer muß doch mit der Axt umgehen können.«

Am Spätnachmittag begann der Stamm zu krachen, ein Zittern lief bis in die äußersten Spitzen der Zweige, langsam neigte sich der Baum und sank in die Krone des nächsten. Das Dröhnen pflanzte sich durch die ganze Reihe fort, splitternd und krachend hakten sich die Buchen ineinander und rissen sich gegenseitig eine nach der anderen zu Boden.

Taumelnd vor Müdigkeit, schritt der Junge am Abend hinter den Heimgehenden her. Von ferne kam ihm die Erinnerung an das Schildkrötenhaus, jetzt saßen sie wohl vor der Tür unter der Buche und körnten Maiskolben.

Aber Ameisenabende gab es hier nicht. Die Tage vergingen mit drängender Arbeit, eine ständige Hast schien allein zu regieren, und es konnte nicht schnell genug gehen.

Endlich fingen sie an, die alten trockenen Bäume vom Vorjahr mit dem Ochsengespann zum Bach zu ziehen.

»Am Waldrand können wir das Zeug nicht verbrennen, sonst geht alles ringsherum in Flammen auf, und wir sengen uns selbst an«, meinte Andres.

Die zwei Ochsen schleppten eine dicke Eisenkette zwischen sich. Peter führte die Tiere, Blauvogel und der fremde Helfer legten die Ketten um die Stämme. Die Ochsen zogen die Holzsäulen mit dem riesigen Astwerk, eine nach der anderen, zum Bach. Ein Wall von Gesperr und Gestrüpp baute sich dort auf, dazwischen einzelne Büsche Herbstlaub wie Reste eines zerrissenen Kranzes.

Gerade beim letzten Baum geriet Blauvogel mit der Hand unter die Kette; die körperliche Erschöpfung und die dauernden Scheltworte wirkten wohl zusammen, seine Aufmerksamkeit abzustumpfen. Der Handteller wurde schwer gequetscht. »Da hast du Glück gehabt, daß die Finger nicht ab sind«, tröstete ihn der Arbeiter.

»Kühle die Hand nur im Bach«, riet Andres. Niemand hatte Zeit für solch eine Kleinigkeit, und Heilsaft gab es hier auch nicht.

Halb ohnmächtig hockte der Junge am Wasser, kühlte den Schmerz und starrte auf die anderen, die jetzt die Bäume anzündeten. Die Brüder und der fremde Mann sprangen mit Fackeln umher und fuhren damit unter die dürren Zweige. Eine Zeitlang tanzten die Flämmchen knisternd im Holzwerk, ehe mit heulendem Ton die erste große Feuerzunge emporschlug. In kurzer Zeit brannte die ganze Reihe.

Beißender Rauch drang dem Jungen in Nase und Mund. Er blickte in den wilden Flammenofen, in dem der Wald verging. Er hörte die Brüder schreien und rufen und die Stämme knallend zerbersten.

Eine stumme Trauer überkam den Jungen. Entstieg sie nun den sterbenden Bäumen oder rührte sie von der verletzten Hand her? Er wußte es nicht. Er spürte nur, wie hier eine fremde Macht mit Axt und Feuer gegen etwas wütete, das lange vor dieser Macht da war.

Am nächsten Tag blieb Blauvogel zu Hause. Andres machte ein unzufriedenes Gesicht, aber der Bruder vermochte die verletzte Hand nicht zu rühren. Ziellos schlenderte der Junge in Haus und Garten umher, und seine Gedanken wanderten zum Biberfluß. Das Heimweh kehrte mit doppelter Heftigkeit wieder, seitdem die schwere Arbeit den Körper nicht mehr mit halber Betäubung schlug. Unablässig sah er die indianischen Eltern vor sich, da doch die Gesichter seiner weißen Eltern in das ewige Dunkel geglitten waren. Er dachte an das Schildkrötenhaus mit seinem gemächlichen, hastlosen Leben. Dort sang man bei der Arbeit, hier sang niemand.

»Wo ist eigentlich der alte Schnapp?« fragte er die Schwestern. Die Mädchen mußten sich besinnen, ehe ihnen das Schicksal des Hundes einfiel. »Ja, der wurde krank, und da hat Andres ihn totgeschossen.«

Der Junge erschrak, denn der alte Schnapp hatte seinem Herzen fast ebenso nahegestanden wie die Geschwister, und der Bruder kam ihm schlimmer vor als der Schielende Fuchs. Aber die Weißen griffen ja rasch zur Flinte, er hatte es selbst erlebt – beim Salzsieden.

Am folgenden Morgen ging er mit den Brüdern zur Brandstätte. Ein breiter, kahler Streifen zog sich am Bach entlang. Verkohlte Holzbänke, Aschenreste, Rauchgestank kennzeichneten die Verwüstung. »Das wird guter Weizenboden«, meinte Andres.

»Asche düngt besser als alles andere«, ergänzte Peter.

»Aber die Bäume sind tot«, sagte Blauvogel. Die Brüder sahen auf, denn es lag etwas Besonderes in der Stimme des Jungen, doch sie erwiderten nichts.

Als Blauvogel am nächsten Tage wieder zum Bach ging, sah er plötzlich Andres mit einem schwarz gekleideten Mann am Gartenzaun stehen. Der Fremde band gerade sein Pferd an. Der Junge wollte fortlaufen, doch der Bruder rief schon: »Georg, Georg!«

Zögernd trat der Junge hinter dem Besuch in die Stube. »Ich bin Pastor Godsbrod aus Bedford«, erklärte der Mann mit einem väterlichen und wohlwollenden Blick. Dann legte er Blauvogel seine große Hand auf den Kopf und sagte feierlich: »Sei getreu bis in den Tod, dann will ich dir die Krone des Lebens geben.«

Verschüchtert trat der Junge von einem Fuß auf den anderen. Was wollte der Fremde ihm geben? Der Pastor ließ sich auf der Bank nieder. »Du hast nun, mein Sohn, deine lieben Eltern verloren ...«

Blauvogel nickte heftig, denn der Mann sagte die Wahrheit. Mittagsonne und Kleinbär fehlten ihm wirklich an allen Ecken und Enden.

Ermuntert durch diese Zustimmung fuhr der Pastor fort. »Aber Gottes Gnade hat dich aus der Hand der Amalekiter gerettet, und ich weiß, wie dankbar du für diese Befreiung bist. Ich hoffe, du hast deinen Glauben bewahrt und erhalten. Leider habe ich bei manchen ehemaligen Gefangenen hier die gegenteilige Erfahrung machen müssen. Doch du wirst sicher das Vaterunser noch kennen.«

Blauvogel starrte den Sprecher an. Ein dunkler Schimmer des früheren Gebetes stieg in ihm auf, aber er vermochte ihn nicht in Sätze zu fassen. Der Pastor ahnte, daß der Junge wenigstens einen Anfang haben mußte und sprach die ersten Worte. Blauvogel schwieg verlegen. Der Geistliche wiederholte mit lauter Stimme, als ob er einen Tauben vor sich hätte, aber ohne Erfolg.

»Weißt du denn gar nichts mehr? Hast du den Namen des allmächtigen Gottes ganz vergessen?«

»Nein, den weiß ich.«

»Wie heißt denn der Herr des Himmels und der Erde?«

»Owaniyo.«

»Was?« Verwirrt schüttelte der Pastor den Kopf und schob den Jungen von sich. »Ich fürchte, der Teufel hat dich in seinen Krallen. Doch wir werden alles tun, deine Seele vor der Hölle zu retten.«

Dann schickte er Blauvogel hinaus und sprach lange mit Andres. Erst viel später ritt der Prediger davon.

Noch am gleichen Abend brachte der Bruder den Jungen nach Bedford. »Du bist mit deiner gequetschten Hand in der Wirtschaft vorläufig doch nicht zu gebrauchen, da kannst du gleich den versprochenen Besuch bei der Tante machen.«

Ohne Trauer schied der Junge aus dem ehemaligen Elternhaus und von den fremdgebliebenen Geschwistern.

Auch in Bedford, im alten Raystown, war vieles anders geworden. Am Sonntag ging die Tante mit ihm in die Kirche. Blauvogel sah sich in einem langen Saal mit vielen Bänken. Die Leute sangen, und der schwarz gekleidete Mann redete lange Zeit – so lange, daß der Junge fest einschlief. Doch gegen Ende erwachte er wieder, denn nun fing Pastor Godsbrod an zu beten.

»Lieber Gott, wir bitten dich, achte auf Tonn Dusbers Hausbau. Das Dachgerüst steht schon, und es fehlen nur noch die Schindeln. Laß es nicht regnen, ehe das Dach vollständig eingedeckt ist, damit die Stuben nicht feucht werden. Hilf bitte auch der alten Katherina Nose. Sie ist schon achtzig Jahre und leidet sehr an Rheumatismus, und es will gar kein Heilmittel anschlagen. Wir bitten dich weiter für Georg Ruster, den Sohn von John Ruster, den Colonel Bouquet neulich aus den Händen der blutigen Amalekiter und Amoniter gerettet hat. Er ist in seinem Herzen ein Heide geworden; zeige ihm den rechten Weg und erleuchte ihn mit deiner Gnade und Barmherzigkeit.«

Ja, so betete Pastor Godsbrod, und das hätte er nicht tun sollen, obschon er es gut meinte. Denn wenn Blauvogel sonst auch wenig verstand, diese letzten Sätze begriff er. Die blutigen Amalekiter waren seine Mutter Strahlende Mittagsonne und sein Vater Kleinbär, die Schwester Malia, Rehkalb, die Tanten ... Der Große Geist Owaniyo, dem man im Schildkrötenhaus täglich Tabak streute, war hier etwas Böses. Er selbst mußte auch ganz schlecht sein, denn alle Leute drehten die Köpfe und starrten ihn an. Er wäre am liebsten unter die Bank gekrochen und wünschte sich ans Ende der Welt.

Noch schlimmer war, daß die Kinder auf der Straße ihm »blutiger Heide« nachriefen. Auf Schritt und Tritt fühlte sich der Junge an die ersten Wochen der Indianerzeit in Wiesenufer erinnert. Trotzdem gefiel es ihm in Bedford besser als in dem neuen Blockhaus. Die Liebe der Tante stach so ab gegen die fremde Art der Geschwister, das ständige Kichern der Schwestern und die betriebsame Tüchtigkeit der Brüder.

Und vor allem gab es hier ja Dunkers Ausspann, das große steinerne Gehöft mit dem springenden Pferd, schräg gegenüber von Tante Rahel. Kaum ein Tag verging, ohne daß dort ein Wagen hielt. Jetzt im Spätherbst verstärkte sich der Verkehr nach Fort Pitt. Ehe der Winter die Straße unbefahrbar machen würde, rollte noch eine Menge Fracht nach Westen zum Ohio.

Zu Dunkers zog es den Jungen immer wieder; der Ausspann wurde ihm ein Tor zu der verlorenen Welt, die auch im Westen lag – weiter noch als Fort Pitt.

Blauvogel fiel aus allen Wolken, als die Tante eines Tages erklärte: »Andres hat geschickt, du sollst wieder nach Hause kommen.«

»Kann ich nicht bei dir bleiben?«

»Ich würde dich gern hierbehalten, aber wahrscheinlich braucht man dich für irgendeine Arbeit. Deine Hand ist ja wieder heil.«

Schlaflos wälzte sich der Junge nachts von einer Seite zur anderen. Er hatte sich eingelebt bei der Tante, und nun sollte er wieder fort. Und damit verschwand ja auch Dunkers Ausspann, das letzte, was ihn mit dem Biberfluß verband. Er dachte an die lärmende Hast der Geschwister und ihr fortwährendes Zanken. Eine erstickende Last legte sich auf ihn.

Unruhig strich Blauvogel am folgenden Morgen um eine Reihe Planwagen, die vor Dunkers Ausspann hielten und gerade zum Aufbruch rüsteten. Die Gespanne kamen aus dem Tiefland herauf und sollten nach Fort Pitt fahren. Die Nacht hindurch hatten sie in Bedford gerastet, jetzt schirrten die Knechte die Pferde wieder an.

Sehnsüchtig sah der Junge zu. »Na, willst du mitfahren?« fragte ihn zum Spaß einer von den Fuhrleuten. Blauvogel strahlte auf. »Ja, sofort.«

»Aber das wollen wir schön bleiben lassen, sonst kommen mir deine Eltern auf den Kopf.«

»Meine Eltern sind gar nicht hier, ich bin bloß bei meiner Tante zu Besuch.«

«Wohnen denn deine Eltern in Fort Pitt?«

»Nein, aber in der Nähe. Wenn ich einmal dort bin, dann komme ich schon hin. Den Weg kenne ich.«

»Soso, das ist etwas anderes. Sage schnell deiner Tante Bescheid. Einen flinken, großen Jungen wie dich können wir unterwegs immer gebrauchen.«

Blauvogel verschwand. Eilig trat er in Tante Rahels Küche.

»Ich gehe wieder nach Hause.«

»Was? Warum denn auf einmal so schnell? Es kommt doch auf ein oder zwei Tage nicht an!«

Die Tante drehte den Speck in der Pfanne um und hustete sich ärgerlich den Rauch aus der Kehle. Dann erblickte sie das strahlende Gesicht ihres Neffen und wunderte sich.

»Gott mag wissen, was in dich gefahren ist. Warte einen Augenblick, ich muß dir noch ein Bündel zurechtmachen. So ein langer Bengel wie du hat immer Hunger. Iß inzwischen schon.«

Blauvogel zappelte vor Ungeduld. »Grüße deine Schwestern«, rief ihm die Tante nach. Sie schüttelte den Kopf über diese plötzliche Eile, beruhigte sich aber bald.

Das Elternhaus ist und bleibt doch immer das beste. Er wird sich dahin zurücksehnen nach so langer Zeit, dachte sie bei sich.

Blauvogel näherte sich vorsichtig dem Wagen.

»Da bist du ja«, rief der Fuhrmann, »es geht gleich los. Klettere nur schon hinauf.«

Der Junge sah sich um: die anderen Kinder tobten und schrien vorn bei der Spitze, wo die ersten Gespanne soeben anrückten. Flink schlüpfte er über das Vorderbrett unter die runde Plane. Peitschenknall und Rädergekreisch lief die Wagenreihe entlang, jetzt legten sich auch die Pferde seines Kutschers in die Stränge. Langsam schütternd setzte sich das schwere Fuhrwerk in Bewegung.

Als Bedford hinter ihm lag, spähte der Junge über den Kopf des Fuhrmannes nach draußen. Es hatte ihn wohl niemand gesehen. Und jetzt rollten sie schon im Wald, der rechts und links des Weges sich öffnete wie die Tür des Vaterhauses.

Zwölf Tage später sah der Junge die Dächer von Fort Pitt, der Glücks- und Unglücksstation seines Lebens, hinter sich verschwinden. Der Fuhrknecht hatte ihm ein Beil, Feuerstein und Stahl geschenkt. Diese Schätze trug Blauvogel in einem alten Sack, den er sich beim Proviantmeister des Forts erbettelt hatte, zusammen mit zwei Broten.

Niemand hatte eine Frage an ihn gerichtet, denn Grenzerjungen, die in Fort Pitt Besorgungen erledigten und dann zu ihren Eltern zurückkehrten, gab es täglich. Hier am Rande der weißen Welt fiel dergleichen nicht auf.

Blauvogel wanderte den Spuren des Bouquetschen Zuges nach: tiefen Wagengleisen, reisiggefüllten Schlaglöchern, ausgehauenen Schneisen und zertrampeltem Gras. Der Ohio trieb wieder an seiner Seite. Vier Tage lang waren sie mit Bouquet an diesem Strom dahingezogen, doch jetzt stand der Junge schon am Nachmittag des zweiten Wandertages an der großen Biegung, wo der Marschweg den Ohio verließ und geradewegs nach Westen in den Wald hineinging. Hier mündete auch der Nebenfluß, den sie damals in einer Furt durchschritten hatten, um auf das Ostufer des großen Stromes zu kommen. Der Junge wollte sich gerade setzen, seine Schuhe auszuziehen und seine Hose aufkrempeln, um die Furt zu durchwaten, als er rechts von sich eine dünne Rauchsäule bemerkte. Er ging näher heran und entdeckte zwei lenapische Jäger, die beim Feuer saßen und einen Truthahn brieten. Blauvogel besann sich nicht lange, trat auf die beiden zu und sprach die irokesische Begrüßungsformel: »Ich bin euer Freund.«

Der mißtrauische Blick der roten Männer machte einem Lächeln Platz. Einer von ihnen forderte den Jungen in gebrochenem Irokesisch auf, sich zu setzen. Blauvogel tat es und genoß die lang entbehrte indianische Gastfreundschaft. Das flackernde Feuer, die dunklen Gesichter, der Geschmack des Spießbratens – aus allem stieg eine heimelige Vertrautheit. Plötzlich drang der Gedanke auf ihn ein, daß er in Sicherheit war, daß niemand ihn zurückholen konnte, daß kein Gebirge mehr zwischen ihm und dem Schildkrötenhaus lag. Nur mit Anstrengung vermochte er seine Bewegung niederzuhalten.

Nach dem Essen fragte ihn der Lenape, der etwas Irokesisch sprach: »Wohin geht unser kleiner Bruder?«

»Zu meinen Eltern in Fruchtbare Erde am Biberfluß.«

»Nun, da bist du ja auf dem richtigen Wege.«

»Ja, ich will zuerst nach Tuscarawas und von dort nach Fruchtbare Erde.«

»Warum machst du diesen Umweg? Du bist doch am Biberfluß.«

»Wo soll ich sein?«

»Das Wasser, an dessen Ufer wir sitzen, ist der Biberfluß. Er mündet hier in den Ohio.«

Blauvogel schwieg überrascht. Er hatte sich nie darum gekümmert, wo der Biberfluß mündet. Nun kam ihm der vertraute Freund entgegen. Er brauchte ihn nur hinaufzuwandern, dann mußte er irgendwann einmal die lieben Langen Dächer wiedersehen.

Seit diesem Zusammentreffen hetzte der Junge vorwärts. Er nahm sich kaum Zeit, ein paar Beeren zu sammeln. Die Schuhe zerrisen, sein Gesicht wurde schmal und das Haar struppig. Tag für Tag lief er, bis zur Erschöpfung der Kräfte.

Die Sonne stand schon im Untergang, als er eines Abends den Eulenbach übersprang. Er fiel, raffte sich auf und rannte weiter über die Blaugraswiesen. Die braunen Dächer tauchten auf und wurden größer. Kleinbär kam gerade von den Kanus am Ufer, als der verwilderte Junge auf ihn zustürzte und halb ohnmächtig vor ihm zusammensank. Der Häuptling nahm den Erschöpften wie ein kleines Kind auf die Arme und trug ihn ins Schildkrötenhaus, wie er es schon einmal getan hatte, nach der Flucht aus Wiesenufer.

Von dem Jubel und Schreien der Kinder und dem rasenden Gebell Schnapps hörte Blauvogel nichts, dafür hörte er die Mutter, die sich mit strahlenden Augen über ihn beugte: »Du sollst auch gut schlafen, mein Junge. Du bist ja wieder zu Hause.«

Nachwort

Und nun möchtest Du sicher wissen, was wahr ist an der Geschichte vom »Blauvogel«. Ist sie frei erfunden, wie so viele andere Indianererzählungen, oder ist es wirklich so gewesen?

Nun denn, der Anfang mit dem Aufgebot der Pennsylvania-Miliz, der Gefangennahme des Jungen, der Schlacht am Monongahela und der Schluß mit Colonel Bouquets Marsch sind tatsächliche Ereignisse, die sich genauso im englisch-französischen Krieg abgespielt haben (1755–1763). Schicksale, wie sie Georg Ruster in unserer Erzählung erlebt, hat es damals zu Dutzenden gegeben.

Du wirst einwenden, man liest doch sonst von ganz anderen Indianern, als sie hier geschildert sind: von Büffeljägern, die hoch zu Roß mit Lanzen dahingaloppieren, in bunt bemalten Ledertipis (Zelten) wohnen und lange Federschleppen tragen. Warum treten diese Reiterindianer in unserer Erzählung nicht auf?

Das hängt mit der Landschaft zusammen, in der »Wiesenufer« und »Fruchtbare Erde« liegen. Das gesamte Tal des Ohio mit seinen Nebenflüssen, auch dem Hirschaugen- und Biberfluß, gehört nämlich zum Waldgebiet des amerikanischen Ostens zwischen dem Atlantischen Ozean und dem Mississippi. Dieses Gebiet wurde beim Erscheinen der Europäer und noch lange nachher von einem einzigen riesigen Urwald beherrscht. Erst jenseits des Mississippi begannen die großen Prärien, die sich als ungeheure Grasebenen bis zum Felsengebirge hinzogen. Hier hausten die Reitervölker der Sioux. Als halbe Nomaden wanderten sie hinter den Büffelherden her und schlugen ihre Zelte dort auf, wo die Jagd gerade gut war.

Dagegen saßen im östlichen Waldland Stämme mit ganz anderer Kultur. Hier wohnten die Indianer in festen Dörfern und bauten eine Anzahl Feldfrüchte, vor allem Mais, Bohnen und Kürbis. Da ihnen Eisen unbekannt war, mußten sie das Land rings um ihre Siedlungen mit steinernen Äxten roden. Die Rodungen bearbeitete man dann mit einfachen Hacken aus Holz und Knochen. Die Feldbestellung war Sache der Frauen; die Männer gingen auf die Jagd und betrieben Fischfang.

Einzelne Waldlandstämme hatten es im Anbau der Feldfrüchte sehr weit gebracht, am weitesten die Irokesen. Das war ein Bund von fünf eng verbündeten Nationen an der Südküste des Ontario-Sees, im Westen des heutigen Staates New York. Als General Sullivan im Herbst 1779 mit amerikanischen Truppen in ihr Land einrückte, konnte er sich nicht genug verwundern über die Größe der Felder. Er versicherte, seine Soldaten hätten an achtzigtausend Zentner Mais noch auf dem Halm und nicht abgeerntet vorgefunden, und in den Obstgärten hätten Pflaumenbäume gestanden, von denen einige mindestens fünfzig Jahre alt waren.

Die Wohnungen dieser Waldindianer sahen ganz verschieden aus. Die Irokesen bauten langgestreckte Häuser mit Giebeldächern; daher nannten sie ihren Bund einfach »Das lange Haus«. Andere Stämme wie die Lenape hausten in Wigwams, kleinen kuppelförmigen Hütten, die Bienenkörben glichen und mit Birkenrinde oder Schilfmatten gedeckt waren.

In den großen irokesischen Häusern wohnten stets Angehörige eines Clans zusammen. Man versteht unter einem Clan eine Großfamilie, die eine Anzahl Verwandter umfaßt, meist mehrere Schwestern mit ihren Männern und Kindern. Eine Großfamilie führte einen gemeinsamen Haushalt mit gemeinsamen Vorräten an Mais, Fleisch, getrockneten Beeren und Holz. Sie lebte ja auch unter einem einzigen Dach, wie die Schildkrötenfamilie in unserer Erzählung.

Ein Wigwam dagegen beherbergte immer nur ein einziges Ehepaar mit seinen Kindern. Deshalb bestanden die Lenapedörfer aus vielen kuppelförmigen Häuschen, die regellos durcheinander lagen.

Das Lederzelt der Prärieindianer gab es im Waldland nicht, ebensowenig ihren prachtvollen Federschmuck. Die Männer trugen nur vereinzelt Federn.

Die Pferde wurden von den Waldindianern zum Tragen von Lasten, nicht zum Reiten benutzt. Ausnahmen machte man bei Kranken, die nicht laufen konnten. Schwere Lasten beförderte man im allgemeinen auf den Flüssen; auch längere Reisen legte man im Boot zurück. Deshalb lagen die Siedlungen grundsätzlich an den Strömen und Flüssen. Das federleichte Birkenrindenkanu, die beste Erfindung der Waldlandkultur, vermochte auch in die kleinsten Bachläufe vorzudringen. Im Notfall, so bei Umgehung von Wasserfällen, ließ sich dieses Kanu auch über Land tragen. Die Irokesen benutzten als Boot eine schwerere Ausführung aus dicker Ulmenrinde.

Aus dem Sprachschatz dieser Indianer sind uns viele Wörter vertraut wie Tomahawk, Mokassin, Legging umd Wampum. Der Tomahawk, ursprünglich eine schwere Holzkeule, wurde bald nach der Ankunft der Europäer durch das Hudsonbaibeil ersetzt, eine Art Axt mit langem Stiel.

Als Fußbekleidung dienten die Mokassins. Sie bestanden meist aus einem einzigen Stück Leder, das wie ein geschlossener Pantoffel gearbeitet war und sich dem Fuß völlig anschmiegte.

Als Hosen benutzten die Indianer die Leggings, zwei lederne Beinlinge, die bis zur Hüfte reichten und am Gürtel festgeknüpft wurden. Zwischen den Schenkeln ging ein besonderer Tuchstreifen hindurch, der vorn und hinten über den Gürtel fiel. Unter dem Einfluß der Europäer kamen bald Hosen, Hemden und Jakken in Gebrauch.

Die Dorfhäuptlinge verkehrten untereinander durch eine Art Bilderschrift, die man auf Birkenrinde ritzte. Bei besonders wichtigen Angelegenheiten schickte man einen Boten mit einem Wampumgürtel. Diese Gürtel bestanden aus kleinen geschliffenen Muschelröhrchen, die durchbohrt und mit Fäden aneinandergereiht waren. Durch wechselnde weiße und schwarze Wampums erzielte man in dem Gewirke des Gürtels Figuren. Jede Figur bedeutete einen Satz. Wenn der Bote seine Botschaft überbrachte, konnte er von den Figuren seine Mitteilung ablesen wie die Sätze eines Lesebuchs.

Auf diese Waldlandstämme stießen die Europäer zuerst, als sie um 1600 mit der Eroberung Nordamerikas begannen. Vor allem beteiligten sich zwei Völker an der Besetzung des Kontinents: die Franzosen, die sich am Sankt-Lorenz-Strom in Kanada ansiedelten, und die Engländer, die von der atlantischen Küste südlich und nördlich des heutigen New York ins Innere vordrangen.

Unter ihrem Druck mußten die Ureinwohner zurückweichen, denn die Feuerwaffen und die zunehmende Zahl der Weißen brachten die Indianer bald in eine hoffnungslose Lage. Sie zogen sich über das Alleghanygebirge in das Ohiogebiet zurück. Hier entstand im Laufe der Zeit ein Gemisch aus Irokesen, Shawnee, Lenape, Wyandot, Ottawa. Allmählich schoben sich diese Neuankömmlinge immer mehr durcheinander. Es gab schließlich

Dörfer, in denen zwei oder gar drei Gruppen mit verschiedenen Sprachen wohnten.

Diese im Ohioland zusammengedrängten Indianer kannten ihre weißen Gegner ganz genau. Sie wußten, daß die Franzosen eine andere Nation darstellten als die Engländer, die nach den roten Uniformen der Soldaten einfach Rotröcke hießen. Neben diesen beiden Völkern lernten die Indianer noch eine dritte Gruppe von Weißen kennen, die sich im Laufe der Jahre als etwas Besonderes herausgebildet hatte: die Grenzer oder Langen Messer, wie sie nach den Dolchen an ihren Gürteln hießen. Diese Leute bildeten den äußersten Vortrupp der englischen Eindringlinge. Es war ein hartes Volk, das sich in der Wildnis der Grenze seine Blockhütte baute, etwas Mais anpflanzte und im übrigen von der Jagd lebte.

Es trafen auch zahlreiche holländische Familien in der Neuen Welt ein: Das heutige New York hieß zuerst Neu Amsterdam, und holländische Gouverneure regierten von hier aus eine kleine holländische Kolonie. Da die Rusters zu Beginn unserer Erzählung bereits an der äußersten westlichen Indianergrenze sitzen, so habe ich angenommen, daß ihre Voreltern mit den ersten Holländern nach Neu Amsterdam kamen und von dort weiter nach Westen zogen. Sonst hätte die Familie nicht so weit in das Juniatatal vordringen können.

Doch nun zurück zu Georg, der Hauptperson unserer Erzählung. Er selbst und seine Schicksale sind frei erfunden. Doch wenn man seine holländische Herkunft für wahrscheinlich hält, wird sein Verhalten verständlicher. Wie es holländische Art war, stellte er sich nicht so ablehnend gegen die Indianer, wie es englische Kinder getan hätten.

Dazu kommt noch sein Alter. Welcher Junge zwischen neun und fünfzehn Jahren liebt nicht das Leben in der freien Natur, wie es die Indianer führten? Er liebt das Abenteuer, das er allein zu bestehen hat. Das stärkt sein Selbstbewußtsein. In dieser Welt ist er zu Hause, zumal er bei seinen indianischen Eltern die Nestwärme findet, die er zuvor entbehren mußte.

Er konnte länger in seiner indianischen Heimat bleiben als andere Kinder, weil er bei Irokesen wohnte. Als 1758 Fort Pitt wieder englisch wurde, hat man sicher nach dem Verbleib der geraubten Kinder geforscht. Aber die Fünf Nationen waren ja neutral geblieben. Erst die beiden englischen Händler, die »Fruchtbare Erde« besuchten, werden seinen Aufenthaltsort Colonel

Bouquet gemeldet haben. So mußte er nach Fort Pitt, dem früheren Du Quesne, ausgeliefert werden.

Georg fand eine verwandelte Welt vor. Seine Eltern waren tot, seine Geschwister sahen auf ihn herab und behandelten ihn geringschätzig. Eine Ausnahme machte Tante Rahel, aber auch sie konnte das »Lange Haus« mit den vertrauten Menschen nicht ersetzen. So blieb Georg nur die Rückkehr, als die Befehlsgewalt Colonel Bouquets erloschen war. Anfang und Ende seiner Jugendjahre verflochten sich mit der Geschichte Nordamerikas.

Worterklärungen

Allegheny: Fluß im Nordosten der USA. Vereinigt sich bei Pittsburgh mit dem Monongahela und bildet mit diesem den Ohio.
Braddock, Edward: englischer General. Kam mit zwei Regimentern im Frühling 1755 in Alexandria am Potomac an. Von dort begann im April der Unglückszug nach Du Quesne.
Du Quesne (sprich dü kähn): Fort am Zusammenfluß von Allegheny und Monogahela. Von den Franzosen 1754 erbaut. Später Fort Pitt, heute Pittsburgh.
Fort Pitt: vorher Du Quesne. Gegründet von dem englischen Kapitän Trent, aber noch vor der Fertigstellung von den Franzosen besetzt und vollendet. 1758 ging Du Quesne wieder in englischen Besitz über, als General Forbes mit überlegenen englischen Kräften anrückte.
Front der Alleghanies: östlicher Steilhang des Alleghany-Gebirges.
Legging: aus Leder gearbeitete Beinröhre, die bis zur Hüfte reicht und am Gürtel befestigt wird.
Lenape: wohnten ursprünglich an der atlantischen Küste, wichen aber unter dem Druck der einwandernden Europäer über die Alleghanies nach Westen ins Ohioland zurück. Hier glaubten sich die Lenape im Schutz des Gebirgswalles sicher. Sie hausten überall mit Resten der Huronen, Eries, Neutrals zusammen, vor allem aber mit Irokesen, die damals recht zahlreich aus ihrem Kerngebiet südlich des Ontario-Sees hierher übergesiedelt waren. Erbitterte Feinde der Engländer, im Gegensatz zu den Irokesen, die sich neutral verhielten.
Miliz der Provinz Pennsylvania: Aufgebot der bewaffneten Männer, die nicht zur regulären Armee gehören.
Mokassin: Schuh aus Hirschleder, manchmal mit einer Sohle aus dicker Büffelhaut verstärkt. Durch Löcher am oberen Rande

läuft eine Lederschnur, die um die Knöchel festgebunden wird.

Neu Amsterdam: Holländische Gründung auf der Südspitze von Manhattan, 1614. Peter Minuit aus Wesel kaufte den Indianern das Gebiet ab, genau wie Penn es in Pennsylvanien tat. Der Familienname Ruster, der meiner Annahme nach aus dieser niederländischen Gründung stammt, wird im Holländischen ruster, im Englischen raster, im Französischen rüstär ausgesprochen.

Pennsylvania: der südlich an New York angrenzende Staat. Begründet von dem Quäker William Penn 1682/83, der vom englischen Staat am Delaware einen Landstrich erwarb. Wegen der vielen Wälder »Sylvania« genannt, d.h. Waldland. Zum Andenken an Penn setzte man später seinen Namen der Staatsbezeichnung voran: Pennsylvania, d.h. Waldland des Penn.

Philadelphia: Hauptstadt des Staates Pennsylvania, 1682 von William Penn gegründet.

Presque Isle: Halbinsel vor der heutigen Stadt Erie. Damals Standort eines befestigten Handelspostens.

Quäker: Sekte in England und Holland, die Toleranz und Nächstenliebe übte.

Truthahnfuß: Zusammenfluß der drei Quellbäche des Yohogania. Die drei Wasserläufe bilden eine Art Dreizack, der wie die Zehen eines Truthahns aussieht.

Wampum: zylinderförmige, durchbohrte Röhrchen, einen halben Zentimeter lang, in weißer, schwarzer und violetter Farbe. Herausgeschliffen aus dem dicken Teil von Muscheln. Auf Fäden gereiht und zu breiten Gürteln zusammengesetzt, dienten sie als Vertragsurkunden. Schmale Bänder wurden gern als Schmuck getragen.

Yohogania (abgekürzt Yo): heute Youghiogheny, Nebenfluß des Monongahela.

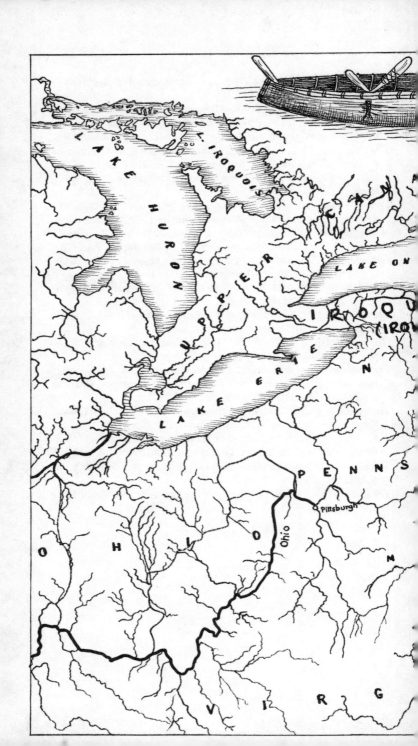

Ein besonderes Jugendbuch

Anna Jürgen
Henry Spelmann aus London entführt
Dieses spannende Jugendbuch kann als Gegenstück zu Anna Jürgens weltberühmten Indianerbuch „Blauvogel" betrachtet werden.
Nach wahren Begebenheiten schildert die Autorin, wie Henry Spelman aus London entführt und zum Schiffsjungen geschanghait wird. Die um 1600 gerade gegründete Kolonie Virginien braucht Menschen! Gegen ein Stück Land wird Henry Spelman an Indianer eingetauscht. Er lernt die Indianer und ihre Kultur eindrucksvoll kennen, versucht aber, sich von ihnen zu lösen, um wieder nach London zu kommen.
220 Seiten, mit Illustrationen.

Henry Spelman aus London entführt

Aufgrund von Akten hat Anna Jürgen eine abenteuerliche Geschichte erzählt, in der jedes Kapitel spannend ist. Dieses Buch kann man zu Recht als Gegenstück zu „Blauvogel" betrachten.

Wie unser Korrespondent aus London meldet, ist vor einigen Tagen der sechzehnjährige Henry Spelman entführt worden. Er ist der Sohn des ehrenwerten Mister Spelman, der das Antiquitätengeschäft „Zum weißen Löwen" in der Cornhillstraße betreibt. Der Junge wurde – wie uns glaubwürdige Zeugen versicherten – unter dem fadenscheinigen Vorwand, daß er einen Dreimaster besichtigen dürfe, auf die „Unity" gelockt. Die „Unity" gehört zur Flotte der Virginien-Gesellschaft, die aus insgesamt acht Schiffen besteht. Auf hoher See wurde Henry Spelman zum Dienst als Schiffsjunge gepreßt.
Die unglaublich rohe Art und Weise, mit der die Virginien-Gesellschaft ihre Schiffe bemannt, haben wir schon des öfteren an dieser Stelle angeprangert. Da sie sich jetzt auch an Unmündigen vergreift, appellieren wir an unsere allergnädigste Regierung, die Gesellschaft endlich in ihre Schranken zu weisen.
Wenn der Sechzehnjährige überhaupt die gefahrvolle Überfahrt in die Neue Welt überstehen sollte, so ist zu befürchten, daß Gouverneur Smith den Jungen gegen ein Stück Land an Indianer verschachert. Zwar sind die Monakaner, wie dieser Stamm sich nennt, uns Engländern wohlgesonnen. Aber man ist bei Heiden vor Überraschungen nie sicher, so daß Anlaß zu den schlimmsten Befürchtungen besteht.

Lappan